U0075489

只有這一生

YOU ONLY LIVE ONCE

黃厚基・著

真正的國度並非遙不可及

◆王文基牧師（臺灣宣道神學院院長）

　　其實我跟黃厚基博士的認識是在臉書上，因為我們有共同的朋友而彼此連成了網友，後來我更是接觸到他在網上的文字分享以及他陸續出版的著作。我看過他近年的兩本大作：《同性戀的十字架 2》及《大衛皇朝：撒母耳記的神學詮釋》，皆有非常扎實的學術造詣和深具靈性與人性的論述。這一次獲出版社的邀請來為他的新作寫推薦序，筆者實在感到榮幸，也深覺自己的不配。

　　其實作者在本書前言已透露出他寫作的問題意識了，他特別提到：「傳福音可不可以不是為了進天堂、得永生？福音可不可以是教導人該如何活？其焦點不是來世，而是今世？會不會耶穌的天國講論、比喻，保羅和其他新約裡的教導，乃是要

我們把日子過好？」這很明顯是針對華人教會界普遍對信仰的理解之狹窄化而言的，也同時顯出他所取的書名《只有這一生》背後是深具信仰批判與神學反思的成果。

當然作者不是憑空想像出來的，他是以聖經與神學的論述按部就班的切入正題，經過層層抽絲剝繭，帶給我們對聖經的詮釋有重新的看見。作者自己介紹所用的方法論是：「我希望一步步以一個較嶄新的方式陳述，給予基督信仰一個人生哲學的敘事框架。我會著手解構新約聖經的天國和永生觀，嘗試從新約的語言，抽絲剝繭，梳理出其教導的本義。我會從馬太福音說起，穿梭路加、約翰，進入保羅書信並啟示錄。目的非全面討論新約各書卷，而是針對本書所關心的天國（上帝國）、永生、得救、生命、火湖等核心觀念，嘗試按經文背景釋出較貼近新約時代背景的含義，並追問一個問題：「這些觀念所揭示或指引，歸根究底是否提醒上帝的子民把握今生？」

筆者身為教會牧者和神學教育工作者，在讀畢全書後，深刻的體會本書作者提供我們把握機會深切的反思今生的處境與終末論之間的關係。如果以神學主題來歸納，本書著力處理的主要是「終末論」的議題，但作者卻能突破過往人們對終末論的過於狹窄化之理解，帶領我們回到終末論與當今世界處境下之張力中的召命與行動，這實在是非常不容易的事情。

今天我們在教會生活中詮釋及演繹了天國的價值觀，但真正的國度不是遙不可及的，乃是從此生此世展開的，關鍵正是在於主耶穌基督與我們自己的關係；如果信仰群體連今生都無法活出天國的價值觀，那麼我們對於未來國度的高言大智便會顯得非常蒼白無力，本書在這方面的反思真是對我們一記當頭棒喝。

一生。一世。

◆任志強博士（香港《時代論壇》社長）

　　保羅說：「我們若靠基督只在今生有指望，就比所有的人更可憐了。」（林前十五 19）但是，我們靠基督，若只懂盼望來世，豈不是一樣的可憐嗎？

　　好幾年前知道厚基兄準備寫一本叫《只有這一生》的書，也大概知道他背後的想法，暗裡叫好，也暗裡為他擔心。

　　叫好，正因為這個寫作意念瞄準了基督教裡面一個重量級課題。處理得好的話，說不定可以糾正某些基督徒在信仰上的偏差，推動信徒群體重新思索原初基督信仰的歷史原貌，也許還可以進而刷新一些非信徒對基督宗教的印象。

　　擔心，也是因為這個寫作意念瞄準了基督教裡面一個重量級課題。稍有閃失，隨時粉身碎骨，因為它會令不少自命「信

仰純正」的現代教會覺得自己的信仰論述備受挑戰，判定作者離經叛道，宣揚異端邪說，於是群起鞭撻，務求令作者從地平線上消失。

不過，此刻回想，我這個擔心或許是多餘的 —— 不是因為我覺得毋須擔心，而是因為我知道，擔心其實也沒有用。在這個立場先行、理據滯後的時代，不管作者對手上的題材處理得好抑或不好，或者儘管他多麼小心翼翼，引經據典，層層推論，世界上也總有些自命正統、認為自己比上帝還要神聖的人（借用潘霍華在《獄中書簡》語），一看見題目不對胃口，不符合自己自古以來接受的那套，就馬上條件反射，準備拔槍開火。

然而無論怎樣，看到厚基兄繼續發揮他的古道熱腸，再次向高難度挑戰，內心畢竟是欣喜的（當然也是羨慕兼妒忌的啦）。吾生有幸，曾與厚基同窗於蘇格蘭愛丁堡大學神學院，當年旁觀其博士研究，已知他是個視野寬廣、野心宏大、愛向高難度挑戰的人，但他絕非那種專門找牛角尖來鑽、致力攀爬象牙塔頂而目空一切的學者，而是個滿有牧養情懷、敏銳於自身和他人內心掙扎的血肉之軀。猶記得，當年某個把酒談心的晚上，他跟我們幾個來自臺灣和香港的同學分享，說自己一度很抗拒「學者」（scholar）這樣的稱呼，但後來想通了，其實所謂「學者」，本意只不過是「不斷學習的人」，那就安然了。厚基

的研寫，從博士論文對《聖經》保羅書信和《易傳》的文本互涉與「雙瞳詮釋」（double vision hermeneutics），到幾年前重新探討同性戀所涉及的信仰掙扎，以及對大衛皇朝的再詮釋，對於他來說，都不是純粹學術鑽探，或者對聖典的理性詮釋，而是背負著對生命的關懷，對個人和群體本相的尋根叩問。

如同厚基過去幾年出版的幾部著作一樣，《只有這一生》也是一本視野寬廣、野心宏大、挑戰高難度的作品，更加是他對生命真諦的尋索。他以聖經敘事的本質為起點和據點，進入符類福音、約翰福音、保羅書信、啟示錄，然後再討論在教會中經常觸及的好些似乎是源自聖經的概念，涉獵廣泛，野心和勇氣都教人肅然起敬，功夫的仔細更令人折服。然而，全書最好看的（或者應該說：最令我怦然心動的），卻是最後的〈跋〉──那是作者身為一位研讀聖經的人、學習神學的人、信仰上帝跟隨基督的人、也是牧養上主群羊的人，把自己的生命掏出來，坦然放在人前，讓讀者對他的論述恍然。這個跋，就如基督教神學所講的「終末」（eschaton）一般，表面上是放在最後的，事實上卻是支撐著整部著作，令整本書 make sense、顯出整個研寫計劃的真正意義的關鍵。

因為曾經在蘇格蘭同窗數載，我們的人生從此交疊，但除此之外，我跟厚基的成長背景、人生與信仰歷程其實完全不一

樣,他所經歷過的,我差不多都沒有接觸過。然而,身為東亞地區的華人／漢人基督徒,我們的信仰內涵,教會圈子裡的教導和氛圍,群體所承傳的信仰傳統,卻原來如此接近,交疊得如此多。而根據我的接觸和觀察,東亞地區以外的華人／漢人基督徒,主流的信仰內涵也非常相近。

厚基的《只有這一生》能否說服閣下,就只能由每一位拿起這本書來讀的人,自行斷定。你沒有需要認同他所有觀點,也不一定同意他每個細節的論述,但你不可能抹殺他的認真和努力,完全無視他所提出的。作者已經發出了這個邀請,邀請讀者細心考慮他所做的功夫,重新審視現代教會以為理所當然的永生觀,那就請你開放心懷,接受邀請,迎接挑戰吧!

擺渡人的諍言之書

◆余德林博士（前馬來西亞南方大學學院英文系副教授暨系主任）

　　易者，變易也。易之道，審時度勢。知變易為常態及所以然者，生。解釋的志業也是這樣，特別是欲對隔離了兩千年以上的聖經以及久經囤積的教會信仰進行再詮釋和對話的人而言，確實是在變異的新處境裡對「當下」和「古時」的視閾之別進行敘寫，到最後還要接受這二閾是否還能彼此融合的火煉。個人認為黃博士對融合是產製意義的過程有充足的認識。他對所感知到的教會（他的理想讀者）仍心存寄望，這可以從他在聖經與詮釋、聖經與教會、教會與現實生活中的實作（praxis）尋求整合所做出的努力看出來。這是一部積極傳遞思想即是實作、生活與思想是不可決裂二分的諍言之書。

　　然而，要對長久固若金湯的信仰（包括教條、板塊）進行

反思，除了要有充足的同情心，還需經過多番願意如薛西弗斯
式的不放棄和磨合。黃博士滿足了上述要求，用同理進入基督
徒所熟識的議題，穿上他者的鞋子，同時將他的讀者從熟悉帶
向自我陌生化的境地。他採取的步驟是先解釋而後再形塑。解
釋是希望自己不誤會經籍的厚意（看重聖經作者的意向性，作
者的意向就在他們遺留下來的文字言說裡），進而因當下信徒的
教會文化和社會生態對經訓進行再形塑（例如：他將這四十年
來保羅研究的新成果帶給他的讀者；又例如他有力的點出淨土
—基督教的信耶穌馬上到彼岸的危險以及該扭曲的信仰如何癱
瘓了基督徒在現實生活中可以積極貢獻的可能；再例如他透過
上帝國的探究帶出後世俗時期的基督徒政治思想即基督教思想
的重要神學養分等）。特別是在挪用聖經這方面，他著墨最深，
因為那是信徒每一天必須面對的活議題。

　　此書是擺渡之作。只有蒙受基要派恩澤汁液最深而又對該
傳統深具同情及反思者，才不會因噎廢食，才有轉化原信仰並
寄以生機的可能。這要求敘寫者深入可能是最危險的死巷對既
有的傳承進行悲憫的深描，加上定意不作最後的審斷者。黃博
士做到了。他的家族敬虔的養成以及他對基督的教會的深炙之
愛致使他能夠適切地擔任擺渡者的角色（見於跋的部份）。他從
「新舊庫裡」發現無處不是基要的議題，無處不是「易」的可能，

無處不是欲超渡必須先深描然後再形塑的契機。

以是，為序。

——序於吉隆坡，適逢武漢肺炎週年紀念日

新約中關於神國、永生和地獄之訓示的再釋

當將你的糧食撒在水面上，

因為日子久了，你必能得著它。

將你所擁有的分給七人，或八人，

因為你不知道會有甚麼災禍臨到地上。

雲若滿了雨，就必傾倒在地上。

樹向南倒，或向北倒，樹倒在何處，就留在何處。

看風的，必不撒種；望雲的，必不收割。

（傳十一 1～4）

上述引文，既說明了筆者寫作此書的心境，也和全書闡釋的新約神學的精神相符合。新約神學，若從舊約智慧傳統的角度來體會，亦可以作為一生活哲學來學習。即將完成此書寫作

之前，我開始閱讀阿甘本（Giorgio Agamben）的 The Time that Remains（中譯本書名：《剩餘的時間》），而體悟該書所言彌賽亞的時間，和筆者所參悟整體之精神如琴瑟共鳴，也遙遙與傳道書的精神相呼應。

2016 年至 2017 年間有了這個體悟，2017 年 10 月份在教會開課，以「只有這一生」為名，邊教邊書寫此書內容，至 2018 年課程結束後，趁勢把未涵蓋的部分一一完成。這把書完成的心意，只是眾人生作為中之一種，而且是非常有限的一種。

回顧這四年，不同的力量在一個後佔中時代的香港蘊釀出各樣的作為，對社會不公的訴求，對過度市場導向的資本主義的抗議，對中港的中國資金的輸送以及市場的滲透影響，還有香港政府對中央政府的快速配合，終至 2019 年推出送中條例，引發了反送中運動以至全面的逆權社會運動。變了色的香港，有人形容為「紫色」——即指親政府、親中的藍絲加上赤化的意思——邁進了一個後川普的國際關係的夾縫中。2047 未到，人心惶惶，加上一年武漢肺炎全球肆虐情境下，市場動蕩，各大企業裁員頻頻，中小企業或苟延殘喘，或先後倒閉，不少人感到消沉黯然。然而，社會中不同階層和行業，從未滿十八的年輕人到八十老叟老嫗，不論是在逆權運動中，或是在疫情期間，無論在遊行隊伍中，或是在醫護團隊中，在甚麼崗位都

好，借保羅的話說：「無論做甚麼，像是為主做。」這話未必是基督群體外的人民所知，但若所行是為了天地良心、公義（正義）、憐憫，都是一盞盞的燭光明燈，或亦可稱為神國之彰顯。

神國彰顯或此或彼，人有意無意間參與其中，作為之大小、意義之多寡、正義（公義）與否，衡量的尺度必須超越世界上的種種條件。沒有人完全知道別人的處境、生命中的限制和條件，更無法準確臆測出別人的種機。此書之完成，雖滄海一粟，好比天國中所撒的種，不一定比一個缺乏資源的母親哺育子女成長有更多的天國值；同樣的，創作交響曲是否一定比探望露宿者更有恆久價值？天國既非以量，亦非以質來衡量，這樣說來，上帝既將若干的寫作和思考的才幹賜下，並給了我比許多人多了一些的訓練（比我能幹和有能力的人比比皆是），又讓我有時間和機會寫下這些參悟，我只當忠心的把它寫下。

沒有人可以超越時間的限制，誰也擺脫不了身體的老化；可是，在這有限的生命中，按天國的契機（kairos）而言，每一個當下都可以是線性時間躍進非線性的神國契機。人人皆只有一生可活，或長或短，但是否活出了生命本質的意義，明白認識上帝之所是和祂的心意，向眾有情世界彰顯祂的信實、慈愛和恩典，則端視各人如何活出每一個當下。政治的顏色，或藍或紅或綠或紫，時勢好壞陰晴圓缺，無論得時不得時，都無礙

活出天國之召命，都當藉著各人所領受的，盡心盡力便是了。

　　此書得以出版，謝謝當年「北海幫」（參《我愛丁堡》一書）創幫幫主之一卡卡西之介紹，便毛遂自薦早年同樣留學愛丁堡的主流出版社社長鄭超睿。承蒙社長及編輯之垂青，願意出版拙著，實在感恩。感謝同列北海幫幫主的「飲者」（任志強博士）、臺灣宣道神學院院長王文基牧師以及同鄉余德林博士惠賜推薦序。識飲者於愛丁堡，當年博士論文得益於他的啟發和鼓勵，彷彿獲得一點「死就死吧」的助力，開展了易經與保羅的主體互涉的詮釋。飲者對於福音之於社會，常能道出貼地的識見，去年也屢有機會拜讀他刊登出的講章，確然貼緊經文，又甚為貼地。今拙著又蒙他真情推薦，實乃同任幫主之幸，事因飲者一早定下北海幫人人皆幫主的規矩。識王文基院長於臉書上，他勤於閱讀，諧稱自己為「備課漢」。他博覽群書之能，叫人稱奇。此書能入他慧眼，深感榮幸。認識余德林博士，源於臉書，同時亦因有當年共同的一位葉姓朋友。之後，我便常常到德林兄的臉書貼文和書介中偷師，偷得一兩門學問，獲益不淺，也暗自視他為師。如今承蒙賜序，喜出望外。

/// 目錄

在旅程中停駐反思、默想與對話

　　這本書開始動筆時，主要是寫給那些在「主必快來、福音遍傳」氛圍下成長的基督徒。在如此氛圍下的華人教會，信徒奔走於各樣的培靈會、佈道會、差傳年會以及信耶穌得永生、拯救失喪靈魂的信仰基調，都主宰著教會對於基督信仰的理解。雖則當代的教會精神臉譜、信仰取向有局部的多元，但「社會紛亂，主再來的日子近了」此類屬靈語式，仍時而掛在某些信徒的口中。

　　這種基調下的信仰，不但使得傳福音（三福、四律、啟發課程）作為教會整體導向以驅動著教會的脈膊，也不知不覺形塑「信了耶穌以後，等候將來上天堂時刻來到」的許多信徒。

信了主，謹慎自守活好離世前在世的日子，便是盡基督徒的本分。可是，由於基調一樣，這居間在世的日子，最自然而然的本分便是領人歸主、努力在教會事奉。

福音派（evangelical）教會早在 1974 年在瑞士舉行的「洛桑會議」議決了傳福音與關心社會為福音的整全使命，兩者並非相互矛盾，不需兩者選其一，也皆不可忽略。可是，基於上述的基調，「傳福音以後才教導信仰的實踐於關懷社會」仍然是一般的作法——就是說，福音的實踐總不能不以傳福音為前題，社會的關懷無法獨立於傳福音以進行之。**凡社會關懷，總被提問的是，甚麼時候可以將福音完整的告訴所關懷的對象？或是甚麼時候取得對方的信任後，可以帶對方參加佈道會或其他的活動？到底耶穌要我們的回應是甚麼？關懷社會能否不為傳福音，而就是福音的本身？**

此外，傳福音可不可以不是為了進天堂、得永生？福音可不可以是教導人該如何活、其焦點不是來世，而是今世？會不會耶穌的天國講論、比喻，保羅和其他新約裡的教導，乃是要我們把日子過好？

如果是的話，是甚麼攔阻人把人生的日子過好？甚麼叫

好？耶穌的教導是否正是叫我們有此體悟？他的死和復活對於有所體悟者而言，有甚麼含義？跟隨他是甚麼意思？

　　我希望一步步地以一個較嶄新的方式陳述，給予基督信仰一個人生哲學的敘事框架。我會著手解構新約聖經的天國和永生觀，嘗試從新約的語言，抽絲剝繭，梳理出其教導的本義。我會從馬太福音說起，穿梭路加、約翰，進入保羅書信並啟示錄，目的非全面討論新約各書卷，而是針對本書所關心的天國（上帝國）、永生、得救、生命、火湖等核心觀念，嘗試按經文背景釋出較貼近新約時代背景的含義，並追問一個問題：這些觀念所揭示或指引，歸根究底是否提醒上帝的子民把握今生？當然，其背後有個神學預設——基督已經來臨，所以人可以從這世界被救贖出來——即「得救」，且讓我們開始這聖經再釋的旅程。

　　您不必全部認同我的詮釋，但在此誠摯邀請您，在旅程中可一再停駐反思、默想與對話。

Part 1

/// 1

得救：
一個政治性的敘事

近年來，不少學者以政治作為視角來詮釋新約。這樣的詮釋方式蔚然成風，並非學者無中生有。這樣的詮釋對應於當代處境，顯然更能起光照的作用。[1]

得救，如果是一個政治性的敘事，一方面可就福音的敘事之免於信仰私有化，把福音面貌更還原於社會政經和歷史文化脈絡之中，使所處之中的人的掙扎和問題更顯得立體——上帝的作為和言說更能活於歷史的骨髓精血之中。但從另一方面，是否會衝擊著傳統華人教會的信仰敘事？或許，後者若得著前者的再活化，可作為當代華人教會信徒的屬靈養分——香港從

「後佔中」到「後送中」、臺灣後雨傘、兩岸三地國安法之後的氣氛，英、美的族群張力、馬來西亞新舊政權更替中的失落感等等，華人教會[2]普遍失焦，或許那進入一個全新時代的鐘聲已在不同的地區在烽火中吹起。

教會失焦，和當代社會現實脫節，說其原因在於教會所強調的福音敘事，不但沒有言說政治的空間去驅動教會成為向前的引擎，而是傳那叫人得救的福音公式。所謂「得救」，一般的理解大概是「等於得永生」。[3]

曾有一段日子，「信耶穌得永生，不信耶穌下地獄」幾乎等於基督信仰的必然公式，對外而言，那是教會給外界的刻板印象，當然，給人留下這印象的始作俑者不是外界，而是教會本身。對內而言，這公式下的教會敘事帶動著教會大半的活動，成為教會存在的推動力。得救、永生是一個事實、不二的說法嗎？至少在一般的教會語境裡有此傾向。

回到新約聖經，我們的提問是：「信耶穌得永生，不信耶穌下地獄」是它最根本的關注嗎？這一句話，問在華人教會裡，恐怕難免挑戰著底線之一。正因如此，這也是一個嚴肅的問題。這不是三言兩語可以作答清楚的。

近年來，香港神學院講師蘇遠泰博士先後出版了兩本相關的書：[4]《地獄，永遠的刑罰？破解地獄的迷思》及《（不）信耶穌，又如何？——未聞福音者可以得救嗎》。前者目的是要反駁傳統地獄永遠刑罰論，後者處理的是沒來得及信耶穌的——遠可以至孔子和其他聖賢，或天主教神學家拉納（Karl Rahner）所說的「匿名基督徒」（anonymous Christian）有沒有可能得救的問題？

筆者在某些信念上和這兩本書有相似之處，但全書論述不厭其煩要說明的是，新約被忽略掉的極為核心的一個觀念，是人必須要在今世活出上帝的心意。

地獄之說，可視為一種警世之言，目的是要人好好的行義以貼近上帝的心意而活。然而，這一個主張，或許真要到本書結束時，讓讀者自己去衡量，且容我們一層層地走進新約的語境中去理解。

要從一個和教會語境截然不同的一個角度切入以論「得救」並「得救的目的」確實不易。本書無意以一個論文的形式來論證，各篇按言說之起承轉合引入經卷中的相關經文，思路中沿途念繫著一個傳統的得救和下地獄與否的論述作為對話的對

象。因此，本書目的是嘗試推敲出一個或許更貼近新約神學含義的生活今世之道。

作為起點，且以新約第一卷馬太福音切入。我心中的假設是：以一個政治的詮釋視角，切入得救的問題，會不會更為合理而別有一番收獲呢？

從何得救？馬太福音的敘事

得救，指的是從那裡獲救呢？耶穌的名字，意思就是拯救。更準確的說，是上帝拯救或耶和華拯救。馬太福音一章 21 節說：「因他要將自己的百姓從罪惡裏救出來。」（聖經和合本修訂版，RCUV，本書若未特別註明，即是使用此版本）將「耶穌」這名字賦予了一個語境，即拯救和罪惡的關係。舊約裡，比如說出埃及的敘事，拯救指的是自法老手中救出為奴的以色列民（馬太福音二章 15 節說：「我從埃及召我的兒子出來」）。拯救，也就是叫為奴的以色列民得釋放。

若我們視「上帝拯救以色列人出埃及」為隱喻，那麼上帝如何拯救為奴的以色列民，也照樣把在罪裡為奴的人救出來。問題是，馬太的意思是甚麼？按耶穌的世代，猶太人心目中的拯救必然和政治上獲得釋放有關係——就是從大一統的羅馬帝國

手下重得自由。再者，馬太作書的時候，聖殿應該已經被毀。猶太裔基督徒活在「復國無望、那被釘死的彌賽亞耶穌基督復臨的盼望」再一次被打擊的情境下。盼望得救與希望被擊沉，塑造出新約作者那一股在生命聖靈的默運和感動裡以信心仰望的信息。

「太平盛世」國族情結下的福音願景？

　　2020 年是一個非常不正常的一年。[5] 此時世界已經歷了廿世紀以來其中一次堪稱可比擬為一個「出埃及記十災」的疫症，使人做出不少天啟文學式的警世聯想和其他諸如上帝之主權的神學。當然，香港人更從六年前的佔中運動被帶往一個反送中條例（2019-20 Hong Kong protests，反對逃犯條例修訂草案）帶來的逆權運動，再到一個 2020 年 7 月 1 日香港國安法生效後，那象徵著「一國兩制喪禮進行曲」在空中吹奏著的時代。

　　言論和學術自由、局部的行動自由明顯收窄。「配合思想統一才是正途之風氣」和「抗爭之地下化」漸成平行時空，正在香港這片土地發生著。這樣的社會氛圍，在這慢性滯礙思考和恐嚇、圍捕的恐怖統治（rule of terror）的雙重管治下，基督徒是否更被催促著走進新約歷史脈絡中的政治張力下的敘事，從

而能吸取一股聖靈之氣以注入生命之中呢？神學一點的說，這乃是一種終末聖靈論（Trinitarian Eschatological Pneumatology）的實存體驗。

其實，當年羅馬「太平盛世」（Pax Romana，英文Roman Peace）口號的大內宣，就是對轄內的人民灌輸其治權的正統性，以及它所為其人民帶來的福祉。新約敘事下的猶太人和一批初識耶穌是彌賽亞的門徒，其心中的期盼是上帝帶給以色列民的光復。可是，新約敘事中所證，投射於耶穌的以色列國的實體光復終究幻滅了。門徒在五旬節後的醒覺，成為後來初期教會在十架事件後的新體驗，那也是新約神學中「基督－聖靈－終末」中的神國實存意義，逐步在初期教會中被驗證的過程。

其實，類似於羅馬「太平盛世」口號的宣傳，也在九七後的香港不斷被覆述和播放。回顧九七前，不少港人紛紛移民，沒有離開者在後九七時代的香港生活下來，經歷著同樣以市場經濟掛帥的社會。樓價雖偶有下跌、整體直線飆升，反映整體貧富懸殊的問題更加嚴峻，在職的貧窮人數上升。另一邊，政治上爭取言論自由、特首普選、維護港人治港等等堅持一再受到打擊，[6] 而深具象徵意義的佔中或雨傘運動，彷彿只喚醒一部分人，其他的，有人依然沉睡，有人始終盲目活在不知他人死

活、活在蛹繭般自感安全的生活裡。

羅馬時代執政者那高頌太平盛世、歌舞昇平的宣傳，似乎仍然適用，離我們不遠。這和賀思理（Richard A. Horsley 亦譯霍斯利、侯士黎）所說的不謀而合。他描述道，羅馬所建立的「新世界秩序」所應許的「和平與安全」，其實方便的是帝國的權貴們掠奪糧食和享樂──其醜陋之處是人民卻過著失序和悲哀的生活。當時活在加利利和猶大的居民遭遇殺害和囚禁，家園不再，部分原因正是因為他們抗逆這種加諸於他們身上的所謂「新秩序」。[7]

九七前，港人以鄧小平所應許的「馬照跑，舞照跳」本已逐漸變為對這種一味推崇經濟而漠視租金高企、貧富懸殊廣大的香港社會的諷刺雙關語，可是一直到 2019 年上半反送中運動掀開後，吊詭地說，竟仍有人高調宣傳中國一心一意支持香港市場經濟政策不變。[8] 就是說無論政治自由和言論空間等即使收窄，仍相信政治和經濟是不交集的雙向道。

2019 至 2020 年下半，香港國安法實施後隨即又有美國政府按《香港人權與民主法案》（2019 年 11 月 27 日美國總統簽署生效）制裁十一位香港高官。雖然樓市仍居高不下，資金流動卻更

形詭異，在中美貿易戰和國際新形勢下的中港臺關係、在各種的不確定性中，人心面對著更多的不安。這一切的不確定性以及政治的打壓，更加重了那早已掩蓋不了的現實沉重絕望感。當時，聖殿被毀後的猶太基督徒，大概絕望之情比起今天的港人，是有過之而無不及吧！

或許，身為當代華人基督徒，相隔近兩千年，而且沒有當年猶太人那樣的民族文化情懷的彌賽亞信仰，或許無法明白他們為甚麼會以那樣的方式來信耶穌基督，但那確然是新約群體所經歷的一段重要的彌賽亞願景的更新與調整。話雖如此，遠的不說，單於廿世紀民族主義便一直以不同的型態出現在歷史的舞臺上。

二戰時期，義大利墨索里尼（Benito Mussolini，1883-1945）的法西斯主義、德國希特勒（Adolf Hitler，1889-1945）的納粹主義、日本的軍國主義，自八國聯軍侵略中國（1900 年前後）以來，至今中國沒走出那建立於「東亞病夫」情結而訴諸於民族自強的情感，所以今天外表強作「強國」姿態，「內心」依然是一種自卑的自我膨脹（self-aggrandizement）。

這種「自強情結」和第一世紀猶太人的民族情結和奮銳黨

（zealots）一類的狂熱，屬於一種凝聚於某個時代、某個特定的歷史處境所產生的，但不少時候是更複雜的歷史文化、民族意識、地域族群互動史等等所積累出來的集體情結——只是同類情感，但不同的表現方式而已。

上述中國近代史清末民初之時呈現出的樣貌便是如此。當年猶太人在德國以至其他歐洲被德國民族主義（nationalism）和反閃主義（反猶太，Anti-Semitism）的雙重夾擊，也和他們向來極為防範被同化、與他族混合的自我定位有關，因此總是棲身於所在地的經濟活動而不融入本土的他族文化——這是漢娜·鄂蘭（Hannah Arendt）在她那劃時代的巨著《極權主義的起源》的立論之一。[9] 事實上，當年在列強侵略下興起的義和團，大概和奮銳黨是十分相似的。

在這樣的民族自強情感下孕育出的基督信仰情懷，不是奮銳黨或義和團的型態，但其火熱的動力是相似的，事實是奮銳黨原意是「火熱」（zealous，聖經譯為大發熱心）。君不見過去十年來論到華人的命定「回家」運動，宣告上帝對中華民族的揀選。這一股熱情，夾雜著愛主和民族自尊之情，轉化成一種盲目的宣教情，宣告中華民族從西方接棒，在廿一世紀舉著宣教的火炬，要把福音傳回耶路撒冷。這不一定吻合聖經的福音

願景，卻是某種版本的錫安主義神學下的產物。

　　當然，不論是出於哪樣的動力或動機，誠如保羅所說，福音總被傳了出去。換句話說，在人的缺欠、在種種偏狹的福音詮釋下，聖靈依然始終叫人蒙恩，得著聖靈實質的好處。然而，如果一種著重屬靈辨識（critical thinking and discernment）的屬靈操練沒有在華人教會裡深耕，那麼教會依然無法從新約聖經的社會處境中的政經脈絡讀出另一層次的含義，也因此而欠缺了這種屬靈養分的吸收。

　　宣教的本質是見證上帝的信實，不完全等於狹義地把「福音」傳到地極，或宣講狹義的「信耶穌、得永生」、悔改信耶穌的意思。不過，福音信仰若是建立於新約作者所詮釋的含義之上——即上帝的約藉耶穌基督臨到普天下，藉他的血使人不在罪的轄制和控訴之下，恢復上帝創造的榮美，並且（如新天新地的願景一般）榮上加榮——這使命既並跨越種族，而華族也當走出一種國族主義的情懷，參照新約作者的願景，不斷使他們所努力掙扎出的福音願景融入華人基督信仰群體中，使新約的養分真正成為一個超越「我族」情結的福音。

馬太福音的時代背景

話說回頭，按第一世紀七、八〇年代的情形，保羅向非猶太人傳揚基督的福音雖然已是事實，他寫給教會的信函也流通於一些教會群體中，馬可福音或其他耶穌基督福音的口頭傳統和部分的文字內容也可能存在於教會中，但猶太人於公元四十九年在革老丟（Claudius）年間被逐出羅馬，其中也包括信基督的猶太人。

在那幾十年至聖殿被毀前後，姑且不論那些不信基督耶穌的猶太人，即使是那些信基督的，在等候並以為耶穌基督再臨指日可待的心情之下，身為猶太人，不無可能聯想到聖殿之再度被毀和約六百年前猶大南國亡國被擄巴比倫的慘痛經歷。歷代以來，先知祭司的教訓深深地印在腦海裡：聖殿被玷汙了、被毀了，國民被逐出家園國土了，耶和華上帝把他們從應許之地趕出了。

試想馬太福音裡有關潔淨之禮的律法一再被描寫，是誰玷汙了這地？是誰觸犯禮儀上、道德上的律法而陷以色列民於不義中？從這一點出發，我們要問的是，對於信主的猶太人而言，所要回答的便是：為何聖殿會再次被毀？為甚麼信了基督（彌賽亞）之後，他們尚未得救？我們暫勿急於糾正他們這種期

待上帝國實現的方法看似不正確的信仰，而是先進入新約時代
以色列民之願景中的彌賽亞。

從耶穌的家譜説起

彌賽亞信仰在轉化成「新約的耶穌基督」前，或說「在成
為華人教會所信的救人靈魂的耶穌基督」之前，先是一個政治
性的敘述。馬太的政治性敘事，不從別的方面，而是以家譜開
始。這家譜先是追溯自亞伯拉罕，那是揀選和應許之始，然後
鋪排了三個十四代——第一個十四代到大衛王，第二個十四代
到被遷巴比倫，第三個十四代從被擄直到「稱為基督的耶穌」來
到。基督即為彌賽亞。

這種用家譜來追本溯源的方式，和創世記正遙相呼應，[10]
也和歷代志的大衛家的歷史敘事中，記載家譜的旨趣相似。基
督乃受膏者，具有受膏君王的含義——上承大衛王。可是被擄
後，以色列人失去了君王，作為外族的臣民，以色列民等候著
一位像大衛般的受膏者——彌賽亞出現。

馬太應該知道路得記末的家譜。路得記四章 18～22 節記載：

這是法勒斯的後代：法勒斯生希斯崙；希斯崙生蘭；蘭生

亞米拿達；亞米拿達生拿順；拿順生撒門；撒門生波阿斯；波阿斯生俄備得；俄備得生耶西；耶西生大衛。

這和馬太福音一章 2～6 節上半非常相似，經文如下：

亞伯拉罕生以撒，以撒生雅各，雅各生猶大和他的兄弟，猶大從她瑪氏生法勒斯和謝拉，法勒斯生希斯崙，希斯崙生亞蘭，亞蘭生亞米拿達，亞米拿達生拿順，拿順生撒門，撒門從喇合氏生波阿斯，波阿斯從路得氏生俄備得，俄備得生耶西，耶西生大衛王。

兩段經文分別在於前者始於法勒斯，終於大衛，而後者同樣終於大衛，只是前面交代了法勒斯之後的幾代，上承以色列的始祖。前三位的亞伯拉罕、以撒、雅各象徵著上帝的揀選和立約，第四位為猶大，君王自他而出（創四十九 8～12）。

再往下讀，政治意義更為明顯。馬太敘述到，那從東方來的術士千里尋嬰，要找「那生下來作猶太人之王的」，因為他們看見星象的兆頭。正因如此，聽見這消息的希律王十分不安。顯然，對希律王而言，這是一個政治的威脅。我們也可以想像，在當時的猶太族群中，確有這樣的政治躁動。當時，類似奮銳黨的猶太組織不少，那股彌賽亞再現的氛圍十分濃厚。[11] 我

們甚至說，連施洗約翰也未必完全可排除這樣的政治想像，「約翰在監獄裏聽見基督所做的事，就派他的門徒去，問耶穌：『將要來的那位就是你嗎？還是我們要等候另一位呢？』」（太十一2～3）。至少，約翰想像耶穌是「要來的那一位」。

回到馬太福音前面的敘述，耶穌甫出生不久便因希律王的追殺而逃往埃及。正因如此，他後來必從埃及回到以色列地，所以作者說，「這是要應驗主藉先知所說的話：『我從埃及召我的兒子出來。』」（太二15）按舊約的敘事，「我的兒子」既可指以色列，也可指受膏的君王。這樣說，他會是要來拯救活在邪惡政權羅馬帝國下的以色列民的受膏者嗎？

得救，是自政權的桎梏得到救脫嗎？

以色列民會得救嗎？就是從當時的羅馬政權下蒙拯救出來嗎？就像當年以色列從埃及並從被擄之地蒙拯救一樣。這受膏的君王，以色列民所等候的，他要為他們建立一個甚麼國度呢？會否像當年大衛王一樣？誠如約翰所說，那將要來的是你嗎？還是我們等候別人呢？

一個政治的閱讀和詮釋，能夠幫助我們走進耶穌時代、在羅馬帝國統治下的以色列復國運動的氛圍。可是，馬太更是要

幫助我們看見「耶穌為何沒有選擇這一條政治性的復國之路」？那就是耶穌的天國願景，就如他所教導的禱告說：「我們在天上的父，願你的國降臨。」到底這國會是怎樣的呢？

讓我們在下一章再繼續這樣的陳述。

_/// 2_

從地上國走向天上國：
天國在人間

　　此國惟有天上有。這是馬太福音裡耶穌所宣揚的嗎？在華人教會裡不乏如此理解：凡信主的，將來死後必進入天國。這樣的信仰不知不覺塑造出一種沒有社會經濟和政治脈絡的信仰。

　　無獨有偶，約翰福音記載道，耶穌曾說：「我的國不屬這世界。」（約十八 36）若如此，這位受膏者彌賽亞不是要去拯救他的百姓脫離當時羅馬帝國的權勢，而是脫離另一種權勢——會是靈界的權勢嗎？

　　社會，某個時空下的社會，即使不直接說它是政治體之某個層面的體現，真的和政權距離很遠嗎？馬太福音在怎樣的時

空下，帶出他的天國敘事呢？

　　首先，馬太福音有別於其他福音書和新約其他書卷，棄「上帝的國」不用（中文聖經顯示只用了五次，事實上六章 33 節之「上帝的」，原文只是所有格的「他的」），而使用「天國」作為替代（共 31 次）。我們都知道天國等於上帝的國，這方面的討論已經很多，不需贅言再述。

　　如前所述，耶穌時代復國主義熾然，而馬太福音寫作的年代或許是「聖殿被毀之後若干年至十年」左右。從公元四十九年猶太被逐出羅馬到聖殿被毀，相信不少猶太人的心被忿怒、不甘、絕望等情緒填滿。若馬太福音是七、八〇年代所寫——聖殿既已被毀，可能那忿恨之情更甚。上帝的國極有可能承載著舊約一再出現的上帝降罰的日子、忿怒的日子、伸冤的日子等意義。因此當時若馬太仍然和當時可能已流傳在某些教會群體中保羅書信和馬可福音等書卷，一樣使用「上帝的國」詞語來書寫，進而挑起以色列民固有的復國情結的話，那就是他所不願意看到的。

　　另一個可能的原因是，馬太福音的對象以猶太裔基督徒為主，因此避免稱呼上帝，或許是恐怕他的受眾會因此把耶穌的

工作誤解了。於是，他巧妙地把「上帝的國」改為「天國」，以對比於地上的國。我們相信耶穌自己當年所用的是「上帝的國」，是馬太改為「天國」。所以，我們該考慮的是馬太的寫作時代背景為何成為他改「上帝的國」為「天國」的原因。

本書第 1 章我們強調，馬太福音所說的得救，是一種政治性的敘事。可是，會不會馬太刻意避免使用上帝的國，而使用天國這稱呼，正是有意避免一種政治的含義，那我們為何一開始指出一個政治脈絡作為切入馬太福音敘事的重要角度呢？我們能不能既不迴避馬太福音文本裡所反映的政治氛圍，且能同時指出、或甚至藉其政治的文脈，指出馬太真正想說明的是一個非世上政體的國度？

從罪惡的權勢裡救出來

馬太記載，主的使者對約瑟說：「你要給他起名叫耶穌，因他要將自己的百姓從罪惡裏救出來。」（太一 21）單以耶穌這名字而言，乃耶和華是拯救的意思，不過天使的宣告卻賦予一層新的含義——即要把百姓從罪惡裡拯救出來的人，也就是要把他們從被罪所擄之境解放出來。

罪，到底是不是華人教會一般所聯想到的個人道德上的

罪？那又會有哪些呢？或許是新約書信裡一再泛現的罪的名單
中的罪──那似乎也是頗個人的呀！罪，會不會是社會結構、
集體意識下衍生的呢？有些個人的罪，如貪婪、欺壓、剝削、
苟且、懶惰、偷竊，似乎也是在系統和結構裡滋生的。組織養
活了這些罪，因此就組織、結構和個人來說，前者靠後者壯
大，後者靠前者包庇。

對宗教權貴不義的反諷

　　馬太福音的敘事，固然沒有抹煞當時的政治氛圍，但重要
的是要為這「生而為王的」界定他的國度：天國。這位稱為耶
穌的，他又名叫以馬內利：神與人同在。馬太也要界定，那真
正壓制綑綁人的，不是當時羅馬帝國的權勢，而是罪。然而，
這罪包括哪些呢？以當時猶太人的公會而言，這一個宗教權貴
的集團，以律法壓制人、罔顧窮人的需要、雪上加霜向他們課
徵聖殿稅、與羅馬帝國的當權者有利益輸送的往來。當然，他
們自己可不作如是想。

　　在馬太和其他福音書的語境裡，對於那些宗教權貴，罪不
乏他們所嚴守的律法含義下的罪。那可以是違背了當時所守的
各樣的律例，諸如身體上的不潔淨，如痲瘋病；或道德上的不

潔淨，如妓女；政治經濟上的不忠於宗族者，如稅吏。罪即不義。要成為義人，基本上就是要遵守摩西的律法。所以，遵守摩西律法的才是義人。所以我們看見在耶穌和法利賽人和文士的交戰裡，這些關於潔淨之爭一再出現。如果成為義只是守住這一切條規和到處捉錯，那麼便把律法的真正意義弄錯了。是誰在排斥痲瘋病者？誰塑造出一個消費妓女的社會？誰沒有守心裡的割禮，以至於動了淫念？馬太筆下的耶穌，一再重新詮釋律法，要證明他們的自以為是，要指證他們才是真正的不義。

在馬太福音的文本世界裡，我們感覺到法利賽人和文士在這方面的自豪。耶穌對他們的自義卻不以為然。這正是其反諷處：在馬太以至共觀福音整體而言，猶太人，甚至說文士法利賽人和律法教師，正是被刻劃為不能真正明白上帝的心意者，也就是說，他們雖遵守摩西的律法、也甚為在意上帝的國是何時、如何實現，可是卻似乎無法將兩者視為「二為一、一為二」的實體；就是說他們不明白守律法的真正本質，在於明白上帝的心意。對他們而言，守律法以至於作上帝聖潔的子民，目的是避免永作亡國奴，看是否上帝會因此施恩興起像摩西、以利亞的僕人，好復興以色列國。

某種程度上，守律法和國度是相關連的，可是他們心中的

國無法超越以色列國——他們守律法，變成得國的手段。他們看不見的是上帝的國，這反映的是上帝的性情，即祂的公義、信實和慈愛的彰顯，是舊約倫理之本質精神的實現。倫理，不單是個人倫理或華人文化所看為重的私德，更是社會倫理，其根本信念在於**不虧負他者，是以守護他人利益、權利為己任**的生命態度和作為。

不錯，上帝的國是上帝性情的展現。這在「所以，你們要完全，如同你們的天父是完全的。」（太五48）這一句話裡得以說明。但人怎有可能如上帝一般完全呢？馬太沒有引用利未記十一章44節「你們要使自己分別為聖，要成為聖，因為我是神聖的」，[1] 而是引述申命記十八章13節所說：「你要向耶和華—你的上帝作完全人。」或說，馬太是巧妙的把兩處經文結合為一。若拿馬太福音這句話和路加福音六章36節「你們要仁慈，像你們的父是仁慈的。」比較，我們可以看見兩者都是論愛仇敵教導的末句。這樣，我們可以推測，路加對於利未記和申命記的相關經文的理解，是緊扣在上帝的恩慈信實的本性上。

事實上，馬太福音要帶出的含義也相仿。九章13節和十二章7節重覆的引述著何西阿書六章6節說：「我喜愛慈愛，不喜愛祭物」。我們可以如此推斷：馬太福音說要像天父一般完全，

所要說的正是「愛」。耶穌說：「你要盡心、盡性、盡意愛主－你的上帝。這是最大的，且是第一條誡命。第二條也如此，就是要愛鄰如己。這兩條誡命是一切律法和先知書的總綱。」（太廿二 37～40）申命記六章 5 節說：「你要盡心、盡性、盡力愛耶和華－你的上帝。」利未記十九章 18 節說：「你要愛鄰如己。」再度，馬太把利未記和申命記的經文結合為一。[2] 這正是前面所說的社會倫理的根本精神。

不以推倒地上政權為目標的天國願景

　　馬太福音以天國之稱代替上帝的國，一則要避免他的受眾誤以為上帝的國來臨等於他要降災降罰於當時的外邦掌權者，或說彌賽亞的國度若然實現，就必為猶太人伸冤，報那聖殿被毀之仇、救贖他們脫離外邦人之轄制。再者，天國雖非在地上立國，卻要在世上展現。主耶穌說：「我不求你把他們從世上接走，只求你保全他們，使他們脫離那惡者。」（約十七 15）又說：「你怎樣差我到世上，我也照樣差他們到世上。」（約十七 18）所以，門徒不是要離開世上，而是留在世上。因為他們是「世上的光」（太五 14）。這天國不在天上，而是在地上。只是基督的國不屬這世上。

　　在新約的語言裡，所謂屬天的，按今天的理解來說，是表明一種更高的、更內在、更長遠的價值，而不是外在的、稍縱即逝的、短暫表面的事物。對新約時代的猶太人而言，就是說那些失去國土和民族主權，而且生活貧苦窘迫的人民，他們真正盼望的是甚麼呢？當然是「上帝的國」的顯現，叫受壓迫的得自由，是禧年（Jubilee）的展現。他們盼望上帝的公義得到彰顯。這樣的期待至少濫殤於公元前二世紀。當時希臘的西流基王朝的安提阿四世（Antiochus IV Epiphanes）在他任內（175-164 BC）污穢、褻瀆了聖地和聖殿（約於 167 BC，參馬加比一書一 29～40，二 7～13）。[3] 但以理書的背景若如某些學者所言成書於那個時代，[4] 那以下這一句訴諸於上帝永遠的國的話，就更反映以色列民心中的期待：「國度、權柄和天下諸國的大權必賜給至高者的眾聖民。他的國是永遠的國，所有掌權的都必事奉他，順從他。」（但七 27）並且，如經文所說，他們——眾聖民——將握有大權。

　　這種國族情結一直發展到耶穌的時代，不但未見式微，反而如燒紅的熱鍋。奮銳黨一派的猶太人，可能為洗滌民族的罪，樂於犧牲自己的生命以恢復民族的自由。當然，整個民族的窘境，不只來自羅馬政權的統治，更來自社會的不義，民族

宗教權貴的壓迫，並經濟剝削所帶來的影響。類似中國傳統裡的梁山結義幫派、羅賓漢式的劫富濟貧、趁火打劫的流氓土匪之流的群體，形成一種不安的社會情勢。[5]

　　然而，「天國近了」說的並非是上帝的國要推翻羅馬政權了，而是說「上帝藉著耶穌，臨近各鄉各城、各階各層」了。當時的群眾不明白，門徒也不明白。然而，如果我們留意馬太如何引述以賽亞書，便會發現他並沒有否定耶穌確實是基督（太一 16，廿七 17）是那要來的受膏者，即政治含義中的王。早先他已引述以賽亞七章 14 節：「因此，主自己要給你們一個預兆，看哪，必有童女懷孕生子，給他起名叫以馬內利。」（比較太一 23）馬太福音的受眾中，猶太裔基督徒對以賽亞書的經文應不陌生，在當時聖殿被毀的焦躁氛圍中，確實要調適一種過度實現（over realized）的神國論——宣揚上帝掌權了，基督復臨作王之日指日可數了。這樣的信念可能曾經、也一度存在於這些信徒當中。

　　教會傳統認為，馬太福音的作者是耶穌十二門徒之一稅吏馬太。當然，評鑑學可能會認為證據並沒有我們想像中明顯，所以主張不是使徒馬太所寫。[6]這一點在此不必要追究，畢竟即使此福音書不是馬太所寫，但把它歸諸於使徒馬太之於「初世紀的

作者觀」（初世紀不乏匿名、託名作者的作法，亦即本為後人或門生所作，卻冠之以某名人或公認的權威人物之名）來說，並不困難。至於寫作日期，有些學者認為此書應該是聖殿被擄後所寫，約公元七、八〇年代。[7]別誤以為當初門徒被稱為「原是沒有學問的平民」（徒二 13）指的是他們沒有受教育，不懂經書，我們須知那是當時的宗教權貴善盡輕視之能事以「貶低門徒為目的」的挑釁言詞。事實上，在耶穌的時代，每個小孩在家裡都開始學習聖經，在中學階段的男孩更是追隨一位拉比成為門生。他們會背誦五經和舊約大部分的經文，學習老師的教訓。[8]

所以說，姑且不論此福音書真正的作者是誰，初期教會的猶太裔基督徒聽見作者引述以賽亞書第七章的經文，不難想像他們應該也會想起第九章的經文說：「因有一嬰孩為我們而生；有一子賜給我們。政權必擔在他的肩頭上；他名稱為『奇妙策士、全能的上帝、永在的父、和平的君』。他的政權與平安必加增無窮。他必在大衛的寶座上治理他的國，」（賽九 6～7）然而，誠如我們先前對當時信徒面對的聖殿被毀後所做出的信仰想像，再追憶這位彌賽亞如應許地降生於世，可是卻已被釘十字架。這些信徒雖相信主已復活，卻仍堅持與等候政權的改變，說他們「於聖殿被毀後，再度失望」也不為過。

引述以賽亞書的馬太，不可能不知道經文所帶來的政治想像。可是，他寫作之時，正值羅馬帝國與猶太族群劍拔弩張的情勢中，甚至如果我們把時間往後推至第二聖殿已經被毀之後，更是猶太人復國盼望幻滅的時期。初期教會猶太族群的基督徒，實在必須更新他們對耶穌的認識。他們曾接受了一位被釘十字架的耶穌，但或許仍帶著盼望，心裡一直斷定耶穌不久後即將再來。可是，馬太顯然要調整他們的期待以及他們對上帝國的想像——或許為了避免他們繼續活在這種錯誤想像中，他不但以天國代替上帝國，更對律法和義重新做出詮釋。

把律法的軛加在百姓身上的宗教權貴

耶穌來，乃為成全律法（太五 17）。**或許當時的法利賽人和文士以為他們乃是守護和貫徹律法者，但耶穌卻一再地指正他們，認為他們誤解了律法的真義。因著他們的誤解和執著，不少以色列民活在律法的桎梏下。**如果說，耶穌的名字意思就是把祂的百姓從罪惡裡救出來，那必然也包括救他們脫離律法的咒詛，尤其是當時的大祭司、法利賽人和文士等宗教權貴們所界定的律法，不論是宗教禮儀上的、或道德含義上的。

在這些宗教權貴所壟斷的宗教釋法下，老百姓無法應付繁

重的羅馬人丁稅、地稅，於是聖殿稅更令人百上加斤。耶穌以行動對他們的作法做出抗議。約翰福音第二章記載，他在聖殿推翻兌換銀錢者的桌椅（比較太廿一 12～13；可十一 15～17；路十九 45～46，相對來說，約翰的篇幅最長），宣稱這殿是上帝的家。這舉動直接衝擊到當時以祭司為首的聖殿繳稅系統，[9] 因為「兌換銀錢不是在聖殿區進行的私營事業，而是由聖殿庫房組促成的，也肯定是由聖殿人員運作的業務。」[10] 他也在外院處趕走牛羊，他特別「又對賣鴿子的說：『把這些東西拿走！不要把我父的殿當作買賣的地方。』」（約二 16）英國新約聖經學者包衡如此指出：「他抗議的是，祭司階層將聖殿的財務營運成賺錢的生意；他們不但沒有促進敬拜，更將經濟重擔放在百姓身上，並且一切都稱為是以神的管治為名。」[11]

經文中特別提到，耶穌是對賣鴿子的說話。事實上，按律法的教導，鴿子是給窮人獻祭用的，因為他們負擔不起牛羊，對他們而言，連與人一起分擔也依然是過於沉重的。「所以，耶穌所批評的，不是獻祭的制度，而是聖殿擁有售賣合於獻祭的鴿子的專利，因此可以將鴿子的價格維持於高水準，為聖庫房帶來不少收入。」[12] 結果，這一切措施加重了窮人的負擔。故此，耶穌刺破了那些靠獻祭牛羊等牲畜謀利背後的利益團體的宗教

面具，這也等於是得罪了猶太人當中權貴和宗教領袖。如果他想成為猶太人的王（這是後來被釘在十字架上的反諷稱號），他似乎應該以一個更「溫和妥善」的方式，就是我們今天所謂能達至「雙贏」的協商方式去與這些權貴領導們互動，而不需自毀政治前途。

這些宗教權貴一再堅持守住大大小小的律法，原衷是希望不致重蹈覆轍，像過去一樣因背棄上帝的律法以致幾百年來不斷受到外邦政權的統治。意思是，如今他們堅守摩西律法，上帝必為他們復興，將失去的聖地和聖殿給他們。可是，這些權貴自己仍然與羅馬官員有利益上的來往，對老百姓就雞蛋裡挑骨頭似的刁難，就如耶穌所說：「你們這瞎眼的嚮導，蠓蟲你們就濾出來，駱駝你們倒吞下去。」（太廿三 24）這就實在是雙重標準、假冒為善了。

因此，許多以色列民如何一再被宗教權貴以律法的名義定罪。譬如說，作稅吏的，因替外邦統治者收稅被視為不潔；有因各種殘疾而花盡積蓄、還要繳交各種稅金的，更別說有剩餘的錢預備祭牲獻祭。他們不但要背上罪人的罪名，有些還要受到社會群體的排斥。或許當時作為猶太人，政治正確的看法是視羅馬帝國統治者為壓制者並使他們成為亡國奴者，但事實

是，除了這一些，在日常生活裡，反倒是自己所屬的宗教傳統成為他們生命的俘擄者。

若是如此，這天國若如以上經文裡耶穌所描述，那的確是那些猶太人視為不潔淨者——即所謂的社會邊緣人、窮困者的福音。或許這福音關乎的是比以色列人所期待的復國更根本的生命尊嚴。這生命的尊嚴正是身為亡國奴所沒有的，也更是被猶太宗教權貴那吃人的禮教所剝奪的。

耶穌服事年間，雖然他無畏於當時的羅馬掌權者（這在他與彼拉多的對話中可見一般），但亦沒有直接向政權挑釁。他所看見的、所要更加徹底顛覆的，是那捆綁人生命自由的宗教傳統、民族主義、權貴集團、君王崇拜和帝國權勢及其虛假的太平盛世的應許。彌賽亞的國，是把人的生命尊嚴——即上帝的榮耀，歸給上帝所創造的人。在耶穌的生活處境中，他最多接觸的就是他本族人及其中的宗教權貴們。所以，活在一個延續舊約上帝子民敘事下的他，向自己本族人所做的，就是一再挑戰本族的宗教權貴，那些擄掠自己百姓的人。就這方面而言，耶穌的所言所行，就如舊約時代的先知一樣。

所以說「上帝的國近了」，耶穌時代的猶太人有他們的政治

想像；但當耶穌說「我的國不屬這世界」的時候，他一而再、再而三讓猶太族群上上下下感到困惑。我們若把馬太福音和其他福音書做比較：馬可福音裡，學者留意到耶穌一再禁止人宣揚他的作為，學者稱之為「彌賽亞之隱密」（Messianic Secret）。約翰福音裡，一再出現的是：我的時候還沒有到。這一切，對應於公元七、八〇年代猶太爭戰聖殿被毀後的基督群體——馬太的受眾而言，也是當頭棒喝。或許相對於這兩卷福音書來說，馬太福音可能更刻意於解答聖殿被毀和基督甚麼時候再來的問題——他沒有按當時信徒所想像的很快的再來復興他們。他的國已經來了，但他的再來卻尚未出現，因沒有人知道那時辰。主耶穌說：「但那日子，那時辰，沒有人知道，連天上的天使也不知道，子也不知道，惟有父知道。」（太廿四36）

在馬太敘事下，在這種一再戳破信仰泡沫的作法裡，我們看見耶穌所做的，至少可以從兩方面去理解：一是拒絕世上的國度權勢，二是他拒絕猶太傳統的律法主義基礎下的上帝國。接下來的這兩章，就讓我們分別討論這兩方面吧！

/// 3

耶穌所拒絕的國：
論耶穌受試探

　　信耶穌便能進入天國，這是許多信徒所篤信的。能了解耶穌時代的猶太人對上帝國的期待，便能夠更明白為甚麼「耶穌不斷避免他所傳揚的上帝國的福音」被誤解了。從一開始，耶穌自己便一再拒絕那些誤解。本書第 2 章我們指出馬太福音如何刻意以天國取代上帝國的說法，反映出初代猶太教背景的信徒要走出根深蒂固的復國情結之難。這一章讓我們看見耶穌的曠野試探如何直指人性裡頭，對權能的慾望和迷戀。

上帝的兒子的名號
　　話說耶穌在一種奮銳黨式的、以及那要肅清一切不義、光

復律法、鏟除一切攔阻那「末後的日子」、主顯威嚴的日子、審判的日子或「神國」彰顯的日子來到的「猶太民族宗教復國情結」的背景下降生。他三十歲左右出道，受了約翰的洗，被聖靈差到曠野受試探，然後開始服事。共觀福音分別記載了他從水裡上來以後，天上有聲音說：「這是我的愛子。」

是的，他是上帝的兒子，但在路加的敘事裡，尤其在耶穌家譜中，最終追溯他上至亞當，而亞當是上帝的兒子（路三38）。眾所皆知，亞當原文也指「人」的意思；所以一個解釋是「人便是上帝的兒子」。到底，這位上帝的兒子要向我們展示甚麼呢？教父時期對於耶穌的神性和人性，辯論不休，最後以他兼具神人二性定論。或許我們可以進一步說，這既是神，又是人的耶穌，要向人展示甚麼呢？

另一個可能的閱讀，所考慮的不是以上所說的神人二性的問題——也就是說，並非迦克墩信經（Chalcedonian Creed）所關注的焦點，而是從亞蘭語（Aramaic，舊約以斯拉記及但以理書在書寫時所用的語言，並被認為是耶穌基督時代猶太人日常的用語）式的「上帝的兒子」的觀念，其中所反映的是君王的含義，是詩篇第二篇裡君王登基或以賽亞書四十二章裡，受苦僕人（即彌賽亞）的政治含義下的君王。[1] 再說，第一世紀羅馬帝

國統治下的人民，對於凱撒就是上帝／神的兒子，這是神所生的、神的稱謂，不會毫不知情。[2]

人該如何成為人？馬太福音序曲中敘述著耶穌的降生、逃難及至從埃及再回來；路加福音敘述耶穌童年的一種天賦能力，且加註說：「耶穌的智慧和身量，並上帝和人喜愛他的心，都一齊增長。」（路二 52）在這些漸漸隱入背景中之後，我們看見一位承載著猶太信仰傳統效應的拯救者，在福音書作者的筆下，走上他的歷史舞臺。以中國傳統的話來說，他三十而立、帶著天命，走向約旦河受洗。然而，這天命乃是在一個彌賽亞語式下的「上帝的兒子」的語縫中展現出來的。這上帝的兒子的身分，成為耶穌出道所面對的曠野試探的焦點。

曠野試探

曠野這三個試探，既是上帝兒子——彌賽亞職事的測驗，同時也是象徵著每個人生命所要面對的、潛在的魔鬼。然而，要成為一個真正自由的人，能不被這些試探所俘擄，卻是必須經歷的過程。既是如此，耶穌受浸以後於服事之始，受撒但試探的經歷和敘事，就非同尋常了。

受了洗以後，耶穌去到曠野。不同福音書都強調「是聖靈」

引導他去到曠野。如果這敘事本就是人生的暗喻，皆成為讀者人生的訓誨，或許也是我們人生所必經之路，不單是因為人生使然，更是因效法他們主的門徒之路。

　　馬可福音說：「聖靈立刻把耶穌催促到曠野裏去。」（一 12）路加福音說：「耶穌滿有聖靈，從約旦河回來，聖靈把他引到曠野，」（四 1）馬太福音說：「當時，耶穌被聖靈引到曠野，受魔鬼的試探。」（四 1）以下且引述馬太對此試探的記載：

他禁食四十晝夜，後來就餓了。那試探者進前來對他說：「你若是上帝的兒子，叫這些石頭變成食物吧。」耶穌卻回答說：「經上記著：『人活著，不是單靠食物，乃是靠上帝口裏所出的一切話。』」魔鬼就帶他進了聖城，叫他站在聖殿頂上，對他說：「你若是上帝的兒子，就跳下去！因為經上記著：『主要為你命令他的使者，用手托住你，免得你的腳碰在石頭上。』」耶穌對他說：「經上又記著：『不可試探主－你的上帝。』」魔鬼又帶他上了一座很高的山，將世上的萬國和萬國的榮華都指給他看，對他說：「你若俯伏拜我，我就把這一切賜給你。」耶穌說：「撒但，退去！因為經上記著：『要拜主－你的上帝，惟獨事奉他。』」於是，魔鬼離開了耶穌，立刻有天使來伺候他（四 2～11）。

　　受洗後的耶穌開始在世上的服事。按人的期許，那或許是
大展鴻圖式的作為。即使是按當時時代氛圍下的民族願景而
言，必也是「成就國族大業」。按一般古代希臘的英雄傳記，
主角必先遭遇各樣的試煉，方能走向最後的成功。在福音書筆
下出現的耶穌，會不會也是經歷這樣的歷程？熟悉福音書的我
們，都知道耶穌最後被棄、遭害，並釘十字架。就是說，他的
受害也是必經之途。然而，這也叫我們不得不仔細思考：他的
死，豈不叫他在猶太復國的事上一無所成？或說他一生所為，
豈不完全徒然，一點成就都沒有，是徹底的失敗？或許說，他
的復活乃是某種正義得以伸張，好人終必勝利，沉冤必然得雪
的美好結局。復活固然是沉冤得雪（vindication），但對於今世
之權，完全無濟於事。到底甚麼才是耶穌真正勝過的？或許伏
筆早寫在三個試探裡。

　　這受試探的篇章，歷來被釋出許多講章。此處，讓我們也
嘗試一個視角。受洗以後，第一個行程竟然是曠野。或許說，
耶穌即將在曠野裡面對的，也會是將來上十字架前、完成一生
使命前，一再面對的。第一和第二個試探，開頭都是：「你若是
上帝的兒子」，這「若是」建立在耶穌本來就是上帝兒子的前題
上。正因如此，這成為試探的焦點。

這上帝的兒子，如前所言，可能不只在於指出耶穌的具有神性，而是他的君王身分。

在第一個試探裡，經文說：「那試探者進前來對他說：『你若是上帝的兒子，叫這些石頭變成食物吧。』」背景是，當時耶穌已禁食了四十晝夜，餓了。事實上是，他不止餓了，且早已餓了。四十天，已經過關了吧！超標了、合格了。吃，是天經地義的，但環顧四周，沒甚麼可吃的。

從申命記的教訓了解試探中的對話

那試探者的話，針對的是上帝兒子的身分與特權。關於耶穌的「作為上帝之子」，此處我們姑且從他具有神性的角度推想：祂其實有能力把石頭變成食物，而且此情況也特殊，就用一用這特權吧！或許，我們更可以從特權的角度來思考，不是因神性而來的特權，而是因王權而來的特權（腓二 6～8；詩二 6～8）。

耶穌的回應：「人活著，不是單靠食物，乃是靠上帝口裏所出的一切話。」出自申命記八章 3 節。仔細對照這句話和耶穌下兩句出自申命記六章的話，或許可以說這一句也算是申命記六章的內容，因八章 1～6 節說的是上帝如何在曠野任以色列民

飢餓、磨練他們，然後說到他們進入應許美地之後一無所缺、豐富美食的境界。事實上，申命記六章10～12節所說：

> 耶和華—你的上帝必領你進他向你列祖亞伯拉罕、以撒、雅各起誓要給你的地。那裏有又大又美的城鎮，不是你建造的；有裝滿各樣美物的房屋，不是你裝滿的；有挖成的水井，不是你挖的；有葡萄園、橄欖園，不是你栽植的；你吃了而且飽足。你要謹慎，免得你忘記領你從埃及地為奴之家出來的耶和華。

比較申命記八章10和13節說：

> 你吃得飽足，要稱頌耶和華—你的上帝，因為他將那美地賜給你。你要謹慎，免得忘記耶和華—你的上帝，不守他的誡命、典章、律例，就是我今日吩咐你的。免得你吃得飽足，建造上好的房屋，住在其中，你的牛羊增多，你的金銀增多，你擁有的一切全都增多，於是你的心高傲，忘記耶和華—你的上帝。

以上所引申命記第六章經文，緊接下來的第 13 節和第 16 節，便是耶穌分別在第三個和第二個試探之後給魔鬼撒但的回應，而所引第八章的經文，其下文 13 節下半開始和同一章 1～6

節也是相呼應的。

　這一些警告，要提醒以色列民的是，若他們忘記上主，必至滅亡（申八 20）。而且，整個試探的背後（包括之後的兩個），要挑戰的正是如申命記六章 4～9 節的全書鑰節的示瑪（Shema，「當聽」之意）所訓示的：

　　以色列啊，你要聽！耶和華－我們的上帝是獨一的主。你
　　要盡心、盡性、盡力愛耶和華－你的上帝。我今日吩咐你
　　的這些話都要記在心上，也要殷勤教導你的兒女。無論你
　　坐在家裏，走在路上，躺下，起來，都要吟誦。要繫在手
　　上作記號，戴在額上作經匣；又要寫在你房屋的門框上和
　　你的城門上。

　這經訓的重點正是「聽」。不能聽從上帝，便不能愛上帝。不願愛上帝者，也必不願意聽從祂，兩者互為因果。

免得你忘記上帝

　餓了就吃，這是合理的生理需要，是本能。渴望、慾望本來就是人生命裡之本然。耶穌餓了，而且是在禁食四十晝夜之後，多麼合理的需求。餓了，豈只是餓了。再從申命記的經文

看，相信浸淫於猶太經典傳統的耶穌，非常明白申命記的信息。可是，耶穌拒絕了。他說：「人活著，不是單靠食物，乃是靠上帝口裏所出的一切話。」

撒但的話可能暗示，飽足是上帝的賜福。申命記裡的記載，讓我們看見以色列民吃得飽足以後，反而忘記了上帝。

質疑上帝的信實

在第二個試探裡，撒但引用了詩篇九十一篇 11 和 12 節，[3] 對耶穌說：「你若是上帝的兒子，就跳下去！因為經上記著：因他要為你吩咐他的使者，在你行的一切道路上保護你。他們要用手托著你，免得你的腳碰在石頭上。」

到底這一個試探的刁鑽之處在哪裡呢？我們沒有絕對的答案。為甚麼耶穌的回答會是：「經上又記著說：『不可試探主你的上帝。』」以色列民曾在汛的曠野來到利非訂，而在那裡他們因無水而發怨言。聖經如此記載：「因為以色列人在那裏爭鬧，並且試探耶和華，說：『耶和華是否在我們中間呢？』」（出十七 7）摩西因此給那地方取了個名字：瑪撒，即試探的意思。這個對耶和華是否同在的疑問，背後關係著的是信任的問題，也就是質疑上帝的信實。蛇對夏娃所說的：「上帝豈是真說，

按約翰福音的敘事，祂本就是生命的糧。

即是說，祂是生命之源，是生命本身。在敘述了五餅二魚的神蹟（記號）之後的第二天，門徒在加利利海的對岸找耶穌，耶穌回答他們說：「我實實在在地告訴你們，你們找我，並不是因見了神蹟，而是因吃餅吃飽了。不要為那會壞的食物操勞，而要為那存到永生的食物操勞。這食物是人子要賜給你們的，因為父上帝已印證了。」（約六 26～27）甚麼是永生的食物呢？肯定不是物質層面的食物。我們也想起這段經文之前，已經提過耶穌說：「摩西在曠野怎樣舉蛇，人子也必須照樣被舉起來，要使一切信他的人都得永生。上帝愛世人，甚至將他獨一的兒子賜給他們，叫一切信他的人不致滅亡，反得永生。因為上帝差他的兒子到世上來，不是要定世人的罪，而是要使世人因他得救。」（約三 14～17）約翰福音對於永生和生命的獨特意境，我們必須之後再獨立討論。我在這裡所要帶出的是，若耶穌是生命的本源，他為何拒絕撒但？他拒絕的是甚麼？約翰福音沒有敘述耶穌受試探。

你們不可吃園中任何樹上所出的嗎？」（創三1）用的反問語氣「豈」，來質疑上帝的信實或說對他們的信任。但在對耶穌的第二個試探裡，撒但卻沒有用「豈」的反問句，不過其實其中伎倆同出一轍，就是要耶穌自己以行動——即「跳下去」來構成這個「豈」——上帝豈不會吩咐祂的使者托著你？

得著萬國榮華的果效

第三個試探對付的，可以是「人的虛榮和自戀的心態」，也可以是「事事崇尚效用」的心理作祟。記得耶穌作為上帝的兒子和彌賽亞王權的相關性。王權會以甚麼型態、會甚麼時候實現？都是耶穌未來服事所要面對的。和上述兩個試探所反映的一樣，所謂心態，其實是人性裡面根本的問題。魔鬼向耶穌展示「世上的萬國與萬國的榮華」，並應許把這一切都給他，而唯一條件是「向牠下拜」。

如果認為獲得自己所需要的一切皆為理所當然，而自由行使個人所擁有的生命、資源與權力也是無可厚非的——那麼，自戀和自我陶醉於成功的榮耀，若非人之常情也是發揮自我、努力之後的合理報償。

過程中，若有甚麼有利於成功的種種條件，包括：被輸送

予人脈上的便利（利益輸送）或金錢的資源以撐起各樣的事工，或妥協某些價值和犧牲某些人可以獲得一些籌碼、減少一些攔阻等等，我們是否會自圓其說呢？是的，魔鬼向耶穌展示的，就是叫他「更上一層樓」──不但是站在殿頂，並且能「得著一切」。**這一切就是「神國」的「快速」來臨。福音的「有效」廣傳，佈道會的動員能力，千人禱告會的「屬靈能力」，這一切豈不正是「萬國與萬國的榮華」？可是，十字架之路卻在哪兒呢？**

甚麼是得著一切呢？魔鬼在耶穌「上了一座最高的山，將世上的萬國與萬國的榮華都指給他看」，這就是一切，這一切都可以賜給你──這是非常弔詭的，本來一切權柄榮耀都是上帝的，也是祂的兒子耶穌基督的。我們前面提過，上帝的兒子有上帝所生、被揀選的含義，正如以色列是上帝所生和所揀選的一樣（出四22；何十一1）。在此，更突顯出的是受膏者的含義。

我們姑且先從耶穌之人性來說。對於作為人的耶穌，早期教父辯論再三，終以神人二性──是完全的神，也是完全的人──來定義他的本質。在新約書卷出現以前，早期教會流傳著一首詩歌，上半段這麼說：「他本有上帝的形像，卻不堅持自己與上帝同等；反倒虛己，取了奴僕的形像，成為人的樣式；既有人的樣子，就謙卑自己，存心順服，以至於死，且死在十

字架上。」（腓二 6～8）這放棄那與上帝同等的地位，先於拒
絕那得國的自我期許（詩二 7）。我們不完全明白耶穌「是否
有強烈的自我意識」要成為彌賽亞？但從福音書的記載，他一
再地拒絕過早顯露他的身分和使命，到後來再三預言自己的被
害與復活──無論我們想以怎樣的角度去理解耶穌的人性，這
樣清楚的自我意識實在是超然的。他之所以棄了與上帝同等的
超越性、之所以走上十字架的路，是否藉上帝的靈在他內心曉
諭，再經他意志順服的？還是他自己的心意？客西馬尼園裡的
掙扎，然後說：「然而，不是照我所願的，而是照你所願的。」
（太廿六 39）揭示出他那「存心順服」的心態。

再回到我們起初所說，耶穌被聖靈差遣到曠野──聖靈與
這具有神人二性的他之間的默契是怎樣的呢？此外，他也意識
到自己的使命吧！然後才展開自己的服事。這樣，他也必知道
自己要得國，正如他知道他的國不屬這世界一樣（約十八 36）。
且不追究神人二性的問題，這樣的自我意識也就成為魔鬼試探
的終極焦點。

得國，這乃是耶穌的使命。要這試探成為試探，必須有一
個可能性，就是似是而非。耶穌來到世上，的確是要叫上帝的
子民得拯救。更甚者，從後來的結果往前推，或許可以看見其

中亮點。誠如上引詩篇二篇的下半段所說：「所以上帝把他升為至高，又賜給他超乎萬名之上的名，徒一切在天上的、地上的和地底下的，因耶穌的名，眾膝都要跪下，眾口都要宣認：耶穌基督是主，歸榮耀給父上帝。」（腓二9～11）詩篇彷彿說，耶穌的目標就是要叫眾膝向他跪下，萬口宣認他是主。目標既然如此清楚，何不持定目標速速完成？

目標雖在，過程卻是一個未完成的劇本。作為人子的耶穌，可能也必須在辨識中摸索前進。在福音中，我們一再看見他在重要的關鍵時刻總是獨自上山禱告。曠野四十晝夜，作為人子的他，在體力和精神意志上十分軟弱。然而，向魔鬼跪下，降服於心中撒但的聲音，向權力、能力下拜以至能在世上成功，那不是他選擇的路。

耶穌斷然拒絕撒但的誘惑，說：「撒但，退去！因為經上記著：『要拜主－你的上帝，惟獨事奉他。』」福音書也記載了另一次耶穌對撒但的斥責。那是在耶穌第一次預言他必須受害之後說的，當時「彼得就拉著他，責備他說：『主啊，千萬不可如此！這事絕不可臨到你身上。』耶穌轉過來，對彼得說：「撒但，退到我後邊去！你是我的絆腳石，因為你不體會上帝的心意，而是體會人的意思。」（太十六22～23）耶穌所拒絕的，便

是人的心意。這一刻，人的意思正衝突著上帝的心意。人的意思雖然好，但只體貼一時的好處，片刻的舒服，冒似真確的出路和手法，其結果卻可能妨礙了上帝旨意的成就。對撒但的斥責，乃是對這「與上帝相悖的心意」的斥責。這相悖的心，也可以稱為撒但。

　　如此說，人有時也可覺察內心那一股順從自己、順從肉體的意念，亦可像耶穌一樣斥責這心意，如斥責撒但一樣。因為我們的心本不該以自己為中心。人有這樣的一個傾向，就是盼望其他人都向自己臣服。這一個試探，或許潛伏在人生中不少角落和暗處，總是伺機發難。即使是耶穌，在他人生的最後階段，在客西馬尼園裡，仍是不放過他。面對這人生尾聲的關鍵一戰，他說：「我父啊，如果可能，求你使這杯離開我。然而，不是照我所願的，而是照你所願的。」（太廿六 39）

　　就這樣，耶穌拒絕了世上的國。曠野的試探，彷彿也宣告著耶穌的選擇，可是那也同時向那「得國」的呼聲說不，不只是拒絕當時被擁戴為猶太王的試探，也象徵後來不斷的拒絕，拒絕一切真天國的膺品。如果耶穌接受了撒但的誘惑，那他的國和這世上的國便沒有兩樣了。

///4

天國是何方？
八福所展示的天國境界

　　馬太福音記載，耶穌勝過了魔鬼的試探以後，開始傳道，宣告：「你們要悔改！因為天國近了。」（太四 17）[1] 同樣的，在他之前，約翰也如此宣告。

　　我們之前已指出，天國也就是上帝的國。說「天國近了」等於是說「上帝的公義、審判顯現的時候到了」。所以，天國是甚麼？人要怎樣進入天國呢？天國是怎樣的呢？天國在哪裡呢？不少基督徒提到離世以後，期待進入天國。對他們而言，天國也就是天家、天堂或永生。可是，聖經怎麼說？我們前面幾章既沿著馬太福音的經文做出討論，以下且借用登山寶訓裡的八

福來了解，耶穌所謂的「天國」到底在哪裡？要如何進去？

勝過法利賽人的義

馬太福音的鑰節說：「你們的義若不勝於文士與法利賽人的義，絕不能進天國。」（太五20）在馬太的敘事裡，耶穌到底要門徒如何達到一個比法利賽和文士更高水準的義呢？而義人又和天國有甚麼關係呢？

耶穌這話，似乎預設了當時門徒所求的是「進天國」。當時猶太人心目中的天國是甚麼呢？馬太偏好以天國指上帝的國，意思基本上是一樣的，或許是避諱稱呼上帝。無論如何，天國已經近了（太三2），就是說上帝要來掌王權了。在這樣的語境之下，我們讀到八福裡的第一福說：「心靈貧窮的人有福了！因為天國是他們的。」（太五3）而第八福說：「為義受迫害的人有福了！因為天國是他們的。」（太五10）

當耶穌說不能進天國，那天國指的是哪裡呢？當他說「天國是他們的」時，「他們」又如何擁有天國呢？本書第3章我們提到，耶穌說他的國不屬這世界。到底天國是否是時間或空間的概念？如果是時間上的，那麼指的是將來嗎？來世嗎？這不也是我們一開始所指出那在華人教會中根深蒂固的觀點嗎？本書

的目的正是要對這種「他世」導向的天國論做出矯正。如果說，天國是空間的概念，放下那未來的和「他世」導向的向度，那便是政治的概念。在約翰福音裡，我們看見這國在概念上雖是政治的，且與權柄和治理相關，但卻不是世界的國度。所以，它反映的是有別於世界國度的權柄和治理。

回到登山寶訓裡的八福，第二至第七福分別是：

> 哀慟的人有福了！因為他們必得安慰。
>
> 謙和的人有福了！因為他們必承受土地。
>
> 飢渴慕義的人有福了！因為他們必得飽足。
>
> 憐憫人的人有福了！因為他們必蒙憐憫。
>
> 清心的人有福了！因為他們必得見上帝。
>
> 締造和平的人有福了！因為他們必稱為上帝的兒子。
>
> （太五4～9）

這中間的六福，在結構上被一前一後的「天國是他們的」所承載著。六福裡，第二的「哀慟」豈不和第五的「憐憫」呼應，第三的「謙和」豈不和第六的「清心」呼應？第四的「飢渴慕義」則和第七的「締造和平」相關聯。要說這每一福一定對應於舊約哪一個應許未免過於勉強，但整體而言卻不難讀出那一個「必

得」，無形中把舊約中上帝向祂的子民所應許的，比如賜應許之地、被擄子民得安慰、在律法中得見上帝、以色列民被稱為上帝的兒子的含義，也就是說這無形中把以色列所期待復興的上帝的國——即以色列國——的含義更新了。

且回到八福裡首尾二福所指「心靈貧窮的人」和「為義受逼迫的人」，為何天國會屬於他們的呢？

大家都知道，和合本馬太福音說「虛心的人」（*ptōchoi tō, pneumatic*，和合本修訂版譯為「心靈貧窮的人」），意思是靈裡貧窮的人。在路加福音裡，說的卻是「貧窮的人」（*ptōchoi*）（路六 20）。後者的語境，反映上帝的國在社會經濟脈絡下的含義。在這一章，我們把重點放在前者。

「被培養」的靈裡貧窮的自覺

虛心是一種生命態度。問題是這態度是培養出來的，是像一般所說的培養某種品德嗎？不然。於其說培養，不如說是「被培養」。虛心或靈裡感到貧窮，是感到對自己不再自以為是，不再自恃所作所為，甚至不期望自己的能力能帶來真正的改變。靈裡貧窮，若取「貧窮為一無所有」的意思，就是感到自己的一無是處和脆弱。這樣的人，天國便在他裡面了，便進入天國了。

　　這裡要強調的，不是一種不健康心理下的自我否定，更不是自我形象的低落，也不是出於憂鬱症而來的無法面對生活，也不是華人文化所說謙虛或謙讓，凡事不自恃過高，慎鋒芒畢露以致招來殺身之禍之意。

為義受逼迫的人

　　為義受逼迫。這樣的人，天國又如何會是屬於他的呢？甚麼是義？整個天國倫理所關乎的便是義。此處暫擱天國含義，而先聚焦於何謂「倫理」。倫理所處理的便是人與人之間的公正公義之事。舊約之律法，歸根究底是一個以上帝為中心的倫理，它建基於「每個人在上帝面前，有同樣的價值和尊嚴的信念」。在人的社會裡，雖有不同的制度——制度之產生，是社會所不可或缺的，但制度必須建基在價值信念的基礎上。在既定的制度下，人與人之間，各人必須相互盡自己的義務。人不單有權利，也對他人有責任。義，便是相互間守望的責任——凡不盡此責任的，便為不義。更甚者，有人剝奪他人之權利者，或侵犯他人之生命、財產和尊嚴者，更是不義。

　　人若守護別人的生命、尊嚴和財產，便是有義的。因此，若看見有人在這些方面受到侵害和剝削，而因此開口發聲、甚

至以行動干預以求挽回、贖回，恢復那受損者生命尊嚴和財產但因此受到逼迫的，這便是為義受逼迫的人。天國便是屬於他的。換句話說，正如此踐行時，他已在天國裡。

天國的含義若是關乎權柄和治理，天國，也就是上帝的國，就是一個上帝的價值觀，是上帝的權柄和治理的型態。那會是怎樣的呢？即上帝的義所展現之處。天國，就是倫理之義得以展現出來。一個為使這義出現而去奮鬥的人，天國若不屬於他，還屬誰呢？他既活在天國裡，也致力於使天國彰顯出來。

這樣，天國在何方呢？就是在義所彰顯之處。主說：「看哪，天國就在你們中間。」（路十七 21）離開人，便不必論天國了。沒有人間，也就沒有天國。但主說：「我的國不在世上」，意思是說，他的國不是世界上的帝國、國家或國土。因為若沒有人間，天國也不會有。天國之國，說的是治權，是上帝之治的實現。

因此，上帝之治在地上實現了，便是天國的實現。然而，這上帝之治，彷彿蒼海桑田，本不需要遲至啟示錄所示新耶路撒冷之時方才出現。[2] 起初上帝創造天地，並將管理天地之權責交給了人。這和新約所說「與耶穌基督同作王」的意思是相呼應

的，雖是兩個不同的隱喻：一是管理、一是治理；一是園子、
一是國度，意象雖不一樣，意義卻一樣。

所以，耶穌說：「你們的義若不勝於文士與法利賽人的義，
絕不能進天國。」（太五 20）這一句也必須和 48 節一併理解，
「所以，你們要完全，如同你們的天父是完全的。」筆者曾指
出，馬太福音其中一個重要的神學是指出上帝的慈愛和憐恤。[3]
若是如此，我們若像天父之完全，便是效法祂的慈愛和憐恤。
簡單而言，就是愛人如己。我們若愛上帝，就願意效法祂，便
願意愛人如己。上帝向著人，常存慈愛和憐恤，這便是祂的義
了。我們的義，便是在這基礎上達到的。換句話說，我們如何
進入天國呢？馬太教導我們的是，我們甚麼時候能以慈愛和憐
恤待己待人，或借用彌迦書六章 8 節所說：「只要你行公義，好
憐憫，存謙卑的心與你的上帝同行。」天國便實現了。

再回到中間的六福，無論是飢渴慕義以致促進了群體中有
真正和平的人或是在人生中、在被剝削和壓制中感到了哀慟的
人，或是即使有本事，也不靠自己的競爭力來贏取世界的人，
他們都反映了一個有別於世上國的價值！這樣的人，在被逼迫
和壓制中不以暴制暴，不以武力戰勝武力，不以威武勝過威
權。那種把臉也轉過來被對方打，為對方多行一哩路，在對方

尚未發出不合理的要求和施行強暴之時，以非暴力的型態活出真正生命的自由，這樣的生命是屬上帝和基督的國的。[4]這樣，那在生命中耕耘著、踐行著這八福般的生命者，天國豈不就是他們的？他們就在天國裡了。

/// 5

路加的上帝國願景：
福音不再只關乎著猶太族群

　　放下天國之稱，而聚焦於上帝國，我們能看見上帝的國在彌賽亞的含義下來臨。在路加福音的神學向度下，更是毫不含蓄地展現出「結合猶太人與非猶太人為一體」的氣派。相比之下，馬可和馬太並非沒有這涵蓋萬邦的氛圍，比如說以馬可福音而言，單以五餅二魚（可六 30～44）和七個餅幾條魚（可八 1～10）的兩段敘述之間，作者便巧妙地把以色列族群（剩下的食物充足有餘，完全足夠供應以色列全民——十二籃子）和非以色列之全人類（剩下的食物足夠供應七個籃子——七個籃子意指全人類，七代表完全）涵蓋進來。又比如中間的段落提到的敘利非尼基族的婦人和耳聾舌結的人，皆非猶太人。

　　至於後者馬太福音，雖然對象看似猶太裔基督徒，比如說在前半部裡的十章 5、6 節提到耶穌吩咐門徒說：「外邦人的路，你們不要走；撒瑪利亞人的城，你們不要進；寧可往以色列家迷失的羊那裏去（比較太十五 24）。」（這兩句話在馬可和路加都沒有出現過）不過，去到福音書的結尾則不一樣了。比如廿五章 32 節說：「萬民都要聚集在他面前。」而且全書最後第 2 節所提到的大使命：「使萬民作我的門徒。」這兩處都展示出馬太福音的萬邦視野。

　　回到路加福音的神學願景，路加胸懷上帝國的彰顯與全人類的關係。他的普世胸懷著眼於那位充滿耶穌並差他到曠野受試探的聖靈。三卷共觀福音雖都提到耶穌被聖靈催促或引導到曠野，但唯有路加提到他被聖靈充滿。路加福音四章 18 和 19 節是研究路加福音和使徒行傳者不可能忽略的。經文說：「主的靈在我身上，因為他用膏膏我，叫我傳福音給貧窮的人；差遣我宣告：被擄的得釋放，失明的得看見，受壓迫的得自由，宣告上帝悅納人的禧年。」使徒行傳二章所載五旬節聖靈如火降臨，充滿眾使徒更不在話下。至於其他提到聖靈處，在此便不贅言交待了。

上帝的兒子的治權

此處的宣告，不只是對以色列人有效，也對全人類有效。那是路加的願景。我們知道馬太和路加都有一份家譜。馬太從亞伯拉罕一直說到耶穌，但路加卻是耶穌回溯直到亞當。結尾處說：「亞當是上帝的兒子。」（路三 38）這句話與「你是我的愛子」呼應著——按路加的敘述，耶穌開始公開服事以前，受約翰的洗，然後「有聲音從天上來，說：『你是我的愛子，我喜愛你。』」（路三 22）這愛子象徵著所有人。

如前所述，上帝的兒子這稱呼或有亞蘭文化（Aramaic）的含義，有君王的含義。[1]誠如路加福音一章 32～33 節說：「他將要為大，稱為至高者的兒子；主上帝要把他祖先大衛的王位給他。他要作雅各家的王，直到永遠；他的國沒有窮盡。」另外又說：「因此，那要出生的聖者要稱為上帝的兒子。」（路一35b）。這一番話乃是天使對馬利亞所說的。內容裡，有關於耶穌成為君王的含義太明顯了。這位受膏君王，就是上帝為祂的百姓所興起的拯救者。從士師記裡的各士師延續到大衛王，皆反映著這個模式。

上述路加的敘述再往下讀，整個意思就更不含糊了。第 69至 75 節說：「在他僕人大衛家中，為我們興起了拯救的角，正

如主藉著古時候聖先知的口所說的，『他拯救我們脫離仇敵，脫離一切恨我們之人的手。他向我們列祖施憐憫，記得他的聖約，就是他對我們祖宗亞伯拉罕所起的誓，叫我們既從仇敵手中被救出來，就可以終身在他面前，無所懼怕地用聖潔和公義事奉他。』」彌賽亞是拯救者，是救主——對比於當時宣告自己是全世界的救主的凱撒。[2]

到底以上這段話帶出一個怎樣的上帝國願景呢？令人想起出埃及記裡上帝藉摩西對法老所說的話：「容我的百姓去，好事奉我。」（出八 1，和合本）[3] 承接上段所引路加福音同一章 35 節所說到「那位要來作王的至高上帝的兒子」，說明的正是他要帶來的治權，將有別於世上的國所帶來的治權，包括埃及的法老；而羅馬的凱撒，也喻指世上不同時代、不同地方的統治者。

雖然「上帝的兒子」可以用來指以色列（出四 22；何十一 1），但在舊約敘事，這稱呼愈來愈多指向大衛一樣的受膏君王，誠如彌賽亞詩篇裡展現的含義（例：詩二 7）。[4] 在各福音書裡看見這含義，並非告訴我們各作者刻意用此政治含義來描繪耶穌，而是說，本來這彌賽亞／君王含義就已存在於那個時代的猶太民族血液之中。耶穌所處的時代，便是這樣夾雜著一種「期待彌賽亞之治實現」的時代。因此，福音書作者沒有刻意去

刻劃一個政治敘事，而是政治背景早已是一個預設的現實。[5] 各福音書的作者所嘗試的是，叫耶穌所傳講的上帝國不致淹沒在這樣的氛圍下，然後各按各不同的讀者群傳講耶穌的職事和上帝國的含義。我們也該這樣看待路加的寫作，了解他筆下所講述的關乎全人類的上帝國。[6]

胸懷全人類的神國願景

我在本章開頭已指出，路加胸懷全人類的神國願景。我們回到這個焦點上。三章4～6節敘述約翰的服事說：「正如以賽亞先知書上所記的話：『在曠野有聲音呼喊著：預備主的道，修直他的路！一切山窪都要填滿；大小山岡都要削平！彎彎曲曲的地方要改為筆直；高高低低的道路要改為平坦！凡血肉之軀的，都要看見上帝的救恩！』」6節提到，凡血肉之軀的，都要看見上帝的救恩！這不是偶然的，也不是其他福音書沒有的。至於「救恩」這詞，路加引述的以賽亞書該節裡原沒有。那裡原是說：「耶和華的榮耀必然顯現，凡有血肉之軀的都一同看見，因為這是耶和華親口說的。」（賽四十5）

我們知道，以賽亞書第四十章開始，學者稱之為第二以賽亞，簡單而言是被擄回歸時期的經文。我們也可以感受到一股

回歸的氛圍。因此,路加不直接引述「耶和華的榮耀必然顯現」,而把它宣告為救恩,也是正確的。分別是,這救恩今天不單要臨到以色列家,也要臨到全人類,即「凡有血肉之軀」的人。說耶和華的靈的同在(presence)也好,說耶和華的榮耀也好,那是自出埃及記裡的神學主題,也延續到以西結書、撒迦利亞書等被擄回歸的經文。

路加的聖靈是個心懷普世的靈。他所引用「主的靈在我身上」一段經文出自以賽亞書六十一章 1～2 節:「主耶和華的靈在我身上,因為耶和華用膏膏我,叫我報好信息給貧窮的人,差遣我醫好傷心的人,報告被擄的得釋放,被捆綁的得自由;宣告耶和華的恩年和我們的上帝報仇的日子;安慰所有悲哀的人,」同樣的氛圍也反映在路加福音六章 20～21 節:「貧窮的人有福了!因為上帝的國是你們的。現在飢餓的人有福了!因為你們將得飽足。現在哭泣的人有福了!因為你們將要歡笑。」[7]

如果路加福音和使徒行傳的受信者提阿非羅(以真人真名或喻意而言)真的是人如其名、是上帝的朋友,那麼身有官職的他,豈不應更有體恤庶民之心?羅馬治下的太平盛世若真是眾民的福音,能叫所有貧窮飢餓、傷心困苦、被擄被囚的人必得飽足、安慰和自由,那麼提阿非羅對於「主的靈在我身上」的

福音（好信息）宣告應該是既欣悅又震撼。若此太平盛世真如所應許的，這帝國之下的人民豈不應該真正享有那「已然」實現的以賽亞書願景嗎？誰是上帝的僕人？是凱撒嗎？還是以賽亞筆下受苦的僕人？

馬太和路加都提到施洗約翰差門徒去問耶穌說：「將要來的那位就是你嗎？還是我們要等候別人呢？」耶穌回答他們：「你們去，把所看見、所聽見的告訴約翰：就是盲人看見，瘸子行走，痲瘋病人得潔淨，聾子聽見，死人復活，窮人聽到福音。凡不因我跌倒的有福了！」（路七 18～23；比較太十一 2～6）他的確成為許多人的絆腳石，用我們的話說：令人跌破眼鏡——這不是他們所期待的彌賽亞。

路加有意把羅馬太平盛世和上帝的國做比較，來點示提阿非羅。已知當年羅馬帝國所覆蓋的範圍不只限於羅馬，至第一世紀末已遍布地中海沿岸，西北遠至英國。在路加的敘事裡，我們讀到保羅晚年一心一意想前往羅馬（使十九 21），而至終目的則想去到西班牙（羅十五 24），那或許是他心目中的地極。

好比何蒙娜（Morna D. Hooker）創意地點出各福音書的終結並非終結。[8] 眾所皆知，路加福音最後一章的續集是使徒行傳。耶

穌復活以後，向門徒顯現，「於是耶穌開他們的心竅，使他們能明白聖經，又對他們說：『照經上所寫的，基督必受害，第三天從死人中復活，並且人們要奉他的名傳悔改、使罪得赦的道，從耶路撒冷起直傳到萬邦。你們就是這些事的見證。我要將我父所應許的降在你們身上，你們要在城裏等候，直到你們領受從上面來的能力。』」（路廿四 45～49）這一個結尾也同樣是使徒行傳的起頭。作者如此敘述：「他們聚集的時候，問耶穌：『主啊，你就要在這時候復興以色列國嗎？』耶穌對他們說：『父憑著自己的權柄所定的時候和日期，不是你們可以知道的。但聖靈降臨在你們身上，你們就必得著能力，並要在耶路撒冷、猶太全地和撒瑪利亞，直到地極，作我的見證。』」（徒一 6～8）

好一句「復興以色列國」。作者路加藉著門徒所提問的這個問題，告訴他那一代的信徒說「上帝的國不是地上的以色列國」──這國是關乎耶穌基督的救恩，然而關乎上帝拯救的福音，乃是向萬邦宣告的，即不限於猶太人（使廿八 28）。故此，誠如保羅一心想把福音傳到他心目中的地極，即西班牙，彷彿認定若完成此目標，主必再臨。這樣盼望的，不只是保羅，也包括所有初代信徒。如果耶穌尚未復臨，那麼門徒該如何調整自己的心態？該如何理解上帝的國呢？

上帝國願景的調整

　　實質的以色列國復興的盼望已成煙霧，對於猶太籍基督徒而言，無疑更要調整他們對彌賽亞國度的理解。如果聖殿被毀前，他們的彌賽亞信仰多多少少仍然帶著一種想法——肉身的耶穌若未能光復以色列，那麼復活升天後的耶穌，未嘗不是那帶來復興更確實的盼望。可是，聖殿之被毀，他們的盼望勢必二度重創。耶穌未臨，而他們心目中的強權和壓迫者——羅馬帝國，反而是如日中天，更顯輝煌。

　　這樣，路加會講述一個怎樣的上帝國？「主的靈在我身上」題旨下的職事、四福四禍的意涵所反映對天下蒼生的關懷，以及貫穿路加福音與使徒行傳細數聖靈的引導與充滿——從不同角度描繪，這有別於羅馬「太平盛世」願意的上帝國。上帝的國所倚賴的、講求的，不是世上的能力。按路加的敘述來看，連復活能力的彰顯——即聖靈的大能，也不是以建立地上國為指標。

　　在路加筆下，耶穌基督的路，也是門徒的路，另又以耶穌基督的死和復活為分水嶺。在路加福音裡，耶穌自己被聖靈充滿、傳道、醫病趕鬼、被逼迫，然後走向十字架；而在使徒行傳裡，使徒也是被充靈充滿、傳道、醫病趕鬼、被逼迫，然後

走向受害被囚之路。耶穌三次預言自己受難與復活,使徒保羅也三次被提醒要遇害。關於保羅的說法,我們在之後的篇章再闡釋。

耶穌是王

上帝國既稱為國,當然是以國度為願景的。路加沒有迴避這一點。耶穌基督之作為王,卻被釘死於十字架,像是一齣嘲諷劇。但諷刺的是,在兵丁所代表的「世界的角度」,把王釘在十架是嘲諷。可是敘事者要向讀者揭露的是天上的劇本:那被釘之時,看似失手釘上的「猶太人的王」的木牌,卻揭露天上的啟示──基督真是這受造世界的王。

回到稍前的敘事是,猶太人本意是要陷耶穌於不義,說他要自立為王,並且煽動百姓不向凱撒納稅。可是,巡撫彼拉多也非等閒含糊之輩。他沒有查到耶穌有甚麼顛覆罪的證據,心裡也知道那是猶太人有意鬥死耶穌,便有意給他們一個機會,收回指控。只是猶太人並不罷休,一心一意要置耶穌於死地。彼拉多雖讓他們有選擇釋放巴拉巴或耶穌的機會,但他們竟然選巴拉巴,而執意把耶穌釘上十字架(路廿三 1～4,13-25)。

已知猶太人,尤其是他們的領袖,都無法接受耶穌是基

督，更忌恨他一再修正他們對律法的詮釋，一再惹得他們惱羞成怒──豈能讓他真的成為彌賽亞？結果，他們一心一意除之以為後快的上帝的僕人，竟然應驗了那受苦僕人的下場（賽五十三），這僕人乃是從上帝而來，即上帝所差來的受膏君王，雖非猶太人心中所想，但結果，彼拉多順應了他們誣陷耶穌的指控，在十架上釘上一個木板，寫著「猶太人的王」為一極富政治含義的罪狀（路廿三 38），竟誤打誤撞地為耶穌受膏君王的身分寫下定案。

路加記載著彼得向自己族群所作的見證：

「諸位弟兄，先祖大衛的事，我可以坦然地對你們說：他死了，也埋葬了，而且他的墳墓直到今日還在我們這裏。既然大衛是先知，他知道上帝曾向他起誓，要從他的後裔中立一位坐在他的寶座上。他預先看見了，就講論基督的復活，說：『他不被撇在陰間；他的肉身也不見朽壞。』這耶穌，上帝已經使他復活了，我們都是這事的見證人。他既被高舉在上帝的右邊，又從父受了所應許的聖靈，就把你們所看見所聽見的，澆灌下來。大衛並沒有升到天上，但他自己說：『主對我主說：你坐在我的右邊，等我使你的仇敵作你的腳凳。』故此，以色列全家當確實知道，你們釘

在十字架上的這位耶穌，上帝已經立他為主，為基督了。」（徒二 29～36；參詩十六 5～11、一一〇 1）

彼得或許想起耶穌受難前最後一段行程，耶穌曾問法利賽人說，基督是誰的後裔？他們說是大衛。當時耶穌便引述以上的話反問他們：基督既是大衛的後裔，為甚麼大衛反倒稱他為主？「主對我主說」這句話裡兩個主，第一個若是指上帝，那麼「我主」又是誰呢？言下之意，所指的正是那受膏者，就是基督。[9] 說他坐在上帝的右邊，意思是作為上帝權柄的執行者，是「祂的代表」的意思。[10] 早期教會以這樣的方式記憶和詮釋那復活的耶穌為基督。[11] 誠如保羅所引述的詩所證言的，這位與上帝同等的基督耶穌，因順服死在十字架上，然而「上帝把他升為至高，又賜給他超乎萬名之上的名，使一切在天上的、地上的和地底下的，因耶穌的名，眾膝都要跪下，眾口都要宣認：耶穌基督是主，歸榮耀給父上帝。」（腓二 9～11）[12]

路加沒有避開耶穌基督是受膏者，是君王的含義，並且似乎有意強調這王和王所頒布的福音勝過凱撒的福音。彼得和約翰因宣揚耶穌基督而被長老們和祭司捉拿下在監裡。被釋放後，引述詩篇二篇 1～2 節說：「外邦為甚麼擾動？萬民為甚麼謀算虛妄的事？地上的君王都站穩，臣宰也聚集一處，要對抗

主，對抗主的受膏者。」（徒四 25～26）這分明是公開表明耶穌
是受膏君王的身分。

如前所述，路加著述時，聖殿或已被毀，那時開始，猶太
教和猶太裔基督徒分道揚鑣之勢已成。[13] 不過，誠如新約權威學
者鄧雅各（James D. G. Dunn，亦稱鄧恩）教授所主張，他認
為視聖殿被毀時期為基督教與猶太教分家的日期，雖直接而有
力，卻是一種過度單純的說法。他認為基督教真正有如覆水難
收之勢與猶太教分道揚鑣自成一家，有可能遲至猶太人第二次
革命（132-135AD）才真正出現。[14] 不過，無論如何，以「聖殿被
毀」作為基督徒重新思考「耶穌的國以及他之為君王」的想法，
應該有分於促成其蛻變。路加和其他新約作者一樣，也必須有
此體會。

其中一個體認是，這福音不再只是一個關乎猶太族群的上
帝國，而是同樣關乎其他族群的（徒廿八 17～30）。這樣，這上
帝國並不在乎聖殿的祭祀，也無關猶太人的復國，而是一個更
普及全地的禧年盼望。這豈不就是路加福音在耶穌基督展開服
事之初，象徵上帝國之始的第三章末，追溯人類譜系上至亞當
和上帝之因，且也是他敘述要為基督作見證，直到地極之故（徒
一 8）。

///6

生命的失落：
「女人與蛇」對話所象徵的含義

　　如果說，路加的上帝國願景比馬太福音更廣闊，那麼約翰福音顯然有過之而無不及。可是，上帝國在約翰福音裡除了在尼哥德慕夜裡見耶穌的一幕裡出現於兩處經文（約三3，5）以外，在其餘的章節裡就消聲匿跡了——是否約翰並不重視上帝國呢？

　　我們之前提到路加福音記載的耶穌家譜，追溯到人類的始祖——或說人類的代表：亞當。亞當和夏娃象徵著人的失落，英國文學家米爾頓（John Milton）以《失樂園》（*Paradise Lost*）或續篇《復樂園》（*Paradise Regained*）長詩敘述這神學主題之

於人類的生命歷程。失去樂園，其實重點不在於失去一個地理位置上的伊甸園。創世記若是以神話體裁寫成，整個人類墮落的敘事，不但亞當、夏娃，其中的蛇、生命樹、分別善惡樹和伊甸園，都是具有象徵含義的意符（signifier）。要明白約翰福音論生命、永生，保羅論死亡的權勢，啟示錄中的陰間以至新天新地等等意象，我們要回到創世記第一至三章的敘事。

伊甸園成了人一天所要回歸的理想園地，是新天新地的原型（archetype）。就是說，必須先有伊甸園的神話，才會有新天新地的願景。因為伊甸園的美好日子已遭到破壞，那表徵著上帝起初所創造的「好」已有虧損。不論祂原初的心意是否涵攝著後來的修復和再造？還是本來的設計就是持續創造，遙視那必會完成的新天新地？所以，從一開始，在創世記神話敘事裡，生命樹一早便和知識樹一樣生長於伊甸園裡。[1] 如果吃知識樹上的果子是人必經之路，也就是說人類要真正明白且得到生命，必須經過一段旅程。延伸地說，上帝從起初便要人得生命。

賜生命卻未知善惡乎

上帝造人，把自己的靈氣吹進人裡頭，人就得了生命，活了過來，反映著祂創造者的形象。可以說，在上帝所創造的一

切裡，這是祂最感滿意的了。可是人並非一開始便能體會上帝的心意，就如作兒女的並非一開始便能體會父母的心。上帝不讓人吃那「園」中的「分別善惡樹」，人不明白為甚麼。在人的蒙昧無知中，那代表著狡猾的蛇的一句話，便使人對上帝的心意起了懷疑。且看蛇和女人的對話：

> 耶和華上帝所造的，惟有蛇比田野一切的走獸更狡猾。蛇對女人說：「上帝豈是真說，你們不可吃園中任何樹上所出的嗎？」女人對蛇說：「園中樹上的果子，我們都可以吃；只是園子中間那棵樹的果子，上帝曾說：『你們不可吃，也不可摸，免得你們死。』」蛇對女人說：「你們不一定死；因為上帝知道，你們吃的日子眼睛就開了，你們就像上帝一樣知道善惡。」（創三 1～5）

這蛇是誰？不過是上帝所造的，其性狡猾。「狡猾」原文有精明、靈巧和通達之意。[2] 從以上蛇所說的話來推測，這個精明和通達之意，呼應著「眼睛就開了」、「像上帝一樣」和「知道善惡」的能力。這有甚麼不好的嗎？難道上帝希望人永遠蒙昧無知？這就是祂造人的心意？

上帝為甚麼不要他們知善知惡呢？是否像蛇所說，上帝怕

他們吃了以後，像祂一樣？這在三章22節好像得到呼應：耶和華上帝說：「看哪，那人已經像我們中間的一個，知道善惡，現在恐怕他又伸手摘生命樹所出的來吃，就永遠活著。」為甚麼？為甚麼上帝不要人像祂一樣能知善惡？因怕他們現在吃生命樹上的果，以致永遠活著。甚麼意思呢？上帝不要人和祂一樣又能分辨善惡，又能永遠活著，和祂一樣！真是這樣嗎？我們暫把這問題擱一擱，且先把故事敘述完。

逐出樂園

從聖經的敘述來講，夏娃不認識上帝。在男女未分前，上帝曾與所造的「那人」說話，也吩咐「讓他耕耘看管」（創二15）此外，上帝也「吩咐那人說：『園中各樣樹上所出的，你可以隨意吃，只是知善惡的樹所出的，你不可吃，因為你吃它的日子必定死！』」（創二16～17）然而，那人沒有配偶，上帝便從他身上取下肋骨造了女人。創世記寫這女人的出現是在第二章，男人女人初造，彼此相對，並不感到「羞恥」，話至於此，第二章便速速結束。

筆鋒一轉，馬上出現人類以及受造界的第一個，也是決定性的危機：蛇對夏娃的誘惑。是的，夏娃中計了。她「見那棵

樹好作食物,又悅人的眼目,那樹令人喜愛,能使人有智慧,她就摘下果子吃了,又給了與她一起的丈夫,他也吃了。」(創三6)

這結果,按創世記三章的「神話」語言,便是亞當夏娃因知道善惡,在主觀上覺得羞恥,有了心理的種種作用。在客觀上而言,上帝把他們「驅逐出境」,不得再靠近伊甸園。園裡本有生命樹,上帝說,看哪,那人已經像我們[3]中間的一個,知道善惡,現在恐怕他又伸手摘生命樹所出的來吃,就永遠活著——既是「神話」語言,每一個線索都有用。「生命樹」當然象徵生命。難道上帝不要人享有生命嗎?祂怕人永遠活著嗎?知道善惡何以犯了上帝的大忌,以至於要把生命(樹)也和人隔絕掉?

夏娃亞當吃了分別善惡果,結果是被趕出伊甸園。此外,還分別受責罰。亞當本應當聽上帝的話,卻聽了夏娃的話,夏娃聽從了蛇的引誘,結果她的後裔與蛇彼此為仇。[4]我們可以換個方式說,女人聽了蛇所象徵的一個惡念,凡女人所生的——即人——便世世代代與蛇鬥爭不停。基本上,人無法擺脫私慾帶來的引誘,這或許就是這段神話裡,女人與蛇之對話所象徵的含義。雅各書裡說:「但每一個人被誘惑是因自己的私慾牽引而被誘惑的。私慾既懷了胎,就生出罪來;罪既長成,就生出死

來。」（雅一 14～15）

上帝把亞當和夏娃逐出伊甸園，等於也把他們和生命樹接觸、吃生命樹果子的機會斷絕了。上帝本來吩咐說，園中各樣樹上所出的，你可以隨意吃，只是知善惡的樹所出的，你不可吃，因為你吃它的日子必定死！──「死」若和「生命」對立，與生命樹隔絕的必然結果便是死。反過來說，若亞當夏娃完完全全聽從了上帝，他們也有可能在園裡天天生活，無論如何總會吃到生命樹上的果子而享有生命。

事與願違，人與生命樹隔絕了。或許有人馬上聯想到，這豈不就是保羅所說：「因為罪的工價乃是死；惟有上帝的恩賜，在我們的主基督耶穌裏，乃是永生。」（羅六 23）是的，我們將於本書第 9 章討論保羅的經文。不過，在此毫無疑問，新約回應著這「失樂園」的景況。藉著耶穌基督，復得生命。

本書一開始已帶出筆者的意圖：就是**對一個華人教會語境中以「信耶穌、得永生」為福音的終極目標，無意間讓福音變得非常關注來生，忘了其今世的向度**。不過，此處我們提到「失樂園」以致與生命隔絕，其首要語境所指向的，仍然是復得生命，復得樂園。

約翰福音中的上帝國：
光明和永生

　　如果說，伊甸園的分別善惡樹對我們的影響至深，因為述說著我們的墮落，那麼豎立在園中的生命樹所象徵的就是生命，不但是那肉身的生命，更是生命本身。我們知道，創世記一章1節說：「起初，上帝創造天地。」祂也「照著他的形像創造人，」（創一27）祂「耶和華上帝用地上的塵土造人，將生命之氣吹進他的鼻孔，這人就成了有靈的活人。」（創二7）

　　生命源自於上帝。約翰福音以一種平行於創世記的文學手法作為他敘事的起頭說：「太初有道，道與上帝同在，道就是上帝。這道太初與上帝同在。萬物都是藉著他造的，沒有一樣不

是藉著他造的。凡被造的,在他裏面有生命,這生命就是人的光。」(創一 1～4)

　　貫穿約翰福音首尾、最核心的主題是生命。無論是水、餅、酒、復活,說的皆為生命,與這些相應的是光,光與看見、瞎眼得看見的記號(神蹟)相關。而一章 4 節又說人裡面的生命就是光。人若在黑暗裡就沒有生命。讓我們先討論光,漸次把生命的主題引入。

光的意象

　　光的意象在約翰福音裡是其中一個主要的隱喻。光的意象遍布在前面的十二章,即所謂「記號之書」裡(約一 4～5,7-9,14;三 19～21;五 35;八 12;九 5;十一 9～10;十二 35～36;十二 46)。[1](經文附於下一頁)

　　光的主題,出現在約翰福音全書的引言裡。光來到這世界,那是真光,是生命,而這生命在人裡面成為人的光。但黑暗並不喜愛光;世人和這世界一樣,都在黑暗裡頭,所以也不接受光。耶穌是這光,要照亮這世界,所以人當信從這光,便不在黑暗裡走,也不住在黑暗裡。

光的意象對應的經文

約一 4～5

在他裏面有生命，這生命就是人的光。光照在黑暗裏，黑暗卻沒有勝過光。

約一 7～9

這人來是為了作見證，是為那光作見證，要使眾人藉著他而信。他不是那光，而是要為那光作見證。那光是真光，來到世上，照亮所有的人。

約一 14

道成了肉身，住在我們中間，充充滿滿地有恩典有真理，我們也見過他的榮光，正是父獨一兒子的榮光。

約三 19～21

光來到世上，世人因自己的行為是惡的，不愛光，倒愛黑暗，這就定了他們的罪。凡作惡的人都恨惡光，不來接近光，恐怕他的行為被暴露。但實行真理的人就來接近光，為要顯明他的行為是靠上帝而行的。」

約五 35

約翰是點亮的明燈，你們情願因他的光歡欣一時。

約八 12

耶穌又對眾人說:「我就是世界的光。跟從我的,必不在黑暗裏走,卻要得著生命的光。」

約九 5

我在世上的時候,是世上的光。

約十一 9～10

耶穌回答:「白天不是有十二小時嗎?人若在白天行走,就不致跌倒,因為他看見這世上的光。人若在黑夜行走,就會跌倒,因為他沒有光。」

約十二 35～36

耶穌對他們說:「光在你們中間為時不多了,應該趁著有光的時候行走,免得黑暗臨到你們;那在黑暗裏行走的,不知道往何處去。你們趁著有光,要信從這光,使你們成為光明之子。」耶穌說了這些話,就離開他們隱藏了。

約十二 46

我就是來到世上的光,使凡信我的不住在黑暗裏。

我們可以藉約翰福音第三章裡所記載的尼哥德慕的故事說明這光與黑暗以及生命的含義。

夜裡·渴慕

有一個法利賽人，夜裡去到耶穌那裡。為何夜裡才來？為何來？第二個問題的答案比較明顯，作者也簡潔地告訴了我們——他風聞過耶穌的神蹟，甚至評估過。正如第二章結尾處：「耶穌在耶路撒冷過逾越節的時候，有許多人看見他所行的神蹟，就信了他的名。」所以他說：「拉比，我們知道你是由上帝那裏來作老師的；因為你所行的神蹟，若沒有上帝同在，無人能行。」（約三 2b）

所以，尼哥德慕心裡必然產生了動機，動了好奇心，或甚至激起了他對上帝的渴慕。

尼哥德慕是誰？他的身分，他的渴慕，他對耶穌所說的話，能否幫助我們認識他呢？他被風聞的神蹟吸引，但他看見的不只是神蹟，或許他真正渴望的是神。他說，我們知道你是從神那裡來的教師，因為你所行的神蹟，沒有人能夠行，除非有神與你同在。

按第一世紀猶太人的觀念，沒有一個人不盼望上帝的國降臨。從耶穌出世前後到約翰福音成書的第一世紀末，那樣的期盼沒有真正消失過。他們曾有奮銳黨那一類人，不惜用革命來光復以色列國；也有謹守律法期望這樣能滿足上帝的要求，直到向他們垂顧以至於再次復興以色列。你或許讀過使徒行傳的開頭，耶穌復活以後，在他升天以前向門徒顯現，「他們聚集的時候，問耶穌：『主啊，你就要在這時候復興以色列國嗎？』」（徒一6）。

尼哥德慕對上帝國的降臨，有期盼，有想像，有渴慕。他

耶路撒冷大公會是由 72 位議員組成，他們代表著猶大全地；其中有 24 位祭司代表聖殿、24 位長老代表聖民、24 位文士代表律法。整體而言，公會是由撒都該人和法利賽人所組成（太廿六 3，廿六 57，廿六 59；可十四 53，十五 1；路廿二 66；徒四 1，四 5 起，五 17，五 21，五 34，廿二 30，廿三 6），成員都稱為議士或議員（希臘文 bouleutes，如馬可福音十五章 43 節的「亞利馬太的約瑟」（Joseph of Arimathea 及路廿三 50）。http://www.equiptoserve.org/etspedia/ 新約背景 / 公會的議長與其主要成員

感覺到上帝與耶穌同在，雖然不知道耶穌真正的身分，但他知道耶穌的非凡。

基於身分‧惟在夜裡相見

我們需要知道「他為甚麼選擇夜裡去見耶穌」。或許我們都知道他是法利賽人。讀過福音書的讀者都有個印象，就是「法利賽人常與耶穌作對，常刁難他」。所以，尼哥德慕應該不會想要公然地站在居於主流地位的法利賽人的對立面，並在公開的場合向耶穌請教。可是，糾纏著他的心事到底是甚麼？以至於他雖不敢在白天公開去見耶穌，卻無論如何也要趁著夜裡暗地去見他。

作者告訴我們說，尼哥德慕是猶太人的領袖，是他們的官。身為法利賽人的他，有可能是公會裡的成員。公會乃是猶太人當時的政治、民事與宗教的權力集團。公會的責任之一，也包括確認誰是彌賽亞。[2] 或許公會對耶穌是誰也曾有過討論，或許他們達不成共識，甚至不希望耶穌是彌賽亞。可是尼哥德慕真心感覺到耶穌的不同。他真的發覺耶穌有上帝的同在。

或許這班公會的成員，有撒都該人——只信五經的祭司集團——對政治的興趣可能大於宗教。他們與羅馬統治者有密切

的來往，位高權重，家財萬貫。另外，公會也有代表聖民的長老，代表律法的文士和法利賽人。他們天天都會召開會議。尼哥德慕所屬的法利賽群體在公會裡雖占少數，但在民間卻有更大的影響力。礙於所屬公會的重重關係、重重利益、重重考慮、重重妥協和牽扯，他不想惹來無謂的麻煩，惟有選擇夜裡來見耶穌。他不知道該如何做，但或許他感覺到，他們在公會裡所談論的耶穌，已參雜太多的猜測、顧忌、妒嫉、個人的和相互利益的衝突。他內心掙扎著，但無法驅除這個想法：這耶穌深深吸引著他，在他身上有一股氣息，就像上帝親臨人間一樣。

冒著行跡可能被發現的危險，他偷偷在夜晚去見耶穌，他想要解開心中的謎團——耶穌你究竟是不是從上帝那裡來的？當時，若被發現這行蹤，他定然被公會的成員逼迫或予以邊緣化。

夜間的對話：從上面生、從靈生

話說尼哥德慕見到了耶穌，說出他心中的想法後，耶穌的回應讓我們進一步了解尼哥德慕在想甚麼。耶穌說：「我實實在在告訴你，人若不重生（從上面生），就不能見神的國。」（約三 3）誠如我之前所說，在耶穌的時代，對上帝國顯現的期待是

揮之不散的,是全民所期盼的。耶穌的的確確回應著他對神國的期望,但他的回應卻叫尼哥德慕覺得納悶。

所以他反問道:「人既老了,怎能再次生出來呢?難道能夠再次進入母腹,然後生出來嗎?」(參約三4)

耶穌其實可能是一語雙關,要尼哥德慕思考另一個層次的生命。「重生」這個字,原文有再生的意思,也有從上面生的意思。怎麼理解「從上面生」呢?簡單而言,那是對比於下面、對比於地上、對比於人間、對比於肉身而說的。尼哥德慕就是按肉身的含義來理解耶穌的意思。

尼哥德慕開啟了對話,但問得模糊,他說耶穌所行的若非上帝的同在,無人能行。既是請教,為何不直問了。如果我們考慮耶穌的回應中,把「從上面生(重生)」的意思連貫於看見上帝的國。那意思便是,肉身不只是指尼哥德慕的肉身,而是世上一切按肉身延伸出來的含義,那可以是人的出身、地位、財富、學識、能力、人脈,以及一切隨之而來的權勢、影響力,彷彿自己的王國一樣。一切世上的集團、帝國,看得見的那些象徵人物、建築,就如羅馬帝國時代凱撒的錢幣和雕像,還有那些看不見的、主宰人升遷及降級、阿諛奉承、攀附權

貴、出賣忠良的心態和暗處的安排和輸送。尼哥德慕活在一個
公會成員所代表的宗教權貴集團當中，對於裡頭如何周旋、交
易、跑龍套，大概司空見慣。他真的打從心底感受到耶穌的不
一樣。

於是耶穌就給他用比喻說明，告訴他要從水和聖靈生，才
能進入神的國。「從肉身生的就是肉身；從靈生的就是靈。我
說『你們必須重生』，你不要驚訝。風隨着意思吹，你聽見風的
聲音，卻不知道是從哪裏來，往哪裏去；凡從聖靈生的也是如
此。」（約三 6～8）在希臘文或希伯來文而言，風或氣或靈，用
的是同一個字，這裡所用的正是此希臘文 *pneuma*。人到底如何
重生？如何從上面生呢？耶穌說，就是從靈生，像風一樣，看
不見，摸不著。但是卻感覺得到。

尼哥德慕還是不明白，於是他問耶穌：「這些事怎能發生
呢？」

是的，耶穌說：「我對你們說地上的事，你們尚且不信，若
對你們說天上的事，如何能信呢？除了從天降下的人子，沒有
人升過天。」（約三 12～13）耶穌向他引述摩西在曠野舉蛇的
事。關於這個記載，尼哥德慕是滾瓜爛熟的。風隨己意吹，從

靈生，怎麼發生的呢？耶穌的反問是：「當時在曠野被蛇咬的人怎麼得救的呢？」（原文參民廿一）信，就是答案。所以說，使凡信的人得永生。

已經接受主的弟兄姊妹讀到此，心中可能浮現一個想法：我已經「信」了，我已經「獲得永生」！尼哥德慕後來明白了嗎？約翰沒有即刻回答我們。不過，把約翰福音讀到尾，我們心中應該了然，這暗地裡作主門徒的尼哥德慕有沒有明白耶穌的話。耶穌說到摩西在曠野舉起蛇，尼哥德慕在耶穌被釘的那一刻是震憾的，是的，他看見了。後來，耶穌也對多馬說：「你因為看見了我才信嗎？那沒有看見卻信的有福了。」（約廿29）

走出黑夜．進入光明

因此，人活在黑暗裡，在黑暗裡的生命不是生命，是行屍走肉，是黯淡的生命。

早在約翰一章五節裡便說：「光照在黑暗裏，黑暗卻沒有勝過光。」在約翰福音，世界是落在黑暗裡的。

走出黑夜，進入光明，和上述提到的看見、從上面生，和永生，在含義上也是相互補充的，要把因信而看見的上帝的國表明清楚。約翰福音裡的永生，和重生／從上面生這個詞一

樣，所指的是一種本質上有別於肉身生命的含義，這正是耶穌
所說的。生命（包括此處的永生一詞）是約翰福音裡另一個鑰
字，共出現 36 次。早於一章四節，我們便讀到：「在他（道／
神）裏面有生命，這生命就是人的光。」這世界落在黑暗中，
人也在黑暗中。[3] 這世界不單是客觀上所指的世界，也指主觀的世
界，就像尼哥德慕的身分，他所屬的公會，他生命的種種糾結
與壓迫。

　　人常困於自己的世界——在黑暗中。作者約翰說，「在他裏
面有生命，這生命就是人的光。」（約一4）光和生命，原來都
源自於同一處。

　　人的罪就是「糾纏著人、叫人不得釋放」的原因。自己的
罪，主動、被動的不憐憫、不公義、陷害人、污衊人、冷漠無
動於衷等等。是個人的罪，又是集體的罪，完全糾結於一處。
所謂人在江湖，身不由己。或許這江湖就是世界，客觀的世界
和主觀的世界，以及上文所指的，重重非肉眼所見的集團、組
織和權勢。

　　尼哥德慕在夜裡，正象徵著這世界的黑暗。世界雖落在黑
暗之中，但仍是上帝所造。上帝愛世界的心從未改變過。祂沒
有因世界的敗壞而丟棄世界，祂的心牽掛著、疼惜著。16 和 17

節說，上帝是那麼愛世人，譯為「世人」的這個字，希臘文是 *kosmos*。[4] 此處，中文聖經譯為「世人」便是 *kosmos* 一詞。英文裡也有 cosmos 一詞，一般中文譯為「寰宇」，在約翰福音其他經文中則譯為「世界」。比如說，我們先前提過耶穌說：「我的國不屬於這世界；」（約十八 36）耶穌對眾人說：「你們是從下面來的，我是從上面來的；你們是屬這世界的，我不是屬這世界的。」（約八 23）美國聖經學者榮格（Walter Wink）把下半節譯為：「你們是屬這系統的，我不是屬這系統的。」意思是說，主耶穌對那些和他對話的法利賽人表示說，他們是屬於這世界的「統轄系統」（domination system），但他卻不屬這系統。因此，當耶穌說「我不是屬這世界的」，意思並非指他不食人間煙火、或只關注他世，而是強調「他並不屬於這些建制」，更徹底地說，他乃是「反建制的」（antiestablishment）。[5]

可是，上帝因著愛，把祂那獨一無二的兒子賜給了這世界，因為上帝差祂的兒子到世上（kosmon）來，「不是要定世人的罪，」（krinē ton kosmon）（約三 17a）。「定世人的罪」原意是「審判這世界」，就是說，上帝差耶穌來，不是要叫「世界萬劫不復」，而是要叫「世界因他得贖」（sōthē ho kosmos di'autou），目的是要叫這世界恢復到上帝創造它的本意中。

　　本來，上一代成長的華人教會信徒大概沒有一個不會背約翰福音三章 16 節的。這一節可以說是驅動整個教會福音動力的引擎。經文說：「上帝愛世人，甚至將他獨一的兒子賜給他們，叫一切信他的人不致滅亡，反得永生。」原文中的「世界」變為「世人」；審判世界，大概也只剩審判個人的意思；因他得贖的，不包括世界，因為只是譯為「世人因他得救」。所有焦點，皆為人而已。

　　可是，上帝藉耶穌所贖回的世界，乃是那陷於罪的整個系統，即那看不見的統轄這世界的黑暗。對耶穌而言，那黑暗是屬外面的組織和系統的，也是在人的內心裡面。誠如約翰福音第九章所記載的，法利賽人執迷於「那失明人的罪」的問題，以及「他得醫治合不合律法」的法理，至於「他得醫治與否」則是漠不關心，完全看不見那人失明的痛苦，也毫無憐憫的心，更沒有因他得醫治而歡喜。因此，耶穌對他們說：「你們若是失明的，就沒有罪了；但現在你們說『我們能看見』，你們的罪還在。」（約九 41）換句話說，他們仍然活在黑暗之中。

　　這樣，回到第 16 節所說的「得永生」，若要經過「從上面生」（重生）的步驟，必須先看見自己身處黑暗之中，並且看見所處的黑暗世界背後的本質。看見了，才得以進入那另一個層

次的眼界，活在另一向度的生命裡（zōēn aiōnion）。看見、進入、連結、住在裡面，這一切都是繼續活在這向度，不被黑暗吞噬（約一 5）的條件。

讓我們再回到今天的經文開始處，那裡提到，尼哥德慕夜裡去見耶穌。

夜裡，正是關鍵所在。

與夜呼應的，約翰福音三章 19～21 節說：「光來到世上，世人因自己的行為是惡的，不愛光，倒愛黑暗，這就定了他們的罪。凡作惡的人都恨惡光，不來接近光，恐怕他的行為被暴露。但實行真理的人就來接近光，為要顯明他的行為是靠上帝而行的。」

但耶穌來，不是要定罪，不是要這世界萬劫不復，而是要叫世人得救，世界得贖，叫人從那被罪籠罩滲透的世界得救，也叫這世界和其中的系統和組織被光照耀。這光就是那道，「道成了肉身，住在我們中間，」（約一 14a）這道的種子在我們裡頭點亮了，也要照亮其他黑暗的角落。

III

生命與死亡

再從另一個角度論永生。永生，其實是關於生命，也就是創世記首提的生命樹（創二9）所表徵的。人看生命，不論是肉身的生命或是非肉身的生命，常有一份焦慮。肉身的生命，所謂的生老病死，常提醒著我們的終將老去、病逝。用今天流行的「被」來說，我們不能避免的是「被」時間老去。我們並不選擇老，只是不由自主地老。至於非肉身的層面，因著那肉身的牽扯，才在有限之中向生命叩問其所以然。俗語說，不在乎生命長短，只在乎活得有意義。用甚麼來界定這意義呢？該如何活呢？

我們已知道約翰福音談論生命，回應的正是創世記那生命樹所表徵的。耶穌說：「我就是生命的糧。到我這裏來的，絕不飢餓；信我的，永不乾渴。」（約六35）他提到那「那從天上來的糧，」（約六32）這「天上來的」和那「從上面生的」，兩者含義相同。人子耶穌乃是那叫人可以得這生命的途徑。

耶穌確實是上帝與人中間的橋梁。約翰福音十四章6節說：「我就是道路、真理、生命；若不藉著我，沒有人能到父那裏去。」上文裡已一再闡明此生命，在此就不需要再解釋。至於真理，考慮此語意背後應該反映的是舊約的 'emûnâ 一詞，我

比較喜歡把它譯為真誠、信實——這回應著我們在本書第 6 章的討論。此處僅以保羅在別處的經文來佐證。話說保羅向哥林多教會申辯自己向他們所存無偽和真誠的心，他說：「既有基督的真誠（alētheia）在我裏面，在亞該亞一帶地方就沒有人能阻止我這樣自誇。為甚麼呢？是因我不愛你們嗎？上帝知道，我愛你們！」（林後十一 10～11）此處，「基督的真誠」指的是甚麼？之前的翻譯把「真誠」一詞譯為「真理」。其實，希伯來文化語境不像我們那麼強調主客對立，所以所說的「真理」，重點不在於指的是客觀外在的「真理」客體，而是互為主體關係情境中的「真誠」。基督所表現的，的確是真誠的付出。或許此處也對比著哥林多後書十一章 3 節所說：「向基督所獻誠懇貞潔（有古卷沒有「貞潔」）的心」，那樣的誠懇慷慨。故此，約翰福音十四章 6 節要表達的可以如此譯：「我已經清除了一切障礙（比較約一 23），我所表彰的乃是上帝的真誠、信實、慷慨和恩慈，而且我就是生命本身。故此，只要藉著我，就能回到生命的本源之處。」那也正是創世記二章裡的終極願景。

所以，耶穌用象徵的言語說：「我實實在在地告訴你們，信的人有永生。我就是生命的糧。」（約六 47～48）只要吃這生命的糧便有生命。這是一個信息非常直接的隱喻。所以經文說：

「我實實在在地告訴你們，你們若不吃人子的肉，不喝人子的血，在你們裏面就沒有生命。吃我肉、喝我血的人就有永生，並且在末日我要使他復活。我的肉是真正可吃的；我的血是真正可喝的。吃我肉、喝我血的人常在我裏面，我也常在他裏面。永生的父怎樣差我來，我又怎樣因父活著，照樣，吃我肉的人也要因我活著。」（六 53～57）

要怎麼吃他呢？乃是要「聽信他所說的話，並且遵行」，「我實實在在地告訴你們，人若遵守我的道，就永遠不經歷死亡。」（約八 51）人怎麼因信他而得生命，也必因遵行他的道而得永生。生命和永生，是同一個概念。同樣的，因他是與上帝同在、道成肉身者（約一 1～2，14），他的道、他的話就是生命，所以他說：「我對你們所說的話就是靈，就是生命。」（約六 63）聽見他的話又領受的，便得著這生命；人因信（任）才有真正的領受。

活著的意義

關於耶穌所論永生和信之間的關係，我們還可帶出另一層面的演繹。在五餅二魚的神蹟之後，耶穌和門徒分頭行事。之後，他們在海的對岸找到了他。他們問耶穌何時到此地的？結

果耶穌有如貫常,把話一轉,就轉到另一層次的對話上。他說:

> 「我實實在在地告訴你們,你們找我,並不是因見了
> 神蹟,而是因吃餅吃飽了。不要為那會壞的食物操勞
> (*ergazesthe*),而要為那存到永生的食物操勞。這食物是人
> 子要賜給你們的,因為父上帝已印證了。」於是他們問他:
> 「我們該做甚麼才算是做上帝的工作(*ergazōmetha*)呢?」
> 耶穌回答,對他們說:「信上帝所差來的,這就是上帝的工
> 作(*ergon*)。」(約六 26～29)

　　對話的重點是,耶穌提醒門徒「肉眼所見的生命(即肉身)
不是最重要的」。就是說,叫肉身得飽足,不應該是人最需要去
關注的。沒錯,那正是人的問題。卡夫卡的小說《變形記》(*The
Metamorphosis*)一開始就敘述故事主角格里高爾有一天早上醒
來,輾轉反側之際發現自己手腳全身都變成昆蟲般的怪物(蒼
蠅),在困惑之際,想起自己上班的種種:上班途中舟車勞頓、
換車轉車的痛苦,想起自己的付出和待遇等等,樓下傳來父
母、妹妹的聲音,然後公司經理突然出現在門口等等,而他一
面覺察自己行動之不便,又急於回話應對,但回話之際自己愈
來愈有心無力、語音不全。他不但外形變了,也正失去了溝通
的能力。可是,這時候的他,竟然沒有憂慮自己已變成怪物,

一再占據他心思的，卻仍是工作中的一切。

　　小說出版於 1915 年，是存在主義之極致所發展出來的荒謬主義的代表作，是小說家向工作（機器）的詰問，是對人存在之意義的叩問。耶穌於兩千年前，看見的世界雖有別於卡夫卡所看見的，但他直指人存在的意義所做出的宣講，直接叫人在生命的荒蕪中回到生命的源頭。他的話就是靈，就是生命。

　　耶穌對生命的啟示是，生命的含義不只是可見的層面，更是其深層的意義，或說另一層次的、從上面來的、非著眼於肉眼可見的層面的生命。並且，這生命不受今生的轄制，而是不但在今生有超越的意義，也可延續到這肉身生命以外，這就是耶穌說的復活。他說：「因為我父的旨意是要使每一個見了子而信的人得永生，並且在末日我要使他復活。」（約六 40）

　　當彼得對主說：「主啊，你有永生之道，我們還跟從誰呢？」（約六 68）我們又如何呢？我想那應該是叫每一個人因見子而得永生，因看見而從上面生，因看見而信，進而活出當下存在的意義。那活著的每一刻，都連繫於復活的生命。這一點，容我們進入保羅的經文時，再繼續更多的闡釋。

/// 8

連結於主的生命：
天人合一

　　重生，從上面生，從聖靈生。耶穌說：「我是生命的糧」、「我是活水的泉源」。約翰不厭其煩地以不同的隱喻說明生命之源，回應著創世記裡的生命樹的原喻（primordial metaphor）。簡而言之，要人「復樂園」，重獲生命本質的意義、自由與豐盛。得生命，為的是活著；不是說肉身不死、永遠活著，而是在本質上真正活著，不因肉身、死亡、罪惡、恐懼等影響與束縛，真正的活著；也不在世界的價值體系的奴役和定義下被轄制，能真正自由的活。

　　可是，創世記已揭示，人的本質上在追求生命自由的過程

中，吊詭的失去了自由。就是說自由與順服，自主（autonomy）
與他律（heteronomy）彼此並不相悖。[1]英國系統神學家根頓
（Colin E. Gunton）指出，「自由不能與行使知識分開，因為有
後者才有前者的可能，且與前者融合。」[2]他更引述一位非基督信
仰的倫理學家的話，論證人的「跌倒之不可避免」（a necessary
fallibility）：「道德生活乃是與進步，與趨近各理想，與愛
（love）和關愛（compassion）有關。」[3]

　　換另一個說法，若要活得好，就要信耶穌是上帝所差來
的，就是那成了肉身而來的道，他「住在我們中間，充充滿滿
地有恩典有真理（alētheias），」（約一 14）上文已指出「真理」
一詞可能源於希伯來文的語境，輸入到新約文本中。這樣一
來，這一個詞原文應該具有真誠和信實，或誠信的含義，因為
希伯來文的 ʼemûnâ，進入新約以後，有可能一化為二，有時候
譯為真實、真誠或真理（truth，truthfulness），有時候譯為信實
（faith，faithfulness）。況且，這一節若譯為信實、真誠，和那平
行的「恩典」一詞顯然更為匹配。這樣兩詞對仗，反映著舊約
的用法，比如詩人說：「主啊，你是有憐憫（raḥûm），有恩惠
（ḥannûn）的上帝，不輕易發怒，並有豐盛的慈愛（ḥesed）和信
實（ʼemet）。」（詩八六 15）類似的組合一再出現於舊約，不過

我們不必一一引述。我們可以假定以整組的概念來看待這些詞彙是合情合理的。在此，不難把恩典（或恩惠）視為二而一、一而二的，同樣，慈愛和信實也可如此看待，因為 hesed 本就是恆久不變和可靠的意思，所以也有英文聖經把它譯為 steadfast love，堅定不移的愛。以下姑且以「真誠」取代「真理」一詞。

這麼說，真誠和恩典本是上帝的本質，所以約翰說：「恩典和真理（真誠）卻是由耶穌基督來的。從來沒有人見過上帝，只有在父懷裏獨一的兒子將他表明出來。」（約一 17b-18）在精心設計下，約翰把上帝的榮光顯現於會幕中至聖所的含義，藉著耶穌之道成肉身做出巧妙的類比。所以，耶穌正是上帝的榮光人間（帳幕裡）（比較保羅所比喻的我們的身體乃是聖靈的殿）。約翰見證說：「我們也見過他的榮光，正是父獨一兒子的榮光。」（約一 14）

上帝的榮光在人間

從上帝的榮光之顯於會幕中的至聖所，到耶穌之道成肉身、住在人中間，那意思是一貫的。這意象也會在啟示錄出現（啟廿一 3）。約翰有意識地把這種神學一步步嵌進他的敘事裡。透過施洗約翰的見證說：「我曾看見聖靈彷彿鴿子從天降下，停

留在他的身上。」(約一32)不久,當耶穌意識到約翰的門徒跟隨在他後頭時,「『你們要甚麼?』他們對他說:『拉比,你在哪裏住?』(「拉比」翻出來就是老師。)」(約一38)無論是「停留」或「住」,原文都是 *skēnoun*。

在此,約翰和保羅的思想是一致的,兩者都有著 *shekinah* 的觀念。稍後我們將提到哥林多後書第三章裡,描寫那代表律法的摩西臉上的榮光,對比於那藉聖靈寫在心版上的榮光。摩西臉上的榮光,是因他四十天在山上進到耶和華面對祂說話而生發的。出埃及記如此描述道:「摩西上山,有雲彩把山遮蓋。耶和華的榮耀駐在西奈山,雲彩遮蓋了山六天,第七天他從雲中呼叫摩西。耶和華的榮耀在山頂上,在以色列人眼前,形狀如吞噬的火。摩西進入雲中,登上了山。摩西在山上四十晝夜。」(出廿四15~18)原來摩西因從山上下來,看見以色列人造金犢一事而把法版摔在地上,而再度上山領受法版。第二次下山時,出埃及的敘事多了一段這樣的描述說:「摩西下西奈山。摩西從山上下來的時候,手裏拿著兩塊法版。摩西不知道自己臉上的皮膚因耶和華和他說話而發光。亞倫和以色列眾人看見摩西,看哪,他臉上的皮膚發光,他們就怕靠近他。」(出卅四29~30)所以摩西臉上反映的正是上帝的榮光。後來法版

安放在約櫃裡，而約櫃又安放在會幕的至聖所裡。故保羅在哥林多後書三章所描寫的，和約翰的描寫同出一轍。

我們之前提到，約翰福音第一章提到基督耶穌乃是那「道成了肉身，住在人中間」，「住」原文是 *skēnoun*，其名詞 *skēnē* 的意思是「營」，故前者直譯便是「紮營」。⁴ 所以「住」與 *shekinah* 的含義是互通的，後者所指乃是上帝進駐時空之中，原意正是指上帝的帳幕，表示出祂與人同在、同住的心意。⁵ 啟示錄裡提到的「上帝的帳幕在人間」，仍是同樣的含義，正是表達著舊約裡所說——上帝要顯明在那帳幕裡的至聖所。再往前推，就是上帝要與人同在、同住。所以保羅和約翰在這一點上分別並不大。

雖然用 *shekinah* 的觀念來解釋上帝的榮光顯現於人的生命算是附和約翰福音上下文的含義，也能貫穿保羅和約翰之間的跨文本詮釋，但還有一點需要指出，就是在約翰福音裡，榮耀也指向耶穌的死。約翰十七章 1 節：「耶穌說了這些話，就舉目望天，說：『父啊，時候到了（另參約十二 23；約十三 1），願你榮耀你的兒子，使兒子也榮耀你。』」又說：「我在地上已經榮耀你，你交給我做的工作，我已完成了。父啊，現在求你使我在你面前得榮耀，就是在未有世界以前，我同你享有的榮耀。」（約十七 4～5）再比較他所行的第一個神蹟，約翰說：

「這是耶穌所行的第一個神蹟（sēmeiōn），是在加利利的迦拿行的，顯出了他的榮耀來，他的門徒就信他了。」（約二 11）然後，從「記號之書」（約一至十二）轉入「榮耀之書」（約十三至廿一）的首章，約翰記載道：「猶大出去後，耶穌說：『如今人子得了榮耀，上帝在人子身上也得了榮耀。如果上帝因人子得了榮耀，上帝也要因自己榮耀人子，並且要立刻榮耀他。』」（約十三 31～32）如果這「榮耀之書」所展示的路對門徒有甚麼示範作用的話，加上「復活」在約翰福音裡有「終末之終」的含義，那麼藉著拉撒路的「復活」，既是那指向耶穌的「復活記號」，耶穌的復活也成為跟隨他的人將來要復活的記號——在復活之前，我們若跟隨他，豈不也是在復活之前先經歷死亡嗎？

我們可以說，這是耶穌基督道成肉身降世所啟示的，也是他的死和復活所要恢復的。這榮光，一方面表示上帝的同在，另一方面也可以說是上帝的靈的臨在。上帝的靈就是祂的話。耶穌說：「我對你們所說的話就是靈，就是生命。」（約六 63b）中文裡，「道」和「話」的關聯不像希臘文那麼直接，[6] 但「道」當動詞使用時，也具「說話」的意思。耶穌基督是道、是生命，也是人的光（「這生命就是人的光」），這光正是上帝的榮光，正是「父獨生子的榮光」。在約翰筆下，幾種意象交錯融合，

隱喻、轉喻只是隨心之作。其中要表達的內容，才是約翰的焦點，才是各種意象的目的。這樣，在復活之前，那信他的人所經歷的是這榮光的臨在，藉他的寓居（*menein*）——即「住在我們裡面」。

相互寓居

生命與光是一體的兩面，約翰一方面談到上帝的榮光，另一方面也不斷延續著生命的意象。從第四章的活泉到第六章的生命的糧，生命的主題延續著；甚至到第十五章葡萄樹和枝子的比喻所強調的「在我（基督）裡面」的真理，談的也可以說是生命。[7] 約翰福音第十七章，耶穌為門徒作的禱告，說：「使他們都合而為一。正如你父在我裏面，我在你裏面，使他們也在我們裏面，叫世人可以信你差了我來。你所賜給我的榮耀，我已賜給他們，使他們合而為一，像我們合而為一。我在他們裏面，你在我裏面，使他們完完全全地合而為一，叫世人知道你差了我來，也知道你愛他們如同愛我一樣。」（約十七 21～23）在此，約翰所指的「合而為一」不是抽象名詞 *henotēs*（英譯 unity），而是中性的 *hēn*，即一。

雖然，這一段經文經常被用來教導教會信徒要合一，[8] 甚至

指「教會與教會之間，宗派與宗派之間的合一」。[9]另一方面可能
也是反映保羅書信——特別是以弗所書所說的「保守聖靈所賜
合而為一的心」（弗四3及2～7），甚至哥林多前書十二章所指
的「教會是基督的身體」的隱喻。但從約翰福音上下文來看——
活泉、生命的糧、葡萄樹與枝子的關係、住在（menein）主裡
面——這些隱喻所喻示的含義，「合而為一」不妨只譯作「為
一」，即「使他們都為一」（21節）、「使他們為一」（22節）、
「使他們完完全全地為一」（23節），最後一句英文譯為 that they
may be brought to completion as one。[10]片語 as one 直譯原是 into
one，而 brought to completion 譯自 teleion 的被動完成式詞態。
保羅說：「這不是說我已經得著了，已經完全了；我乃是竭力追
求，或者可以得著基督耶穌所以得著我的。」（腓三12）[11]其中
「完全了」也是同一個詞，但值得留意的是這段保羅的自白，語
境不盡相同。

　　我們無法完全確定腓立比書是否寫於公元六〇年代初期或
更早。若是前者，那也算是保羅晚年被關在監獄裡的作品。信
裡可一窺他放下一切，看一切如糞土，而以耶穌基督為至寶（三
8）的心情。他一心一意矢志完成所蒙交託的事，好叫他在基督
面前問心無愧。與此相比，約翰福音中的語境，提到「完完全

全」時，焦點是門徒們能與子「為一」，也因此能與父「為一」。堪稱廿世紀基督宗教最頂尖聖經學者之一的布朗雖也指出，聖父與聖子的「為一」應該有別於我們這些藉聖子成為子嗣者與聖父之間的關係，[12] 但我想這不應使我們低估了約翰對於那因耶穌基督又藉聖靈使我們與父「合一」的意境。

從約翰福音來看，父、子、靈的內在關係，一方面可以引申出多元與合一的三一上帝觀，也可以帶出三一寓居（*perichoresis*）的神學觀。基督教當代最重要的系統神學家之一莫特曼如此詮釋，以相互寓居的觀念來理解上帝內在的神聖生命，三一之任何一位皆無所完全窮盡（consummate）這神聖生命。「這神聖生命必然涵蓋這相互關聯、相互寓居（exist）的三個位格間的活潑交通。他們的合一不在於上帝之獨尊（one Lordship of God），而在於祂們之間三而一（tri-unity）的合一。」[13] 另一方面，從子證父的角度看來，從約翰福音第一章我們已經讀到「太初有道，道與上帝同在，」（約一 1）並且如上文所述，這「道成了肉身，住在我們中間，充充滿滿地有恩典有真理（誠），」（約一 14）本來，真誠和恩典乃是上帝的本質，所以約翰說：「恩典和真理（誠）卻是由耶穌基督來的。從來沒有人見過上帝，只有在父懷裏獨一的兒子將他表明出來。」（約

一 17b-18）

　　這樣說來，「為一」首先表彰了父上帝與子沒有隔閡的關係，進而延伸的是，三一上帝藉著聖靈保惠師的內住於信徒生命裡（並且子和聖靈本「為一」）建立起三一上帝與信徒「為一」的內在關係。這「為一」的關係帶有上帝的榮耀／榮光顯現在人的生命裡。耶穌既是上帝的恩典和真實和誠信，反映著上帝的慈愛信實，他也是人裡面的光、是生命，是賜生命的道，因道就是上帝，也是上帝之恩典和真理之肉身的具體活現（the embodiment of God's *hesed*-grace and truthfulness）；那賜誡命的主也是成全誡命的主，因誡命的本意便是要叫人有生命。[14]

　　如今，誡命 —— 表彰人與上帝之間因信任而順服的關係——已藉耶穌基督活現在人心裡。這樣，耶穌所要向尼哥德慕展示的上帝國，從一開始所用的重生或從上面生，所指向的就是生命本身，而生命和誡命本來就息息相關，但那要藉著耶穌基督而來。

/// 9

義人必因信得生命

我們討論約翰福音中有關於生命的言說時，沒有著眼於死亡，最主要的原因是約翰福音講生命本源、賜生命者，講人之得著生命在連結於生命，講聖靈裡的生命。如果說，約翰也關心死亡的問題，那麼在復活的記號（神蹟）上，不論是拉撒路的復活或耶穌基督自己的復活，他說的依然是作為生命本源的光、道、聖靈，是超越死亡的。在這樣的基礎上，耶穌說：「復活在我，生命也在我。信我的人雖然死了，也必復活。」（約十一 25）

死亡被詮釋為終極威脅，出現於保羅的論述裡。若說「死」

在約翰福音裡比共觀福音有一層超越的含義，那麼保羅書信中的「死」則更有過之而無不及了。除了緊扣於耶穌之死而復活的相關論述外，保羅把死描述為權勢，不是政治意義上的權勢，而是就「存在意義」而言的權勢。這就是我所說超越的含義。因為死亡不再只是指肉身的死亡，而是人類根本的問題。因為，死亡和罪相連，兩者一併在人的生命中掌權，形成罪和死亡的國度（參羅五 12～21）。保羅引述創世記三章罪的起源的經典敘事，詮釋道：「為此，正如罪是從一人進入世界，死又從罪而來，於是死就臨到所有的人，因為人人都犯了罪。」（羅五12）所以，死是源於罪。罪先於死，而引致死，因為「因為罪的工價乃是死；」（羅六23）換句話說，人為何會死？因為罪。這麼一來，人若不犯罪，是否不必死呢？人若不必死，是否可以永活呢？

筆者在上文說，約翰福音是正向談生命，同樣回應著創世記的生命源頭和失落的問題。約翰著眼於「世界」，保羅著眼於「罪」入了世界。約翰視世界為上帝所造所愛，三章16節說「上帝愛世人（界），」可是這世界是黑暗的，且不接受造它的主。誠如他於卷首便說：「光照在黑暗裏，黑暗卻沒有勝過光。」（約一5）「他（道、真光）在世界，世界是藉著他造的，世界卻

不認識他。」（約一 10）因此，世界和其中的黑暗若是約翰的著眼點，罪和死亡便是保羅的著眼點。

前面已提到羅馬書五和六章的經文，事實上，五至八章對罪和死亡，聖靈、恩典和生命的討論實在是精彩絕倫。關於罪和死亡，對保羅而言，亞當是個關鍵。作為人類原型的亞當，象徵著所有人。所以保羅說，「因一人的（*anthrōpou*）悖逆（*parakoēs*），眾人成為罪人；」（羅五 19a）當然，若說是一人，或許夏娃才是罪魁禍首，而非亞當。所以，更恰當的理解是，這人代表或象徵著全人類；正如耶穌基督同樣也象徵著全人類。（參羅五 15b）所以說，「亞當是那以後要來之人的預像。（*typos*）」（五 14b）這「預像」的意思就是說模型，人都是按這原來的模型造的。好比製餅所用的模一樣，按這模所製作的都是同一個樣子。**所以，我們和那人類的模（亞當）是一樣的。按創世記一至三章裡的記載，那人是怎樣的，我們也必怎樣。生命樹與那人的關係如何，和我們也如何；那知善惡的樹和人的關連如何，我們也必如何。**保羅說，因這一人的不順服（*parakoēs*），我們都變成罪人（*hamartōloi*）。罪人，乃是犯罪之人。罪（*hamartia*），字意為「不中的」，沒有中標——或許也可以說是過猶不及。該做的沒有做，不該做的卻做了（比較

羅七 15），如此而已！若是如此，我們都和那人亞當一樣，是
同一個模子印出來的，也都一樣會不順服，一樣都是罪人。此
處我們暫且不涉及罪作為權勢的層面來理解。

　　保羅在哥林多前書裡這樣說：「『首先的人亞當成了有生命
的人』；末後的亞當成了賜生命的靈。」（林前十五 45）。兩者
之分別，顯而易見，首先的亞當的生命源自於上帝，末後的亞
當卻是生命之源。保羅甚至說，他是賜生命的靈。按創世記裡
的說法，上帝在「耶和華上帝用地上的塵土造人，將生命之氣
吹進他的鼻孔，這人就成了有靈的活人（nepeš ḥayyā）。」（創
二 7）可見，人的生命氣息來自於上帝，人之成為活著有生命的
人，乃因上帝，然而保羅卻在此說，這末後的亞當是「賜生命
的靈」。按這點來說，保羅和約翰甚為相似。

　　所以，羅馬書五章所論的「罪因亞當而入了世界」，是因亞
當的不順服而失去了生命，但藉著耶穌基督的順服（或信服，
參羅一 5，十六 26）而重獲生命。這一點我們在本書第 6 章已
稍作討論。此處，我們要強調的是，這從「失樂園」到「復樂園」
的轉變，也就是從首先的人亞當到末後的亞當的轉變；延用前
者為模型，注入的卻是嶄新的、原初的（primordial）生命，是
生命樹所象徵，但卻是源於那吹氣之上帝的，而對保羅而言，

這氣息之源，就是末後的亞當——耶穌基督本身。這和約翰福音一章 4 節所說：「在他裏面有生命，這生命就是人的光。」兩者意境相呼應。

上帝的恩義與信實

羅馬書是按怎樣的思路帶出「全人類得生命」的願景？從第一章帶出沒有律法之人（即猶太族群以外）與上帝的約，和祂藉摩西所賜的律法無分的非猶太族群的罪，進而說明他們雖無律法卻有是非之心，再進而說到猶太人雖有律法，卻因律法更被判為有罪。來到第三章末便說：「因為世人都犯了罪，虧缺了上帝的榮耀」（羅三 23）。羅馬書三章 21～26 節說：

> 但如今，上帝的義在律法之外已經顯明出來，有律法和先知為證：就是上帝的義，因信耶穌基督加給一切信的人。這並沒有分別，因為世人都犯了罪，虧缺了上帝的榮耀，如今卻蒙上帝的恩典，藉著在基督耶穌裏的救贖，就白白地得稱為義。上帝設立耶穌作贖罪祭，是憑耶穌的血，藉著信，要顯明上帝的義；因為他用忍耐的心寬容人先前所犯的罪，好使今時顯明他的義，讓人知道他自己為義，也稱信耶穌的人為義。

在這一段話裡，一再出現的是信與義兩個字。說到「世人都犯了罪」的這上半句是要帶出下半句所說「蒙上帝的恩典，藉著在基督耶穌裏的救贖，就白白地得稱為義」，這個是羅馬書第五章 21 節下半段所說：「恩典也藉著義掌權，使人因我們的主耶穌基督得永生。」恩典、義、永生，環環相扣。不過，要解釋這一整段，還是要先回到第一章。

首先，羅馬書一章 5 節說：「我們從他蒙恩受了使徒的職分，為他的名在萬國中使人因信而順服（*hypakoēn pisteōs*），」我們在本書第 6 章已指出耶穌基督之所以為信服的典範，遙遙回應著創世記二章 16 和 17 節上帝的禁令，以及創世記三章 1～7 節亞當和夏娃因沒有聽從以至於違背了上帝的吩咐。如上所述，先前的亞當遙遙指向末後的亞當，前者是後者的模型。作為模型的前者，因違背上帝的吩咐，而成為一切不信服之人的最佳代表，但它也是後者的原型。且基於這原型，即從上帝口中呼了一口氣而成為有限生命的有靈的活人（*nepeš ḥayyā*）的基礎上，說明後者的生命之所以作為賜生命的靈，彷彿能在原型注入新氣息、新生命，以至於能裡裡外外滲透著這舊有的原型，從裡到外翻新了一般，好像是舊的那個模型，但卻比原有的模型完美。稍後我會以保羅的話，即哥林多前書十五章的經

文再補充解釋。目前，且讓我們回到羅馬書第一章。

信與義的典範

上文說到羅馬書一章 5 節與十六章 26 節首尾呼應，說其中所論的「信服」是羅馬書的中心思想亦無不可，不過，羅馬書一章 16 和 17 節一般仍被認為是羅馬書的鑰節。[1]

保羅在羅馬書第四章花了不少唇舌來討論亞伯拉罕的信（當然，整個討論是延續第三章 21 節以降的內容推進而來的）。[2]他說：「這樣，那按肉體作我們祖宗的亞伯拉罕，我們要怎麼說呢？倘若亞伯拉罕是因行為稱義，他就有可誇的，但是在上帝面前他一無可誇。」經上說甚麼呢？『亞伯拉罕信了上帝，這就算他為義。』」（羅四 1～3）對於保羅而言，亞伯拉罕所代表的是上帝的應許，這應許就是人得著義。他這樣說：「因為上帝給亞伯拉罕和他後裔承受世界的應許不是藉著律法，而是藉著信而得的義。」（羅四 13）當然，在羅馬書裡，他所要論證的是，這應許不單是給猶太人的，也是給非猶太人的。這應許——也就是義——乃是藉著耶穌基督臨到所有人。關於後裔這一點，我們稍後再闡釋。

此處且先聚焦於這義何解？尤其，羅馬書一章 17 節說：

「因為上帝的義正在這福音上顯明出來；這義是本於信，以至於信。如經上所記：『義人必因信得生。』」故此，我們不能不先考慮到義，原是先指上帝的義，而上帝的義是甚麼呢？而信與義的關係又是甚麼呢？再者「本於信，以至於信」該如何理解？是否應該理解為「本於上帝的信實，以至於耶穌基督的信實」？在這方面，舊約神學裡一再強調的「上帝的約」，以至於上帝秉著祂與祂的子民所立的約必貫徹始終、為他們赴湯蹈火。詩篇裡以守約施慈愛的上帝來形容。按原文慈愛（hesed）的語義含有「恆忍持久不變」的意思，與「信實」相呼應。上帝基於祂的約，向祂的子民盡信盡義，必要拯救他們到底，不但是猶太人，連非猶太人（因都是祂所創造的人）也一樣拯救到底。

說到上帝為了自己的義而拯救祂的子民，以賽亞書有一段話如此描述：

> 那時，耶和華見沒有公平，就不喜悅。他見無人，竟無一人代求，甚為詫異，就用自己的膀臂拯救他，以公義扶持他。他穿上公義為鎧甲，戴上救恩為頭盔，穿上報復為衣服，披戴熱心為外袍。他必按人的行為報應，惱怒他的敵人，報復他的仇敵，向眾海島施行報應。（賽五十九 15～18）

　　祂為祂的子民大發熱心，從敵人陣營中把他們拯救出來，這便是祂的義。亞伯拉罕是保羅詮釋信與義的典範——雖然保羅沒有引述亞伯蘭營救羅得的例子。不過，如果回到創世記十四和十五章裡的敘事，其中十五章 6 節突顯了亞伯拉罕的忠信，說：「亞伯蘭信耶和華，耶和華就以此算他為義。」這一段敘事的第一句是：「這些事以後，耶和華的話在異象中臨到亞伯蘭，」重申祂的應許。較被忽略的是「這些事」，應該包括前文所提到亞伯蘭義無反顧地搶救羅得和他一家。亞伯蘭此舉充分表現出那分耶和華自己的信義。

　　誠如國際著名新約學者賴特所說：「正如反映於舊約許多章節裡的，上帝之信守（faithfulness）祂對亞伯拉罕的應許，正是『上帝的義』的核心意義。」[3] 以賽亞書既為保羅鍾情的書卷之一，我們幾乎可以肯定羅馬書一章 16 和 17 節乃是從此處得到靈感的。我們甚至可以說，羅馬書的神學，也反映著以賽亞書的神學，這是毋庸質疑的。[4]

義人必因信得生

　　對保羅而言，「『算他為義』這句話不是單為他寫的，也是為我們將來得算為義的人寫的，就是為我們這些信上帝使我們

的主耶穌從死人中復活的人寫的。耶穌被出賣，是為我們的過犯；他復活，是為使我們稱義。」（羅四 23～25）上文已提過保羅所引用的哈巴谷書二章 4 節說：「義人必因信得生。」（羅一17；比較加三 11）以下筆者嘗試解釋保羅如何把這一句置入他的論述裡，或說他如何以基督論的角度再釋這一節經文。

首先，簡單而言，保羅要帶出的信息是：信上帝所安排的耶穌基督，且信這耶穌為我們死而復活——他的復活顯明他信服之道（羅一 5，羅十六 26）。就好比羅馬書一章 17 節所說，既證明了上帝向人證明祂的信實，又藉耶穌基督的信實，作為那末後的亞當，成全了人（即先前的亞當）向上帝所該有的信服（即信實），上帝刻意叫我們有分於他（耶穌基督），便可以藉著他算為義，就像亞伯拉罕被算為義一樣。

保羅既想到亞伯拉罕，又想到哈巴谷書裡這一句話。到底他心中的義與信指的是甚麼呢？我們有沒有辦法從希臘文的語法進入保羅的思想，從中梳理出他的思路？到底 *ho dikaios ek pisteōs zēsetai*（羅一 17b；加三 11b）應該怎麼詮釋呢？那位「義的（*ho dikaios*）因此得生」是出於信實呢？還是出於信？還有，按文法而言，出於信實／信，也可以用於形容那位義者——就是說，這位義者是因著他的信／信實才成為義、稱為義的。[5]

　　保羅既和他同時代的人一樣使用七十士譯本（因為那是保羅所接觸的聖經），同時作為法利賽人，我們估計他也熟悉希伯來文聖經。[6] 簡單而言，要了解上引羅馬書和加拉太書的經文，最好就是來到其原文出處。我們的興趣只在於「義人必因信得生」這出自哈巴谷書二章 4 節的這一句話在七十士譯本和馬索拉文本所出現的內容是如何的。[7]

　　首先，馬索拉文本（MT）譯出來的意思是「義者必因他的信／信實得生」。[8] 七十士譯本西乃抄本和華盛頓抄本（LXX，codices S and W）譯出來則是「義者必因我（即上帝）的信／信實得生」。[9] 七十士譯本亞歷山大抄本和以法蓮抄本（LXX，codices A and C）譯出來是「我的（即上帝的）義者必因信／信實得生」。[10] 基本上，保羅沒有說義者是因（出於）自己的信或信實，或上帝的信實得生，同時也沒有說誰是那義者、誰是那信實者。[11]

海斯提出幾個可以並存的翻譯或理解：

- 彌賽亞必因（其自己）信／信實得生。
- 義人必因彌賽亞的信／信實得生。
- 義人必因（他自己）信（彌賽亞）得生。[12]

第一個句式把彌賽亞等同於義者，這等於說耶穌基督必因他的信實得生。若我們以羅馬書的脈絡來解釋，第五章所欲闡釋的便是，亞當如果因不忠信（即信實）而失去生命（逐出伊甸園而和生命樹隔絕），則耶穌基督作為末後的亞當乃因忠信（信實）而得生。第二個句式特別強調那些信的人有分於耶穌基督的信實（參羅三 22）。嚴格而言，他們不能說是義人，之被稱為義人只是因為有分於耶穌基督已成就的。第三個句式強調信，就是之被稱為義人的條件在於信。

這種多元含義（如下所示）也可能是保羅有意創造的。如果我們把三種可能性都含括在內，便有這樣的理解：彌賽亞藉他（對上帝）的信和信實的生命表現（這便是他的義）得生命；義人有分於彌賽亞的這份信或信實，而得著生命；再不然就是，義人之義在於他自己的信，以至於有生命。總而言之，義人得生命是終極目的，信或信實——不論是來自於自己的或來自於有分於彌賽亞的（正如彌賽亞自己也是憑著信／信實），是得生命的媒介。

相補有無的組詞

上文曾列舉過慈愛、信實、恩典、憐憫這幾個字（詩八六

15）的互補關係。除了這幾個字，我們可以再加上公義、公正（例：出卅四 6～7；何二 19～20；詩八六 5，15；一四五 8）。這整組相關的詞彙，相互補充，最好的詮釋是把每一個詞當作是描述同一叢集的某樣特質。[13] 如果我們認真的以舊約的語境考慮上帝的義和信實，終會達致這樣的理解：兩者其實是一體兩面。

以上我們已嘗試從一個多元的意義來解釋「義人並因信得生」這句話。我們可以再回到其上半所說的「因為上帝的義正在這福音上顯明出來」。對保羅而言，第一節已開宗明義提到上帝的福音。上帝的福音指的是甚麼呢？就是耶穌基督並藉他所成就的以恩典（藉著義）所掌權的國（羅五 21b）。耶穌基督正是其中的關鍵。

上文我們已經引述以賽亞書所提，上帝因著祂的義出手拯救那落於敵人之手的以色列。按同樣的邏輯，上帝也因著祂的義要叫祂的恩典臨到所有人。說是出於祂的義，是假定了一個「約」的概念。上帝拯救以色列，因為他們是和祂立約的子民。羅馬書要處理的是全人類願景，所以其敘事也是從創世記開始的。這裡假定了一個上帝和人預立的約，既是出於祂的愛，也是為了祂的愛（羅五 1～11，羅八 31～39）。

　　因著這約，這位信實不違背自己的上帝便出手拯救人。祂所差遣的彌賽亞便是祂信實的化身。可是，這一位義僕要如何才能完成這救贖的工作呢？保羅的推論是，人全落在罪裡頭（羅三 23）。**上帝要如何才能把人給救出來呢？保羅訴諸於上帝的義。羅馬書三章 21 和 22 節說：「但如今，上帝的義在律法之外已經顯明出來，有律法和先知為證：就是上帝的義，因信耶穌基督加給一切信的人。這並沒有分別，」這兩節的重點應該是上帝的義，這就與一章 17 節下「義人必因信得生」呼應連貫。**兩者的關聯，需要進一步的解釋。

　　「上帝的義，因信耶穌基督加給一切信的人」這一句，在新漢語譯本譯為：「上帝的義藉著相信耶穌基督，臨到一切相信的人身上。」並且又可以譯為「上帝的義藉著耶穌基督的信實，臨到一切相信的人身上。」羅馬書一章 17 節上半節說：「上帝的義正在這福音上顯明出來」，這樣說來，就是藉著耶穌基督的信實臨到眾人。任何人只要相信上帝安排的這個方便法門，即只要相信耶穌基督便是成全信服上帝的則（羅一 5；羅十六 26），便有分於耶穌基督的信實，以他的信實作為自己的信實——如此便領受了那從上帝的義而來的恩澤（參羅五 17，21）。

　　所以說，羅馬書一章 17 節下半所提到的 *ek pisteōs eis*

pistin，[14] 即「本於信，以至於信」或「以信為始，以信為終」（新漢語譯本），也可以說是以上帝的信實為始，藉著耶穌基督的信實，因我們願意信的緣故，也使我們有分於耶穌基督的信實而算是信實了。[15] 這樣，既然義人必因信（信實）得生。我們這些如此信的人，也有因蒙耶穌基督而來的恩澤算為義而得生了。

/// 10

聽從與信服

　　為甚麼羅馬書一章 5 節和十六章 26 節提到的信服（hypakoēn）這樣的重要呢？這和聽從有關。申命記六章 4 節說：「以色列啊，你要聽！」保羅說：「因一人的悖逆，眾人成為罪人；」（羅五 19a）悖逆，即不順服也不聽從，其原文正是由 para 和 akoē 所組成。其字根 akoē 是「聽」的意思，也同樣是「信服」一字的字根。

　　我們不能小看了聖經中「聽從」的重要意義。舊約撒母耳記上十五章記載了掃羅王「沒有聽從」耶和華的吩咐，在與亞瑪力人打仗一役，擅自留下許多戰利品和亞瑪力王的性命，因

此先知撒母耳責備他說：「你為何沒有聽從耶和華的話呢？你為何急著撲向掠物，行耶和華眼中看為惡的事呢？」（撒上十五19）而掃羅的回答也強調說：「我聽從了耶和華的話」──只是他按自己的意思修訂這「話」的內容（撒上十五20～21）。掃羅按自己的意思留下牛羊等戰利品，並說要從中拿一些「上好的牛羊」要獻給耶和華為祭。但撒母耳卻因此責備他說：「耶和華喜愛燔祭和祭物，豈如喜愛人聽從他的話呢？看哪，聽命勝於獻祭，順從勝於公羊的脂肪。」（撒上十五22）對上帝而言，沒有聽從，等於是悖逆、棄絕祂。撒母耳對掃羅說：「悖逆與占卜的罪相等，頑梗與拜偶像的罪孽相同。因為你厭棄耶和華的命令，耶和華也厭棄你作王。」（撒上十五23）

上帝吩咐，人聽從。這樣的訓示，在一個對權威、家長制度、父權制度受懷疑的時代，更難叫人接受。尤有甚者，代表權威的制度和人物一而再地暴露內在的貪腐與其他人性的腐敗。叫這情況加劇的是，百年來各種型態的極權和威權政治在歷史舞臺上更替出現，或多或少，叫人一則對基督宗教中世紀以來的權威嗤之以鼻，二則對所有政權都只抱懷疑和觀望的態度。簡而言之，社會中瀰漫著對一切權柄採取某種一觸即發的譏誚與不屑，是一種集體的心理意識，既投射於各類體制，也

內化於個人心理，形成社會中個人的心理特質，一種集體意識
內化的潛意識。外在的體制和系統有其腐敗，無論來自於甚麼
社會階層的人，依附於罪惡的權勢，藉著體制的腐敗以汲取其
中利益之餘，自己也蓄養著其他的罪惡。於是，在這些罪惡之
下被敗壞了，被扭曲、壓制、剝削、欺凌了，因而產生怨恨、
不屑與厭世嫉俗的心理。聽從和信任上帝，不是在一個溫室
裡，自覺屬靈的感覺的良好，而是一個對以上不同型態和心態
的罪一再拒絕的行動。這是向罪死而向上帝活，為上帝活的「順
服」。[1]

掃羅的故事，反映著聖經學者所說的「申派歷史」的神學：
順服上帝的命令，以致蒙福；反之則是叛逆而遭咒詛（申十一
26ff.）。在創世記裡，亞當和夏娃是最早出現不順服以致遭到咒
詛的敘事（創三 16～19）。敘事中稍後出現的挪亞，經文說，上
帝吩咐的，他都照著去做（創六 22；七 5）。申命記六章 25 節
說：「我們若照耶和華─我們上帝所吩咐的，在他面前謹守遵行
這一切誡命，這就是我們的義了。』」

保羅的罪觀、義觀和恩典觀，根植於他對舊約傳統的承繼
與延續，最低限度反映著以上所引創世記和申派的神學觀。對
於生命與順從（或聽從）相聯繫，保羅也有這樣的理解。他對創

世記這段記載有這樣的詮釋：「因一人的悖逆，眾人成為罪人；照樣，因一人的順從，眾人也成為義了。」（羅五 19）如先前所說，「悖逆」原意乃「不聽從」，「順服」即「聽從」（*upakoēs*）。同樣的，在羅馬書六章 16 節裡，保羅又說：「難道你們不知道，你們獻自己作奴僕，順從誰就作誰的奴僕嗎？或作罪的奴隸，以至於死；或作順服的奴僕，以至於成義。」其中譯為「順從」的 *upakoēn*，*upakouete*，和 *upakoēs*，其字根乃 *akouw*，即聽或傾聽（to hear 或 to heed）之意。

當下生效的展演性效能──口裡承認、心裡相信

羅馬書開宗明義第一句便提到上帝的福音，早前我們已提過羅馬書一章 5 節和十六章 26 節裡的「信服」一詞。基督的福音，從神學上考慮，「信」是否和「信從」相關的呢？或者說信、聽信、信從和順從，都是語義互滲的詞。腓立比書二章 8 節說到，耶穌「存心順服（*hypēkoos*），以至於死，」展示了耶穌基督之信（實）。[2] 要更進一步明白保羅的意思，羅馬書第十章的內容，是不容忽略的。

論到出於律法的義，摩西寫著：「行這些事的人，就必因此得生。」[3] 但出於信的義卻如此說：「你不要心裏說[4]：誰要升

到天上去呢？[5]（就是說，把基督領下來。）或說：誰要下到陰間去呢？[6]（就是說，把基督從死人中領上來。）」他到底怎麼說呢？「這話語就離你近，就在你口中，在你心裏，」[7]（就是說，我們傳揚所信的話語。）你若口裏宣認耶穌為主，心裏信上帝叫他從死人中復活，就必得救。因為，人心裏信就可以稱義，口裏宣認就可以得救。經上說：「凡信靠他的人必不蒙羞。」猶太人和希臘人並沒有分別，因為人人都有同一位主，他也厚待求告他的每一個人。因為「凡求告主名的就必得救」。（羅十5～13）

我們在本書第9章集中於羅馬書一章16和17節、三章21～26，論到上帝的義如何在福音上顯明出來，又論到從上帝的信實到耶穌基督的信實，而義人必因有分於耶穌基督的信實得生命。可是從羅馬書一章18節開始一直到三章20節，保羅指證出人的不義。於是說：「沒有義人，連一個也沒有。」（羅三10）又說：「因為世人都犯了罪，虧缺了上帝的榮耀，」（羅三23）就是說，按照律法的標準，沒有一個人是義人。因為不是行律法的人就能成為義人，而是沒有一個完全達到律法要求的人。

在上引的這段經文所有引述句裡，除了第一句取自利未

記，其他皆取自申命記三十章。在所有引用的經文之後，保羅一而再、再而三植入的是基督。基督成為天上和陰間在無限距離的消除者，「這話」，就是上帝賜的誡命和典章等等，在羅馬書裡一併以律法稱之，因基督的緣故變得無比的近，不再遙遠，不再難守。保羅雖沒有引用耶利米書的經文說：「那些日子以後，我與*以色列*家所立的約是這樣：我要將我的律法放在他們裏面，寫在他們心上。我要作他們的上帝，他們要作我的子民。這是耶和華說的。」（耶卅一33）不過，其意義是相似的。意思是說，如今，因著基督的緣故，那律法不再是外在的規條，而是刻在內心裡的（比較林後三3）。

保羅所提出的是一個由心至口、口至心，藉著信基督的道而來的零距離效應。羅馬書十章9節上半的「宣認」加「耶穌」再加「為主」，和下半句的「信」「上帝」「叫他從死裡復活」成為對應的單位。第10節「心裡信」對應「口裡宣認」，「稱義」對應「得救」。就是說口裡一宣認，其效應便於當下發生，就是說沒有一種不帶心的承認，一旦嘴裡說的，必也是心裡想的。這位從死裡復活的主，便叫人因此稱義並得救。稱義即得救，得救即稱義。阿甘本借用奧斯汀（John Austin）的「展演性言辭」（performative utterance）稱，這一種宣認之際、當下生效的情況

為展演性效能（performantive efficacy）。[8] 這就是上帝所使用的簡易之法——就是一切藉著耶穌基督滿足了律法的義，而滿足律法所要求的，「就必因此得生」（羅十5），而又如羅馬書一章17節所說：「義人必因信得生。」[9]

聽信之理——聽道和信道

上帝預備了這成律法之義的簡易之法，但總要有人傳才有人信。羅馬書第十章屬於九至十一章的大段落，所論的是上帝的揀選之理——先是揀選了以色列民，如今又按祂自己的意思揀選外邦人。上帝本來不但為以色列民預備了律法，但他們無法藉「律法之功」（ergōn nomou，羅三20），在律法上做足，以至於稱義。上帝便為他們預備一種恩典之法——就是有分於耶穌基督因信實而成的義，可是保羅說他的骨肉之親以色列民卻不明白，把他棄絕了。所以，他說：「但不是每一個人都聽從福音，因為以賽亞說：『主啊，我們所傳的有誰信呢？』」（羅十16）於是上帝便立意叫外邦人也藉基督的福音享有那義——即與上帝立約的關係。

稍前保羅的「我們傳揚所信的話語（to rhēma tēs pisteōs）」（羅十8b）來注釋那離宣認者很近的話語（在宣認者的口裡和

心裡），但從第 17 節，我們更進一步看見那宣認者也是那聽道者，而聽和說之間，就跟口和心之間的關係是一樣的「零距離」。保羅說：「可見，信道是從聽道來的，聽道是從基督的話來的。」（羅十 17）。[10] 換句話說，從聽見到宣認其實也是同一霎那的事，那一霎那也就是基督的話發生效用的時候。所謂「基督的話」，這「話」在原文裡特別指「說出來的話」，雖然可指基督被宣講出來、被聽見，也就可指基督所說的話，但前者較為可取，因為這更指向保羅所宣揚的基督的福音，因基督就是福音本身，基督包含整個基督事件，就是上帝差祂的兒子，差他釘十字架並藉著祂的靈叫他從死裡復活，不但是為以色列民，也為外邦人。

這樣，上帝就為所有人預備了一個拯救的計劃。因此保羅讚嘆說：「深哉，上帝的豐富、智慧和知識！他的判斷何其難測！他的蹤跡何其難尋！」（羅十一 33）這樣，祂便為那第一個亞當（人）預備了終末的亞當。這一點在羅馬書第五章說得更清楚。

信任乃通往生命自由之路

保羅藉亞當不聽從上帝的吩咐，詮釋罪如何入了世界，就

是說因著先前亞當（象徵著人類）不順服的緣故，死亡藉著罪而臨到人。到底要如何徹底解決罪的問題呢？保羅指出，因著基督耶穌的順服，生命也藉著他這末後的亞當（象徵新人類）臨到眾人。羅馬書五章 17～21 節這麼說：

> 若因一人的過犯，死就因這一人掌權，那些受洪恩又蒙所賜之義的，豈不更要因耶穌基督一人在他們生命中掌權嗎？這樣看來，因一次的過犯，所有的人都被定罪；照樣，因一次的義行，所有的人也就被稱義而得生命了。因一人的悖逆，眾人成為罪人；照樣，因一人的順從，眾人也成為義了。而且加添了律法，使得過犯增加，只是罪在哪裏增加，恩典就在哪裏越發豐盛了。所以，正如罪藉著死掌權；照樣，恩典也藉著義掌權，使人因我們的主耶穌基督得永生。

創世記三章裡的敘事告訴我們的是，人與作為生命之源的上帝其關係該如何？生命樹的存在，所象徵的正是生命。如果我姑且以字面含義視伊甸園為一實質園子，只要人沒有離開那園子，總有機會、或偶爾、或不斷吃到這生命樹的果子而得生命。可惜的是，正如敘事裡所揭露的，人因心裡對上帝禁止他們吃分別善惡樹的果子而對上帝的動機起了懷疑，結果便出

現「失樂園」的結果。如果上帝代表著生命之源,作為生命的人必須連結於這生命之源才能得生命。所以,這敘事所揭示的吊詭是,人嘗試獨立於生命之源以外,以為「知」(tree of knowledge)是通往自由之路,相反的卻受困於知,「知並非是通往自由的鑰匙」,「信任」才是。[11]

因信任故而信服

因信任故而能信服,這便是羅馬書的核心信息。[12] 如前所述,一章 5 節說:「我們從他蒙恩受了使徒的職分,為他的名在萬國中使人因信而順服(*hypakoēn pisteōs*),」與此一前一後相呼應的是十六章末提到的,「惟有上帝能照我所傳的福音和所講的耶穌基督,並照歷代以來隱藏的奧祕的啟示,堅固你們。這奧祕如今顯示出來,而且按著永生上帝的命令,藉眾先知的書指示萬民,使他們因信而順服(*hypakoēn pisteōs*)。」(十六 25～26)耶穌基督所展示的奧秘便是,藉他的信服,使人與上帝的信任關係得以恢復。

我們從分別善惡樹談到夏娃和亞當,又從亞當談到基督,要指出的是亞當(第一個人)的不信從和基督耶穌(第二個亞當)的信從,即亞當的不信(實)(faithlessness)和基督的忠信和信

實（faithfulness）。如果耶穌之「順從／順服以至於死」的表現
乃是對上帝信心／信實的表現，而信心／信實的真意義在於聽
從，這就反映出亞當之不聽從就是對上帝的不信／不信實。

從關係上而言，我們可以說，亞當不認為上帝可信，這等
於是說「上帝，你是說謊的」。上帝是不說謊的，因祂是「誠
實」的（羅三 4，7，和合本作「真實的」，原文為 *alēthēs*，
alētheia）。保羅再度回到舊約中取經，這次是詩篇，因此他論
道：

> 即使有人不信，又有甚麼關係呢？難道他們的不信會使上
> 帝的信實無效嗎？絕對不能！上帝總是誠實的，人卻是虛
> 謊的，正如經上所記：「你在話語上，顯為公義；你被論斷
> 時，必然得勝。」我且照著人的見解來說，我們的不義若彰
> 顯上帝的義，我們可以說甚麼呢？難道降怒的上帝是不義
> 的麼？絕對不是！如果是這樣，上帝怎能審判世界呢？但
> 是上帝的誠實，如果因我的虛謊而更加顯出祂的榮耀來，
> 為甚麼我還要像罪人一樣受審判呢？（和合本，羅三 3～7）

第 3 和 4 節所提到上帝的「信實」和「誠實」，兩者的關係
是不可忽視的，且和 4 和 5 節的「公義」和「義」在語義上共組

成一組代表上帝性情的屬性。其中含義滲透在羅馬書的「血肉」中。我們甚至可說滲透在保羅對上帝之性情的體認中，而此體認和保羅對舊約中這組用詞的體會有著密切關係。先論「信實」和「誠實」之語意互滲的語境。我們前頭已提到耶穌乃真道活現，這一點在新約另一作者約翰處也能得到印證。約翰福音一章 14 節說：「道成了肉身，住在我們中間，滿有恩典（charitos）和真理（alētheias）。我們見過他的榮光，正是從父而來的獨生子的榮光。」可見，耶穌基督之滿有真理，反映的正是上帝的「誠實」性情。「真理」所指的不只是抽象的科學和理性邏輯的真理，更是上帝的性情，是祂生命的真實表現，祂的屬性，在耶穌基督裡「成了肉身」。所謂「真理」，就是說在上帝都是「是的」、「阿們的」。所以說，約翰福音一章 14 節裡的「住在我們中間，滿有恩典和真理」，若理解為上帝之性情的具體——道成肉身的表現，就是「祂的恩典與信實的具體表現」，這樣說則更為理想。這就如約翰福音一章 17 和 18 節所說：「律法是藉著摩西頒布的；恩典和真理卻是由耶穌基督來的。從來沒有人見過上帝，只有在父懷裏獨一的兒子將他表明出來。」不言而喻，第 17 節裡的「真理」該和 14 節所解一般。

因此，我們可以延伸，哥林多後書一章 20 節裡這樣說的，

「因為神的一切應許，在基督裏都是『是』的，為此我們藉著他說『阿們』（*amēn*），使榮耀歸於神。」啟示錄三章 14 節（比較一 5）如此形容耶穌基督：「那位阿們的，忠信真實的見證人。」（*o amēn, o martys o pistos kai alēthinos*）經文中「阿們」一詞源自希伯來文，既是「是」的，必然是真實無偽的，也當然是「阿們」的，對保羅而言是如此，對啟示錄的作者約翰也一樣如此，後者毫無困難地把忠信／信實以及真實的併用於耶穌基督身上。以上提到的上帝的「信實」、「誠實」和「公義」，都不是保羅任意取來撰述其論點的，因為這牽涉到的就是人的不信（實）、虛謊和不義，並且把第一個人和第二個人的類比放進此場景，即把基督的信實和人的不信實放進來，再把生命樹之精意和耶穌基督是賜生命的主（羅八 2，6）的含義帶來，便可看見創世記敘事中所承載的人類終極的存在困境，如何在新約作者（如保羅的反省）中得以推演和開展出一個終極的出路。[13]

亞當沒有聽從，輕忽了上帝的吩咐，以至於與生命樹隔絕；基督之順服，成了賜生命的源頭（羅八 1～2；約四 14；五 25～26；六 35；十四 6；十五 1～6；啟廿二 1～2）。此一意義非凡，是從舊約貫徹至新約的信息。誠如布魯格曼（Walter Brueggemann）在《舊約神學》一書裡，提出了有關「順服誠命」

（obedience to command）這一主旨的兩個重要元素，他指出其一是以色列的「順服」表徵著「出埃及的順服」。意思是說：這「以色列的上帝一心一意要叫這出埃及的傳統（所蘊含的）釋放之能力成為以色列的恆常實踐，滲透在公眾及體制各生命領域中。」基於此「釋放之能力」，「凡順服（這些命令）的便參與在世界的持續改革中，使之恢復上帝創造的真實面貌。」14 這和上帝起初賜給亞當的使命是息息相關的，就是要他「看管」大地（創二 15）。

事實上，「看管」大地本是上帝給人的吩咐中不可或缺的一部分，這天命和下一節所說「耶和華上帝」對人的「吩咐」不可分隔。耶和華上帝說：「園中各樣樹上所出的，你可以隨意吃，只是知善惡的樹所出的，你不可吃，因為你吃它的日子必定死！」（創二 16～17）上帝的吩咐就是祂的命令，所發的命令不會落空。上帝的命令就是祂托住萬有的能力，這能力在命令的同時，已在運行著。創世記一章一再強調上帝「說」，這「說有就有，命立就立」（詩卅三 9）的能力，就是那萬物的法則。因此，創世記二章 15～17 節裡的吩咐所蘊含的含義，就是上帝要將管理萬物的責任託付給我們，在這吩咐本來代表上帝的信任，上帝要我們遵守，是要叫我們承擔起祂的託付。

　　換句話說，上帝的吩咐既代表祂的法則，而這法則其實是祂的叮囑和託付，是要叫人學習承擔起責任。事實上，這吩咐，人可以選擇聽或不聽從、遵守或不遵守，這選擇代表自由意志，而自由意志的背後附帶著責任，而承擔責任是要學習的。一個能承擔責任的生命特質，不是天生的，而是生命中一再操練學習而來的。我們或許不完全明白上帝為何要如此定下這法則，但我想，學習承擔責任或者說人要真正學會負責任，才能接受託付。

　　可是人的不順服，使人與上帝的關係受到破損。人走上一條流離飄蕩的路，而且地也因此「受咒詛」（創三 17），上帝暫時無法將責任託付給人，人也無法承擔看管大地的責任。借用先知何西阿的話說，因人的不義無信，「這地悲哀，其上的民，田野的獸，空中的鳥，必都衰微，海中的魚也必消滅。」不守誡命，即不順服，受造界一切的生命都受影響。[15]

　　然而，因基督的順服，從人開始至萬物都要經歷更新。那步驟是基督首先復活，如經上說，「基督已經從死裏復活，成了睡了之人初熟的果子。」（林前十五 20）表明死亡和罪惡虛無的權勢已經被克勝了；繼而是那「有聖靈初結果子」的信徒，就是那因擁有生命聖靈（羅八 2）的人，他們乃是與基督同為上帝

的後嗣了（羅八 16～17）；再來是萬物（羅八 19～22），因為到那終末完完全全實現時，「死亡和陰間」也都要丟到火湖了，就是說「死亡和陰間」已被「生命吞滅」（林後五 4），不再存有了，人與天地萬物都更新了。

「樂園」之失，大地之受咒詛，生命樹被隔離，看似創世記之「神話」，其實揭露著生命失落的真相，預示著生命之復得的伏筆。失、咒詛、生命隔離，其肇因是人之不聽從，吃了分別善惡的果子。乍聞以為上帝的安排和判語甚為荒謬，更甚者以為上帝的心胸狹窄，不希望如祂一樣有智慧，更怕人和祂一樣「永遠活著」（創三 22）。其實，較合理的神學閱讀是，上帝由始至終都要人得生命，其秘訣在於聽從，而聽從在於信任，信任者恆信實以待對方。信任也好，以信實對待對方也好，說的是一種真誠的關係；一旦好意不被信任，關係就出現裂縫了。所以，聽不聽從，或順不順服，表達是信不信任。不聽從、不順服等於不信任，而不信任，關係就不在的。

至於吃了分別善惡樹上的果子，是否是失樂園的原因呢？上帝是否真不要人像祂一樣有智慧、不要人能分辨善惡呢？我想應該不是的。創世記的敘述，揭示出人似乎逃不掉的一種選擇，一種生命的成長趨向，即學習擇善惡，長智慧，求知識。

/// 11

承受應許的後裔

　　復樂園，得生命，這是伊甸園神話中的根本隱喻（primoridal metaphor）中潛在的呼喚。藉著終末的亞當——基督耶穌，人與上帝的生命得以和上帝連結。如果正如筆者先前指出，我們閱讀羅馬書的時候，隱隱約約讀到保羅的書寫其實緊貼著創世記的敘事。他所引述和再詮釋的，除了創世記前幾章外，也包括第十一章末以後關於亞伯拉罕的故事裡的揀選、立約、後裔，以及應許之地等母題（motifs）。

　　上帝的揀選和立約，延續著祂和人類的契約關係，以及生命的連結（bonding），出於祂愛這世界和愛人的心（約三 16；

羅五 1～11）。這一份愛，彰顯在祂的聖約中。在這聖約裡，上帝視人為祂的伙伴，定意守約施慈愛，為了彰顯祂的義，祂便向那落於罪的籠罩和轄制的人伸出援手，並希望透過更新和堅固祂的約，叫那些蒙祂揀選、與祂立約的人，延續祂對這世界的愛。

因著這一份情義，上帝差遣選耶穌基督作為祂的代表，向人表現出祂的義以及信實。此外，他也藉著死（腓二 6～8），為人死，表現出上帝的愛來（羅五 8），活出忠信（faithful）的生命。[1] 若我們更考慮到作為「人」的他，他忠信的生命彷彿亞伯拉罕一樣，「在毫無盼望的時候，仍懷著盼望而相信，」（羅四 18a，新漢語）也如亞伯拉罕和撒拉一樣，認為「因為她認為應許她的那位是可信的；」（希十一 11）——或許我們亦可以說耶穌信那差遣他的是信實的，「存心順服，以至於死，」（腓二 8）所以這就算作為人的耶穌的義。[2] 按這樣的理解，三章 22 節則該譯為「上帝的義，因耶穌基督的信／信實（pisteōs）加給一切信的人。」

所以，既按著亞伯拉罕的原則，那得著應許的，就不再只是以色列民。所得的應許，也不再只是得地為業，而是成為後嗣。羅馬書八章 16～17 節說：「聖靈自己與我們的靈一同見證

我們是上帝的兒女。若是兒女，就是後嗣，是上帝的後嗣，和基督同作後嗣。如果我們和他一同受苦，是要我們和他一同得榮耀。」新漢語譯本則把「後嗣」譯為「承受產業的人」，也就是「承受世界的人」（羅四 13，新漢語）。這承受世界之法，不是藉著律法，而是「藉著信而得的義」（羅四 13）。如果與以色列同為後嗣的結果，依然是那座落於巴勒斯坦的「迦南地」，那麼今天我們所盼望的，便和舊約的以色列民沒有分別了。

保羅當然不做如是想。誠如本書第 10 章所示，那些有分於耶穌基督所得的義，因義而得著生命，是「有聖靈作初熟果子的」（羅八 23a），他們預示了萬物終必藉聖靈得贖。同是羅馬書第八章，保羅除了用初熟果子比喻那些藉耶穌基督得著聖靈的，也用兒女和後嗣的類比來說明。他說：

> 你們所領受的不是奴僕的靈，仍舊害怕；所領受的是兒子名分的靈，因此我們呼叫：「阿爸，父！」聖靈自己與我們的靈一同見證我們是上帝的兒女。若是兒女，就是後嗣（klēronomoi），是上帝的後嗣（klēronomoi），和基督同作後嗣（sygklēronomoi）。如果我們和他一同受苦，是要我們和他一同得榮耀。（羅八 15～17）

得兒子的名分就是成為上帝所應許（亞伯拉罕）的後裔，並且按應許而來的後裔才能繼承產業（比較創廿一 9～12）。兒子或長子得產業，那是從亞伯拉罕至約瑟的故事裡的母題，同時也是常常伴隨得地為業的應許出現。稍前筆者已說，保羅翻轉了整個關於上帝的約和揀選的典範，從實質意義上的後裔和地，轉換成一個關乎人的生命和受造萬物的典範。我們也可以這麼說，他逆轉了創世記的敘事。創世記是亞當（即人）的墮落以致上帝在萬人中才揀選亞伯拉罕，藉賜他應許以展現他的心意；保羅所做的正是把這應許的應驗推到極致，指出上帝的揀選的後裔不只限於亞伯拉罕肉身的後裔，而是按信心和應許裡所生的後裔。他肉身的後裔從以撒和雅各而出的以色列民，雖也是按應許而來的，但既是按應許，就不是按肉身的意思了。**所以保羅緊緊把握住這一要點，推論出上帝既可以按應許藉著亞伯拉罕的信，使亞伯拉罕的後裔成為「得產業者」（即後嗣），那祂也可以隨自己的意思，藉耶穌基督而應許凡信耶穌基督或有分於耶穌基督的信實的人，便可以像亞伯拉罕一樣「被算為義」，並且可稱為祂的兒女繼承祂的產業。保羅稱這樣的人為「真以色列人」。**以色列既稱為上帝的兒子，同樣的，那藉耶穌基督而生的，也是上帝的兒女了。

　　清楚了亞伯拉罕這一層的邏輯後，我們要追問的是，成為上帝的兒子的目的是甚麼？羅馬書四章 13 節寫道：「因為上帝給亞伯拉罕和他後裔（spermati）承受（klēronomon）世界的應許不是藉著律法，而是藉著信而得的義（dikaiosynēs pisteōs）。」在此，保羅把上帝賜地為業給亞伯拉罕的應許改成了「世界」。

　　「信而得的義」裡頭的「而得」二字是基於一個假設，即因信稱義，或因信而算為義。但我們先前已用不少篇幅論述道，首先，信也可譯為信實，而信實和義是一體的兩面，誠如我們解釋羅馬書一章 17 節時所闡述的。基於這一點，這義是因信實而有的，其次，原文 dikaiosynēs pisteōs 也可以是同位屬格（genitive of apposition），義和信實互解，因此可說這信實是基於義而有，正如因為上帝是公義的，必會以信實待祂的子民。

　　於是保羅說：

　　所以，人作後嗣是出於信，因此就屬乎恩，以致應許保證歸給所有的後裔（spermati），不但歸給那屬於律法的，也歸給那效法亞伯拉罕之信的人。亞伯拉罕所信的是那叫死人復活、使無變為有的上帝，在這位上帝面前亞伯拉罕成為我們眾人的父，如經上所記：「我已經立你作多國之父。」（羅四 16～17）

就是說，給亞伯拉罕之應許中的「多國」，在極大的程度可以說是在保羅筆下轉成了「世界」。藉著前面所說的 dikaiosynēs pisteōs，亞伯拉罕所有按著應許而來的後裔就成為「承受」世界者。「承受」也就是「後嗣」，原文是同一個字的動詞和名詞。

我們解通了亞伯拉罕的後裔繼承產業（後嗣）的典範的意涵，指出這意涵如何在保羅筆下轉化為另一個新的典範，即因信實之義而生的後裔並他們所繼承的產業。我們要往下問的是：我們在這新的典範之下作後裔的，我們要繼承的產業（即得為後嗣的意涵）是甚麼？

以上所說「承受產業」、「承受世界」、「掌權」、「得永生」──這些對保羅而言，說的都是同一回事嗎？「承受產業」或成為後嗣，是按著兒子或說父子的類比說的；「承受世界」是按著上帝造這世界的心意，要交託人與祂同管同治此世界說的；「掌權」是按這世界落入罪和死亡的權勢（國），而今贖回這權勢（國）說的；「永生」是針對生命說的。所以，保羅使用了不同的類比和隱喻，要說的是那有別於今世今生，卻又本屬上帝起初便要賜與人類的。從以色列族而言，保羅既是猶太人，便從本族的角度出發，超越上帝單單揀選本族（以摩西律法為代表）的界限，推進至亞伯拉罕的揀選（先於律法），追溯至

生命本身，而聖靈就是那得此生命的憑據（林後一 22，五 5），
但這生命得完全（teleios，參林前十三 10）卻需要等到復活之後。

　　下一章我們將討論如何帶著此憑據活於此生過渡到那復活
的生命，至於仍在此生時該如何活？則是本書下半部要從新約
梳理出的重點。

/// **12**

承受上帝不朽壞的國

　　按上兩章所說，保羅最大關注的可以說是生命。我們曾這樣形容：約翰是正向的說生命，保羅則是從罪和死亡的權勢說生命。羅馬書八章 1～2 節說：「如今，那些在基督耶穌裏的人就不被定罪了。因為賜生命的聖靈的律，在基督耶穌裏從罪和死的律中把你釋放出來。」我們也曾指出，「末後的亞當成了賜生命的靈。」（林前十五 45）所以，人既不受定罪，就從罪的捆綁中得釋放了。

　　罪既帶來死亡，罪的解決也就解決了死亡的問題。在此，死亡是不是指肉體的死亡，或許讓人馬上聯想到的是亞當犯罪

後上帝的宣判：「只是知善惡的樹所出的，你不可吃，因為你吃它的日子必定死！」（創二 17）我們從創世記的敘述裡看到，亞當和夏娃確實是因違背了上帝的吩咐，便從伊甸裡被趕了出來，三章 24 節說：「耶和華上帝把那人趕出去，就在伊甸園東邊安設基路伯和發出火焰轉動的劍，把守生命樹的道路。」這一句話的含義是，人因此不再與生命連結。

經文上下皆無表示，亞當吃了知善惡樹的果子之後真的一命嗚呼。[1] 反之，他依然活著，只是不得再接近生命樹。我們無法確定作者全部的意思，不過，我們或許可以說，人這生命並非永恆的。或者說，相對於上帝之作為生命之源而言，人的生命之存亡不在乎自己，而在乎那賜生命的主。人若留在上帝的園子裡，[2] 繼續得吃生命樹的果子，非一吃便永活，而是持續取用，便可以活著。[3]

因為無論人吃不吃知善惡樹的果子，人依然不會永活，除非他能永續地吃生命樹的果子。吃生命，便得生命；這是很自然的邏輯。反之，則會死亡。耶穌說：「吃我肉、喝我血的人就有永生，並且在末日我要使他復活。」（約六 54）他說：「我就是從天上降下來生命的糧；人若吃這糧，必永遠活著。我為世人的生命所賜下的糧就是我的肉。」（約六 51）

　　再回到保羅的神學，誠如他所說：「死亡的毒刺就是罪，罪的權勢就是律法。」（林前十五 56）保羅解決死，也在於解決罪；解決罪，也在於解決律法。羅馬書第七章的經文最能反映這三者的關係。

　　這樣，我們要怎麼說呢？律法是罪嗎？絕對不是！但是，若不是藉著律法，我就不知何為罪；若不是律法說「不可貪心」，我就不知何為貪心。然而，罪趁著機會，藉著誡命，使各樣的貪心在我裏頭發動，因為沒有律法，罪是死的。以前沒有律法的時候，我是活的；但是誡命來到，罪活起來，我就死了。那本該叫人活的誡命反而叫我死。因為罪趁著機會，藉著誡命誘惑我，並且藉著誡命殺了我。（羅七7～11）

　　顯然，律法顯明罪為罪。因此，在律法之下，人被定罪。所以，保羅指出「加添了律法，使得過犯增加，」（羅五20a）然而，「罪必不能作你們的主，因你們不在律法之下，而是在恩典之下。」（羅六14）「只是罪在哪裏增加，恩典就在哪裏越發豐盛了。」（羅五20b）恩典之下，人得回原本上帝定意要給人的生命。這生命不在律法之下（雖然按舊約的闡釋，尤見箴言與詩篇），律法的本意也是叫遵行的人活在生命裡。子曰：「七

十從心所欲而不逾矩。」生命和自由似乎相映成輝。[4]

不朽壞的生命

我曾在先前的章節問道,人若不吃知善惡樹的果子,會不會不死?我相信生命樹的含義告訴我們,若離開生命的源頭,人肉身的生命必然會死。我們下一章將會看啟示錄的作者所提到的死和復活,此處且先繼續保羅這方面的討論。

保羅說:「弟兄們,我要告訴你們的是:血肉之軀不能承受上帝的國,必朽壞的也不能承受不朽壞的。」(林前十五50)就是說,我們必須經歷某種的轉變(transformation),在形體上有所改變。此處,保羅所說的上帝的國,似乎並非一種倫理意義的上帝國。誠如我們在本書第 11 章所歸納,保羅的神學語彙裡有權勢、產業、基業、永生,所指的都是同一個超越於今生血肉之軀的生命,就是邁向一個形質之轉變(transformed)、超越(transcended)和生命的整合(integrated)。

保羅說:「但是,不是屬靈的在先,而是屬血肉的在先,然後才是屬靈的。第一個人是出於地,是屬於塵土;第二個人是出於天。那屬塵土的怎樣,凡屬塵土的也都怎樣;屬天的怎樣,凡屬天的也都怎樣。就如我們既有屬塵土的形像,將來也

必有屬天的形像。」（林前十五 46～49）聖靈已經在我們生命裡「畫押」（esphragisthēte）作為我們的憑據（arrabōn，參弗一13～14；林後一 22；五 5）。**這聖靈在那些聽信了福音的人的生命裡，用比喻來說，其作用就好像別種生物體如同病毒侵入，然後在我們裡面寄生、共生，直至長成其生命型態。過程中，我們本來的生命依然存在，卻同時有所應許要成全的新生命體逐漸形成。**兩者共生，直到那舊形體被新形體取代。這新形體就是保羅所說的「屬靈的」、「屬天的」。保羅有時候也會說是屬基督的，也就是「第二個人」、末後的亞當。記得我們以上曾引述：「末後的亞當」乃是「賜生命的靈」（林前十五 45）。

所謂屬靈的，不是指二元論之下與身體對立的靈，而是指先存在的「有靈的活人（nepeš ḥayyā）」（創二 7），「有生命的人」（psychēn zōsan）（林前十五 45a）。無論是創世記裡的希伯來文的原意，或哥林多前書裡希臘文的原意，都是把身心作為整體看待。同樣的，耶穌的復活所展示的，也不是無軀體的靈魂，而是一整全的生命，只是形態上超越了原本肉身的限制，但卻有具備先前肉身的功能，比如說能吃喝，卻又神奇地不受時空所限。

所以，原先之肉身和復活後的身體，後者之於前者是既延

續而又超越。保羅對生命既期待一種修復（katartisin，林後十三9），那是以創世記的原初創造為藍本的，又有一個朝向未來之成全（teleios）的願景，終必實現。這生命以復活的基督為樣版的生命。這樣的生命除了出現在上引哥林多前書十五章的闡釋外，也出現在哥林多後書五章裡：

> 因為我們知道，我們這地上的帳篷若拆毀了，我們將有上帝所造的居所，不是人手所造的，而是在天上永存的。我們在這帳篷裏嘆息，渴望得到那從天上來的居所，好像穿上衣服；倘若脫下也不至於赤身了。其實，我們在這帳篷裏的人勞苦嘆息，並不是願意脫下地上的帳篷，而是願意穿上天上的居所，好使這必死的被生命吞滅了。那為我們安排這事的是上帝，他賜給我們聖靈作憑據。（五1～5）

保羅在同一段文字裡先是交織帳篷和居所兩種意象，後換喻以脫下穿上（換衣服的意象）來說明這種新舊形體或新舊生命交織替換的情形。所謂必死的，便是先前的亞當，就是本來會老死的那一個「有靈的活人」。但那藉聖靈作為憑據的新生命，卻如新生命體衝破了舊軀殼，那就是將來復活的生命。**換句話說，這復活的生命，不全然是將來才突然出現，而是藉著聖靈已經在這現存的生命中活著了。**既存在於現存的生命之中，更

要延續至永永遠遠。我這裡說永永遠遠，指的是對比於今世這
與先前的亞當並墮落後屬這世界的亞當，與這世界同樣要被更
新，進入那在本質上超越的水平或向度或境界（dimension）者。
這就是新約所謂的永生。這樣的境界，既是保羅的終末願景，
也是啟示錄作者約翰的願景。[5]

/// 13

啟示錄願景下的生命：
新耶路撒冷、新天新地與火湖

眾所皆知，啟示錄是寫於第一世紀羅馬帝國威權下，以小亞細亞的七間教會為象徵，說明跟隨基督者——被殺的羔羊的門徒，如何在面對殉道的威脅之下，堅守信仰、忠信基督。

可是，帝國式的威權豈止在第一世紀的羅馬帝國才出現？而是更早已在啟示錄文脈中所借喻引述的埃及、巴比倫、希臘等帝國，在歷代中耀武揚威。事實上，它從未消失，只是在我們今天所存活的廿世紀，全球化的時代裡，它以經濟強權、金融帝國的型態出現。啟示錄以一龍、一海獸和一地獸來象徵帝國並和它聯盟的集團、甚至個別的人物。除了以上所示歷史上

各大帝國，今天所有跨境跨國的州際超級力量，跨國商業集團的不夜天式的交易，強國式的專橫，叫萬國萬民都向它跪拜，心甘情願刻上獸印，死心塌地作它的追隨者（啟十三 7～8）。

二獸皆得權自那龍。從海裡上來的獸，正是象徵著一切邪惡顛覆的力量，能吞滅人。牠有地上來的獸替牠工作，為牠宣傳，是引人來向它下拜的具體力量。這地上來的獸「牠有兩個角如同羔羊，說話好像龍。牠在第一隻獸面前施行第一隻獸所有的權柄，並且使地和住在地上的人拜那致命傷被醫好了的第一隻獸。」（啟十三 11～12）從形象上而言，牠有羊的角，但牠只是像羊而已，卻不是羊。「牠又使眾人，無論大小、貧富，自主的、為奴的，都在右手上，或是在額上，打一個印記；這樣，除了那有印記，有獸的名或有獸名數字的，都不得買或賣。」（啟十三 16～17）

正如當年羅馬帝國集政治與經濟大權於一身，今天政治與經濟依然是那擄掠人的、屬世的終極力量。市場經濟完全掛帥的區域裡，或是寡頭政治主導下的經濟，其實一裡一表，終歸究竟，仍然是一極權的政經體制。**我們甚至可以說，工業革命以來進一步跨入了技術時代（technological society）。**[1] **這些體制、國家機器、企業制度，全以榨取人的生命為目的（在額上**

打上印），用完即棄。就是當人完全沒有利用價值後，如「老弱殘兵」，便視之為經濟體的負擔，政治體制的阻礙，棄之不及。

在啟示錄神學批判的素描下，我們看見，這世界像是給了生命許多應許，其實把人當奴隸般利用。其中屢見不鮮的是職場中的爭權奪力，排斥異己、扶植自己的人馬以鞏固或爭取自己的地位。然而更為徹底的是，無論是誰當上總經理，總是被用之人。黨派之爭，政經兩個方塊，難分軒輊，更常是老根盤結。啟示錄十七和十八章以淫婦比喻大巴比倫，這淫婦的形象是穿金帶銀、珠光寶氣，而且她騎著一隻象徵帝國的獸，表徵地上的君王與她行淫，而且商家也因她的奢華而發財。正是一幅政經、官商勾結的情景。可是，凡因這大淫婦以及那象徵君王和假先知的地上來的獸的宣傳，而信了那海上來的獸者，就是跟隨那龍的。他們的手上或額上都必印上了印記，把生命的主權交給了龍與獸（啟十三）。既把生命的主權交了出去，便作了為奴的，難怪啟示錄的作者以埃及為喻。

的確，活在這世界之下，人不過是奴隸，沒有真正的生命。惟有追隨羔羊者有生命，雖然他們肉身的生命可能受到威脅、或不受這世界的青睞與掌聲。但若他們能勝過這世界，便有「上帝樂園中生命樹的果子賜給他吃」（啟二7）、「不受第二

次死的害」（啟二 11）、得著「隱藏的嗎哪」和「白石」和「新名」（啟二 17）、得著「權柄制伏列國」（啟二 26）、名字寫在生命冊上，「身穿白衣」與主同行（啟三 4）、「在我上帝的殿中作柱子」（啟三 12），並且在主的寶座上與他同坐（啟三 21）。這些都是應許，是基於呼召的應許。

綜觀以上這些向啟示錄七個教會所宣告的應許，可以歸納出兩個重點：生命（啟二 7，11，17；三 4）與權柄（啟二 17；三 12，21）。從「生命」來說，死亡不再成為威脅，不是保羅筆下那種因違背律法引致的罪的含義下的死亡——而是面對殺身之禍、為信仰失去生命的威脅。從「權柄」來說，跟隨基督的人，就脫離龍與獸的權勢，這必須出於跟隨者憑著一顆智慧的心（啟十七 9）做出的抉擇。

啟示錄裡關於生命的言說，正是在逼迫下的信徒面對生命威脅時最大的安慰；也是被邊緣化的群體所需要的保障。作者引導他的讀者看到那終末的盼望：「他們在上帝寶座前，晝夜在他殿中事奉他。那坐在寶座上的要用帳幕覆庇他們。他們不再飢、不再渴；日頭和炎熱，也不傷害他們，（比較賽六十 19～20）因為寶座中的羔羊必牧養他們（比較賽四十 11），[2] 領他們到生命水的泉源；上帝也必擦去他們一切的眼淚，」（啟七 15～

17；另見啟廿一 4a）「不再有死亡，也不再有悲哀、哭號、疼痛，因為以前的事都過去了。」（啟廿一 4b）因為龍與獸，即世上任何權勢，並不握有生命最終生死權。惟有那位擁有生命冊的主才有權決定我們生命的終極去向。誠如馬太說：「那殺人身體但不能滅人靈魂的，不要怕他們；惟有那能在地獄裏毀滅身體和靈魂的，才要怕他。」（太十 28）不但對第一世紀聆聽啟示錄聖言的信仰群體是如此，對今天活在極權政治之下或市場經濟掛帥的社會裡被非人化的群體也是如此。

誠如作者約翰指出：

我又看見那獸和地上的君王，和他們的軍隊都聚集，要與白馬騎士和他的軍隊作戰。那獸被擒拿了；那在獸面前曾行奇事、迷惑了接受獸的印記和拜獸像的人的假先知，也與獸同被擒拿。他們兩個就活生生地被扔進燒著硫磺的火湖（*tēn limnēn tou pyros*）裏，其餘的人被白馬騎士口中吐出來的劍殺了；所有的飛鳥都吃飽了他們的肉。（啟十九19〜21）

這些非人化的力量，就如經文所示之獸以及與牠狼狽為奸的君王和大軍，至終必不存在，因為他們必全被拋進火湖裡。

凡向這獸及牠所表彰的權勢下拜的，都是拜偶像。

　　這火湖的意象源自舊約的欣嫩子谷，在以色列王國時期，尤見亞哈斯（代下廿八 3）和瑪拿西（代下卅三 5～6），用火焚燒或讓兒女經火以敬拜巴力。後來欣嫩子谷則成為廢物的焚燒場，其火終夜不止。火湖的意象源自於此。在舊約裡，硫磺和火也帶有刑罰審判之意（創十九 24）。[3] 稍後我們討論地獄的觀念時再進一步補充相關議題。以上簡而言之，便是說這些威脅著初代小亞細亞七教會的權勢必不永遠囂張，因基督和屬他的軍隊必戰勝牠們。

勝過權勢也勝過死亡 —— 死亡之消滅

　　以上已經論到跟隨羔羊的群體，必「不再有死亡，也不再有悲哀、哭號、痛苦，」（啟廿一 4b）我們看到第七章描述一班從「各邦國、各支派、各民族、各語言來的，」（啟七 9）、穿白衣的人，其潔白衣服是用羔羊的血潔淨的，這正是耶穌基督所救贖的子民，也就是屬羔羊的群體。為何不再受死亡、痛苦、悲哀的威脅呢？

　　基督從「死裡復活」以後，便「戰勝死亡」了。而且那些屬他的人，既與他同死、同埋葬，且同復活，誠如保羅所說：

「我們若與他合一，經歷與他一樣的死，也將經歷與他一樣的復活。」（羅六5）我們可以說那是第一次的復活。經文說：「在頭一次復活有分的有福了，聖潔了！第二次的死在他們身上沒有權柄，但他們要作上帝和基督的祭司，也要與基督一同作王一千年。」（啟廿6）就是說，保羅所說與基督同復活，就是啟示錄所說的第一次復活。只不過，那些沒有經歷第一次復活的，就會有第二次的死。

我們如何解釋第二次的死呢？經文形容「火湖就是第二次的死。」（廿14b）先說火湖。啟示錄共五次提到火湖。經文提到：「那獸被擒拿了；那在獸面前曾行奇事、迷惑了接受獸的印記和拜獸像的人的假先知，也與獸同被擒拿。他們兩個就活生生地被扔進燒著硫磺的火湖裏。」（啟十九20）這兩個應該就是十三章所指的海獸和地獸。但廿章又提到：「那迷惑他們的魔鬼被扔進硫磺的火湖裏，就是那獸和假先知所在的地方，他們會晝夜受折磨，直到永永遠遠。」（啟廿10）這魔鬼也就是啟示錄十二章所提的龍。

至於第二次的死，作者提到，那些在第一次復活有分的，就不必經歷第二次的死（參考啟二11）。反之，「凡名字沒有記在生命冊上的人，就被扔進火湖裏。」（啟廿15）這和廿一章8

節所指「至於膽怯的、不信的、可憎的、殺人的、淫亂的、行邪術的、拜偶像的和一切說謊話的人」或許有相同，他們的結局是「將在燒著硫磺的火湖裏有分。」（啟廿一8）「若有人拜那隻獸和獸像，在額上或在手上受了印記，他也必喝上帝烈怒的酒；這酒是斟在上帝憤怒的杯中的純酒。他要在聖天使和羔羊面前，在火與硫磺之中受痛苦。」（啟十四9～10）這也被稱為「第二次的死」（啟廿一8）。

這就是指那些沒有經歷第一次復活的。這含義是，那些跟隨基督者，身上或額上既沒有獸像（啟廿4），名字也記在生命冊上，他們活在永恆生命裡 [4]——即不隨今世價值，以上帝國之意義為指引，不懼怕那受龍與獸所定義的世界權勢所左右的生命境界。

因此，若真正明白我們這在基督裡的生命，便更明白所說的新耶路撒冷城裡的生命河的隱喻（啟廿二1～2）。在這樣的生命境界裡，死亡不再存在。所以作者約翰說：「死亡和陰間也被扔在火湖裏。」（啟廿14a）這表示，死亡已失去其威力和權勢，人不再需要懼怕死亡。因此，生命之主題，回應著創世記裡「你吃的日子必定死」的宣判。人類死亡的咒詛，終得到解決。更有意思的是，連「死亡和陰間也被扔進火湖裏，這火湖就是第

二次的死。」（廿14）

其實，大前題是得生命者的名字在生命冊裡，相反的，不在生命冊裡的人的遭遇或終局，那理所當然就是在火湖裡。我們既知火湖意象取自欣嫩子谷中日日夜夜焚燒一切廢物的情境，那就不一定是指一實質存在之處。我們在本書這上半部一再說明一種有別於此世此生的生命境界，意即寓居此世而不屬此世——畢竟神國倫理必須今生今世方能踐行，才能說得通。正是因為活在這世上，神國倫理得以實現，並且也因為有不合神國的權勢國度和事的存在，才顯得出那活出神國的形態樣貌。

不過，這些不合神國的一切，比如由一龍二獸所象徵的帝國般的權勢、今日各樣超越地域、跨國的金融集團，以及各樣宣傳（propaganda）、⁵駕馭人、非人化的力量，一切軟硬方式、眼目情慾、消費物慾、美名佳譽中的人格交換出賣與輸送。其實這一切，離不開撒但在曠野所出的伎倆。這一切，在一龍二獸都被丟進火湖後，便不再能誘惑人、奴役人。

世上的政權，愈是獨裁，也是盡收編各界人馬為首要工作。收編之手段不外如說謊者之父——撒但一樣，或以眼目的情慾、肉體的情慾誘惑，或以金錢、利益和權力的好處使他

們上鉤，投其所好，使他們上鉤，然後把他們套牢之後，才加以抓住作為要脅的把柄。這些人便可用來做那為政權、這獸服務的宣傳的操盤手。然後，這些獸的差役，便全心全意地為這政權炒作大外宣、大內宣，以謊言鞏固政權、粉刷帝王肖像。不願被收編者，拒絕被統戰者，不願相信謊話連篇的宣傳者，便成為被政權消音滅聲的人，更嚴重的要面對更多、更大的壓迫、喪失人身自由和各樣的權利，甚至失去性命。

然而，正是在今生今世裡，當這一切仍存在時，跟隨羔羊者要堅守所信，意思是要蒙救贖得了釋放，學效基督而活出神國價值。不但是面對引誘時、懼怕時，還是被逼迫、無路可走時，正是因為活在今生今世裡，才能活出這與一龍二獸之國相對的價值，堅持不受獸印。這是生命實存必然的張力。可是，若非此張力，羔羊不必被殺，追隨羔羊這話更無從說起。正是因為面對著嚴峻的威脅，「那殺人身體但不能滅人靈魂的，不要怕他們；」（太十 28）這一句話才更顯得真實。

不過，不論我們怎麼讀，聖經所描繪的權勢並不都在外頭，而是運行在我們裡面的一般力量。難怪保羅說：「那時，你們在過犯罪惡中生活，隨從今世的風俗，順服空中掌權者的領袖（ton archonta tēs exousias tou aeros），就是現今在悖逆的人心

中運行的邪靈（tou pneumatos tou nyn energountos en tois huiois tēs apeitheias）。」（弗二2）綜合保羅書信裡有關「肉體」的說法，我們知道能奴役我們的，不只從外面來，也在我們心裡頭。「那時」，有時不一定離我們那麼遠，彷彿昨日，彷彿依然如往日的惡夢幢影追來，或許更是我們仍依戀的老壞習慣。

　　若把龍的權勢都說成是外來的，把問題都怪在魔鬼撒但（牠就是那龍）身上，也就過度把意象化的意思讀成實意了。這不是說魔鬼撒但是善的，而是要把人格化的撒但和此字原本的意思分別出來。耶穌豈不也曾斥責彼得：「撒但，退到我後邊去！你是我的絆腳石，因為你不體會上帝的心意，而是體會人的意思。」（太十六23；比較可八33）難道彼得是撒但嗎？沒有人會這樣認為。難道耶穌看見彼得內心的一個鬼影（魔鬼藏身在彼得的心靈裡）？這樣也是過於離奇的閱讀。事實上，經文已經給了我們最好的釋義——不體會上帝的心意。和合本說「不體貼」，意思也很好。無論如何，反映的就是與上帝的心意相違背。這解釋也正是撒但一字的原意。

　　本來撒但原非實體，並沒有具體「人格」。牠的人格化（personified）是波斯時期天體文學下的產物。榮格詳細說明這人格化的過程。[6]事實上，人格化的撒但，是在兩約期間才逐漸明

顯的。比如說約伯記一至二章描寫到出現在天庭中的撒但。學者們認為約伯記最前和最後的敘事部分，應該是後加的，反映的是波斯時期的思想。[7]

　　無論如何，這逐漸人格化的撒但，概念或真取自波斯，但整體來看，或許是一個正確的作法。這人格化讓撒但這一個反對上帝的種種思想和心意的概念，變為具有主體性。不但新約保羅的作品（如以弗所書）更以這一種語言為一個「運行在世界和人心裡的邪惡力量」命名為「空中掌權者的領袖」，又稱之為「現今在悖逆的人心中運行的邪靈」。它有助於捕捉一種寓居、滲透、運行於各系統、組織、集團裡的一個力量，既像集體意識，又像是一種更獨立的人格力量主導和影響著各人。它也有助於說明在個人生命裡和周遭情境中，一種無以名狀、彷彿外在於人，但卻又籠罩、導引、牽制著人的心靈的力量。

海與玻璃海

　　但正如新約其他段落一樣，啟示錄的描述也是交織著不同的意象。啟示錄第廿章裡談到死亡和陰間的結局，是在人面對白色大寶座的審判時，把死人交出來之後的事。廿一章 1 節說，「*海也不再有了。*」海是象徵著那顛覆上帝之創造的邪惡

力量，在創世記一章裡以混沌作為象徵，而後來舊約經文裡所提到的深淵，有時候也象徵這力量。新約延續著這含義的象徵便是海。所以我們也可以說，除了死亡及陰間以外，那以海象徵的邪惡力量也籠罩著、奴役著人。但啟示錄的作者宣告說：海也不再有了──他創意式的以海為喻，以轉喻的文學技巧，改變了海的意義。他說，他看見「寶座前有一個如同水晶的玻璃海。」（啟四6）這波璃海雖稱為海，卻不是海。或說在創造主之手，那邪惡的海也被改造了，轉化了。他說：「我看見彷彿有攙雜火的玻璃海；又看見那些勝了那獸和獸像，以及牠名字的數字的人，都站在玻璃海上，拿著上帝的豎琴。」（啟十五2）這裡彷彿是說，那些屬基督的，名字被記錄在羔羊生命冊上的，也就是靠基督而勝過獸和獸像的那些信徒；他們的生命經過試煉而得到煉淨的（火的意象），如今他們站在這如同水晶的玟璃海上，不再受那邪惡的海所影響。我們也可以說，攙雜著玻璃海的火是攻擊（所以也是試煉），但卻不會傷害到這些跟隨羔羊的信徒。他們就像但以理一樣在火中卻沒有被火燒死、燒傷。

我們可以說，第四章和第廿章的寶座是前後呼應的：玻璃海將取代那以後不會再有的海。海代表混亂和邪惡，玻璃海卻

代表上帝的同在和榮耀。事實上，這和保羅所說的是呼應的，他說：「再後，終結到了，那時基督既將一切執政的、掌權的、有權能的都毀滅了，就把國交給父上帝。因為基督必須掌權，等上帝把一切仇敵都放在他的腳下。他要毀滅的最後仇敵就是死亡。」（林前十五 24～26）不但是死亡會被消滅，邪惡亦然！

臨在世上的聖城

　　對於啟示錄的閱讀，有一種過於把焦點放在等候主的再來，將來得永生，進入新天新地的詮釋。這樣，便看不見經文如何幫助信徒面對當下人生中非人化力量的威脅，也感受不到經文所言其實關乎今世。新天新地的終末盼望既是天地更新的完美實現，更新的工作卻已在我們裡面，並透過教會如種子般發芽成長（如耶穌的比喻所曉示，另參羅八 23）。同樣的，新耶路撒冷的降臨並非等到世界終曲的最後一刻才出現，而是藉著耶穌的受死復活並聖靈降臨、門徒受感被差遣，實現上帝國的過程一再展現，如同建築工程般立了根基、建起城牆，持續建造起來，如靈宮、靈城。這新耶路撒冷有上帝的光和羔羊的燈照耀，叫人看見真光。意思是：上帝的子民成為上帝的見證，見證祂的信實。

所以說，生命的意象不是啟示錄所唯一關注的，光、榮耀、殿也是啟示錄的主題。啟廿一章22～26節寫道：

> 我沒有看見城內有殿，因主－全能者上帝和羔羊就是城的殿。那城內不用日月光照，因為有上帝的榮耀光照，又有羔羊為城的燈。列國要藉著城的光行走；地上的君王要把自己的榮耀帶給那城。城門白晝總不關閉，在那裏沒有黑夜。人要將列國的榮耀尊貴帶給那城。

光和榮耀的意象是交織的。殿反映著舊約的會幕和聖殿，但如今上帝和羔羊就是殿，上帝榮耀的光加上羔羊的燈照耀在殿裡。從外在實體的概念而言，殿在城裡頭；如果我們以聖城新耶路撒冷作為上帝子民之象徵的話，等於是說，上帝和羔羊正是那照耀著上帝子民的光。

在聖殿、光和榮耀等意象之外，貫穿於全卷的是坐在寶座上的羔羊掌權的意思。羊和寶座兩種意象，看起來有些突兀和滑稽，但那真是對於帝國權勢的嘲諷，也是一種顛覆的相反意象。這羊是被殺的羔羊，是軟弱與無能（抵抗）的象徵。然而，基督的國和他的子民所見證的正是這樣的生命情操。他們同作王一千年。[8] 所謂千年，簡單來說，是十乘十再乘以十的數目。十

和七和四一樣，各代表著某種的完全、完整、全部之意。啟示錄二至三章所列小亞細亞的七間教會代表的整個教會（從古至今普世的教會）、寶座前的七靈即上帝的靈，以此類推。遭受苦難十日（啟二10），指的是一整長段的時期，不過若要指更長的時間可以用七年、十年，以此類推。

故此，那些與基督一同作王一千年的，就是對比於永永遠遠的一個紀元。永永遠遠指的另一個紀元，一個不以時間為衡量標準的紀元。反之，千年雖長，是一個在今世與永恆交織的「時段」，對於這個「時段」，約翰要強調的是基督的治權的實現。這實現，所呈現的型態乃是「已然而未然」。千年之「末」，代表完成與完全的實現，千年之始，象徵著其開始。

我們的生命，即跟隨羔羊者的生命，不需要再懼怕一龍二獸。故此，要忠心作見證，而見證，是活在這世上的時候作的。

將宰的羊

今天，這將宰的羊的意象仍然活現於當代社會，包括香港。香港九七回歸，至二〇四七年以前本應如《中英聯合聲明》中所承諾的「五十年不變」。事實證明，這個承諾已從骨子裡腐蝕，中華人民共和國政府共產黨也無所不用其極從香港政府核

心至學術機構，一一進行滲透和改造的工程，盡其收編和統戰之能。這叫人不得不相信，這一切本就是訂定聲明之前的中方的真正議程。或許各方都有自己一廂情願的估計，以為五十年不變，只是口頭上說來好聽。說真的，有甚麼人事物是五十年不變的？一切只要漸漸改變，日子來臨，便沒有甚麼掙扎之痛了——無論是變得愈來愈開放和民主，還是更像主權國掌權者所想要的。

這一切的想像，把社會和歷史變數中作為主體的人忽視了，或說輕看了人主體性精神的發揮。二〇一三年初，香港大學法律系戴耀廷提出「佔領中環」之建議，以佔領中環作為公民抗命的策略。[9] 他在 1 月 16 日投稿信報，以《公民抗命的最大殺傷力武器》為題，鼓勵市民及民間領袖以事先張揚的形式實行違法、非暴力的佔領中環行為。[10] 他提出「公民抗命、佔領中環、爭取普選」這句話。他解釋道：「佔中」用以爭取在香港落實真普選的方法是非暴力的抗爭行動，透過萬人堵中環的要道，對社會秩序做成一定程度的擾亂，向特區及北京政府施加壓力，令他們接受特首的普選辦法得符合國際社會對普及和平等選舉的要求。[11]

戴氏很清楚「佔中」所涉及的行動，「不獨是非暴力的行

動，更是公民抗命的行動。這與馬丁路德金所倡議的『公民抗命』非常相似，最大的特點是參與公民抗命行動的人會為違法的行為承擔罪責。」[12] 結果，沒有料到這個建議竟然演變為事實，終於促成後來共七十九天的和平佔領活動，一時之間為香港民主精神注入一劑強心針，位於香港金鐘的政府總部外廓，呈現出一片現代烏托邦的守望互助的面貌。

可是這股精神也默默地在這片回歸後的土壤燃燒，彷彿預備著那更深的黑夜來到。2017 年 3 月，林鄭月娥獲選上臺成為第五任香港特首，急欲立功的她，竟於 2019 年硬推「送中」條例，引發了一百萬、二百萬的「反送中」大遊行。雖然後來的《送中條例》已從暫緩到擱置，但逆權運動演變甚巨。大半年下來，社會撕裂未算大事，運動過程中警權過大、濫補和過度使用武力，已為國際社會共同指責。每天每週的相關報導，令人悲憤，罄竹難書。可是，那早已成為中央政府的傀儡的港府，對國際譴責的聲音一概以傲慢的態度把它當作耳邊風不予理會，爾今圍捕之舉已展開。七月一日開始，港版國安法正式生效，議員先後被補，新聞媒體被限制，蘋果日報報社、壹週刊創辦人被捕，還有那些參與逆權運動的年輕人不少也在逃難之中，害怕在國安法下被捉而送往中國大陸。

　　這一幕幕，彷彿早在啟示錄中預演了。那一龍二獸威權發作，如熊似狼毫不留情捕殺所有反對牠們的人。那些人，就像待宰的羔羊，毫無抵抗之力。可是，啟示錄的作者所宣告的國，就是那些在羔羊的生命冊上有名字的人，他們與他與同掌王權。他們的國不是這世上的國，雖然他們活在這世上仍被空中掌權者的靈所影響和牽動，但他們所作的若是憑著所領受的行公義、好憐憫的使命，為著真相，為著大眾的生命尊嚴和自由而努力，便已在他的國裡。**他或她不是因為沒有軟弱、或沒有罪而成為上帝國的國民，因這義已藉基督披戴在他們身上。他們不一定是佔中三子一般的人物，也未必是社會上有影響力的人物。這些人物可以包括那些自殺的、被自殺的小人物、年輕人。**

Part 2

　　除了本書第 1 章提到馬太福音和第 13 章的啟示錄，我們穿梭過路加、約翰和保羅，過程中我們帶著一個提問：按這些新約文品的寫作背景，到底得救、天國、上帝的國、永生、生命是甚麼意思？我們也因此認識這些觀念相通之處。或許可以說，這些觀念或用語，全部旨在描述一個延續卻有超越和有別於今世今生的現實或實在（reality）。其實，天國、永生、得救三者各建立在三個不同的隱喻上，其根源隱喻分別是國度、生命、救贖，所以其關係並非甲隱喻等於乙隱喻或等於丙隱喻，而是甲、乙、丙三個隱喻所指向的，皆說明著同一個「實在」。

　　我們在啟程時，將我們目的地的座標定為：新約的教訓。最重要的一個信息是：「只有這一生」。所以，以上各章的梳理，目的是要走向這個結論。

　　但在我們可以達致這個結論之前，我們還有一層功夫要做。若先前所做的乃是從新約背景正向指出「得救、天國」等意義是甚麼？接下來要提問和回答的是：在甚麼情況之下，人無法得著這一切？這樣的反向提問，能進一步讀出相關經文所指的「不能得救、不能進天國、不能承受上帝的國、沒有永生、失去生命甚至地獄」等等警告，到底有甚麼目的？如我在前言中所說，我的結論──只有這一生，其實也是我的命題。

　　以下我們即將帶出新約內容中的相關警告，我們應該毫無意外地會達致這個結論。

///14

再論火湖、陰間和地獄

　　我們在前面討論啟示錄的時候，已經解釋過火湖的意思。除了啟示錄，新約裡最多提到有如火湖意象的是馬太福音，比如火爐（*ēn kaminon tou pyros*，太十三 42，50）、地獄的火（*tēn geennan tou pyros*，太五 22，十八 9）、永火（*to pyr to aiōnion*，太十八 8，廿五 41），共觀福音的另兩卷也稍有提及，如馬可福音九章 43～49 節所提地獄和不滅的火。路加福音十六章形容財主死後在陰間的火焰裡，十七章 29 節提到從天降下來的火和硫磺。基本上，三卷福音書在這方面沒甚麼分別。不過約翰福音則連一次都沒有提到相關的字眼，連這方面的觀念也欠缺。加以留心的話，耳熟能詳的金句三章 16 節裡的「不至滅亡」的「滅

亡」一詞，卻一再出現。這我們留到下一章討論。既然共觀福音中相關字眼含義相近，我們就只集中於馬太福音。

在馬太福音中，永火、永刑、火爐等字眼，除了出現於五至七章和廿三至廿五章的對仗段落中，前者是進入天國的條件，後者說明為何進不了天國；此外，相似字眼也出現在最中間的部分，[1] 並第十八章，再次反映出馬太福音裡的對仗結構。此處我會以火爐、地獄的火、永火為焦點。

罵弟兄姊妹的必遭地獄之火

到底馬太福音裡的「火爐」等相關意象所指是甚麼？事實上，含有這些字眼的所有句子，都出現在耶穌的講論裡頭。讓我就以其第一個出處開始吧！耶穌說：「但是我告訴你們：凡向弟兄動怒的，必須受審判；凡罵弟兄是廢物的，必須受議會的審判；凡罵弟兄是白癡的，必須遭受地獄的火。」（太五 22）為何只是罵弟兄是廢物和白癡，便要遭受地獄之火？這必須透過馬太福音的語境來理解。同樣，「信耶穌得永生，不信耶穌下地獄」這話抽離了整個信仰的內涵，便失去了其意義。如果下地獄是那麼樣的兒戲，那麼不需要經過仔細的審判過程嗎？事實是，這句話之前，耶穌引的十誡裡的話是：「你們聽過有對古人

說：『不可殺人』；『凡殺人的，必須受審判。』但是我告訴你們：凡向弟兄動怒的，必須受審判。」（太五 21～22a）意思是，咒詛人的，也就等於殺人了。整句話再前面，就是「你們的義若不勝過文士和法利賽人的義，絕不能進天國。」（太五 20）這樣說，門徒豈不比法利賽人更難進天國？以眼還眼，以牙還牙，以命償命，這是舊約的律法。「人若蓄意用詭計殺了他的鄰舍，就是逃到我的壇那裏，也當把他捉去處死。」（出二 14）「故意殺人的必被處死」，「報血仇者一遇見兇手就可以殺死他。」（參民卅五 15～21）新約的罪觀正是以舊約的律法為前題的。約翰說：「違背律法就是罪，」（約壹三 4）而保羅說：「罪的功價乃是死。」（羅六 23）所以，以上所引諸條罪的下場，按舊約的標準，便是死罪。新約作者明白這一點。不同之處是，他們從實際肉身的死推論到一種生命本質意義上的死。

再進一步說，不只殺人被治死，事實上，按申命記的說法，犯了姦淫也要被打死（申廿二 21，24）。論到姦淫，凡「凡看見婦女就動淫念的，這人心裏已經與她犯姦淫了。」（太五 28）怎麼辦呢？耶穌說：「寧可失去身體中的一部分，也不讓整個身體下地獄。」（五 30b）這裡，耶穌所說的地獄應該是指死亡，而在舊約裡，死去的人便去了陰間。

　　陰間是個怎樣的地方？僅引幾個例子便能明白。詩篇說：
「因為你必不將我的靈魂撇在陰間，也不叫你的聖者見朽壞。」
（詩十六 10；另見徒二 27）這裡所指的陰間，應該就是死亡。人
若死了，就與今世無緣了。換句話說，舊約對生命，看得非常
「今生」。傳道書這麼說：「凡你手所當做的事要盡力去做；因
為在你所必去的陰間（šeʾôl）沒有工作，沒有謀算，沒有知識，
也沒有智慧。」（傳九 10）既是如此，在陰間談敬畏上帝、談
信仰也都是虛的。所以詩人說：「耶和華啊，求你轉回搭救我，
因你的慈愛拯救我。因為死了的人不會記念你，在陰間有誰稱
謝你？」（詩六 4～5）所以，詩人所期望的，是上帝保守賜福
予他的人生。「因為，你向我發的慈愛是大的；你救了我的靈魂
（napši，比較創一「有靈的活人」原文是 nepeš ḥayyā）免入極深
的陰間。」（詩八六 13）故此，「靈魂」應指生命，所以詩人所
求的就是叫他的生命不致於進入那無意義的、虛無的陰間；簡
單的說，就是叫他不要面對死亡。

　　回到耶穌的講論，當他說到下地獄或地獄的火時，到底是
甚麼意思呢？如章首所引，「地獄的火」裡的地獄，原是指欣嫩
子谷。我們已在本書第 13 章說明欣嫩子谷的意象取自舊約耶路
撒冷城日夜焚燒的廢物區。馬可福音十八章 48 節裡的形容更是

繪聲繪影:「在那裏,蟲是不死的,火是不滅的。」這個意象不無廢物火焚區的畫面。若真有地獄,難道真的有蟲嗎?這些蟲怎能在火裡生存呢?再如此按字面解釋下去,可能便會說:這是能活在火裡的地獄的蟲。然而,把它視之為文學手法所用的象徵,豈不更為容易解釋嗎?

這樣,耶穌的意思也是說咒罵弟兄姊妹是廢物、是白痴的,就會被送往欣嫩子谷之類的火焚區燒了,也就是滅亡了。簡單而言,就是死。死者,按舊約的理解,即去到陰間。換句話說,耶穌所說的,其基礎在於以牙還牙、以眼還眼、以命償命的法則,只是,他要教導的是「超越律法的愛」的律。馬太對耶穌在山上的講論,以上所引的皆緊隨於「你們的義若不勝過文士和法利賽人的義,絕不能進天國。」(太五 20)這一句先是論殺人,接著論姦淫。他的意思是,向弟兄姊妹懷恨的,就等於殺了他或她。同樣的,動淫念的,也等於犯了姦淫,等於是都必須死。

那麼,這樣與進不進天國有何關係呢?法利賽人的義,按這裡的意思,指的應該是守摩西的律法。怎樣才是勝過他們的義呢?是因為耶穌所要求門徒的,是比摩西律法更嚴格、更難遵守的義嗎?法利賽人雖守足了律法,卻忘了上帝的心意是憐

恤（參太十二 7），[2] 所以，憐恤人是延續，也是效法上帝的義。上帝的義——憐恤乃是天國的核心價值，即天國的律法——天國倫理。耶穌說：誡命的總綱是愛上帝和愛人如己。憐恤就是愛，成全了愛，就踐行了義，不也就活在天國裡了嗎？

如此理解耶穌的講論，往下馬太福音的其他相關講論，即有關火爐的字眼，便可以迎刃而解了。

/// 15

把雜草
丟進火爐裡燒了

　　接下來要研究的經文是出現於中段的「雜草的比喻」（「雜草」和合本原譯作「稗子」）。**話說耶穌又設個比喻對門徒說：「天國好比人撒好種在田裏，在人睡覺的時候，他的仇敵來，把雜草撒在麥子裏就走了。到長苗吐穗的時候，雜草也顯出來。」（太十三 24～26）**這問題就是，好種和雜草長在一起，如何區分呢？再說，這天國是在哪裡呢？

　　當然，比喻既為比喻，重點在於「好比」。比喻讓我們思考的正是好種與雜草並生，天國若在今生今世，若是天國倫理的實踐，就必然有好種、也有雜草。比喻所教導的是一種實實在

在的態度，而非視若無睹或忽略現實的理想主義，那就是容讓兩種植物一併存在。一切到了結束之時必有結果。因此，耶穌所提供的答案是：「正如把雜草拔出來用火焚燒，世代的終結也要如此。人子要差遣他的使者，把一切使人跌倒的（skandala）和作惡的從他國裏挑出來，丟在火爐裏，在那要哀哭切齒了。」（太十三 40～42）此處的焦點是「作惡的」。

比喻反映出一個現實。這個現實所指的是，在天國裡，也就是在天國的實踐現實裡，無可避免有「使人跌倒的和作惡的」，即那敵擋天國倫理的，使那屬此倫理的生命特質和好種無法名符其實地實踐出來。然而，天國的弔詭就是，正因為不義的要敵擋義的，才叫義的實踐名符其實是義的實現。正如你要愛那恨你的──愛若是天國倫理、恨若是使人跌倒的和作惡的──正是因為有這後者，才顯出前者為前者。不過，這些使人跌倒的和作惡的，將來都要被丟到火爐裡（比較啟廿一 8）。

不過，耶穌為甚麼要說這番話呢？是否又是針對法利賽人和文士呢？上下文是甚麼呢？到底哪些人是耶穌比喻中所影射的雜草呢？到底「世代的終結」來到，會如何呢？我們在同一段經文稍後讀到，到那時候，「天使要出來，把惡人從義人中分別出來，丟在火爐裏，在那裏要哀哭切齒了。」（太十三 49～50）

那麼，耶穌所指的惡人是誰呢？是誰使人跌倒呢？讓我們回到上下文尋找線索。

天國終末之收割

麥子和雜草的比喻，說的是天國存在於這世界的曖昧情境。[1] 人子（耶穌）在田裡撒下的是麥子，他的仇敵魔鬼卻在同一塊田地撒下雜草的種子。天國不會單獨存在。沒有這世界，就不會有天國。**天國的價值觀雖不屬於這世界，人卻活於這世界、面對這世界的價值體系的另類選擇。因魔鬼的工作，這世界的價值體系也處處壓擠著那些捉緊天國價值者。因此，雜草和麥子一起生長，甚至長得更快更茂盛。可是，人子才是這田真正的主人，他會在「世代的終結」時差他的使者來收成。**所謂的雜草，就是那些使人跌倒的（*skandala*）和作惡的，他們的結局就是被丟到火爐裡焚燒，並且要哀哭切齒。那時，至於義人要在他們父的國裡發出光來，像太陽一樣（太十三 40～43）。麥子指的就是義人（十三 49～50）。

本書前半部（Part 1）曾討論因耶穌所得的義，不過這裡是馬太福音裡的經文，所論的義當從耶穌的修辭中去理解。我們仍假設作者馬太重述耶穌所說的這些比喻時，目的也是勉勵那

些等候耶穌再來的信徒不要灰心。背後有個問題是：誰才是真正跟隨主的人？聖殿已被毀，為何堅持？誰又是壞人，誰又是好人？

這兩年，香港教會也面臨至少幾十年來前所未有的挑戰。在 2019 年的抗爭活動中發生了不少事，港人不會忘記 721、831 這些口號。那不是口號，那是曾經發生過的警察「被記錄花上三十九分鐘」才到達現場──至少三十九分鐘前一群有組織的白衣人衝入元朗地獄地鐵站裡，無差別襲擊站內的人，甚至衝進地鐵車廂內襲擊手無寸鐵者，是謂 721 元朗襲擊事件。然而，事過一年之後的 8 月 26 日，警方竟然以參與暴動罪逮捕香港民主黨的立法會議員許智峰及林卓廷，然而事發當天，他們事實上是以履行議員的職務去做調停的工作。代表警方發言的高級警司陳天柱竟然澄清說，當晚其實是十八分鐘便去到現場。這樣的「真相被修改」不是單獨的例子。

回顧那一些日子，教會有弟兄姊妹為著以下種種情形意見不合和撕裂：示威者破壞公物、堵塞馬路、破壞港鐵入口等等作法，以及警方過份使用武力，甚至開槍──從過去三十年來建立的市民警察的形象，演變為市民比擬於日據時代的皇軍──香港變成了「警察國家」（police state）。順服掌權者（懼

怕那佩劍的）（羅十三 1～7）與否，竟然成為基督徒裡「藍絲」和「黃絲」分野線的其中一個不明文的「真理」依據。

關於此段這圍繞於羅馬書的經文，自佔中運動以來的討論和詮釋泛見於網路，在此不贅。還有傳統華人教會一般所篤信的一種「政教分離」觀，使不少信徒仍誤以為不能論政，不能批判政府，或擔當監督政府的責任。再加以教會若視「傳福音、領人歸主、救人靈魂」為首要任務，首要責任不過是使人「因信稱義」，且稱之為泛保羅舊觀主義。稱之為泛舊觀，是要指出持此觀念者未必對於舊觀的根源（即馬丁路德的信仰經歷和他如何在十六世紀教會傳統桎梏下所悟出的羅馬書的真意）有所認識。此泛舊觀充其量對於保羅的詮釋只對了一半，也就是羅馬書裡那一層：世人都犯了罪、罪的功價乃是死、因耶穌罪得赦免的普世願景，但對於以色列民和外邦人的關係，則主要走向了取代論（supersessionism）的路線：新子民代替舊子民、恩典代替律法等等。至於舊約至新約背景下，以色列的歷史歷程下的復國意識、聖約子民的情結，則完全在泛舊觀的影響下被忽視了。這樣的信仰意識無法承載整個新的世代。當今的世代至少在思想文化上可汲取二戰以來對德國教會（無法扮演先知的角色）當年在納粹政權下的淪陷之後的反省，後現代至今對權力、

經濟霸權的批判作為養分。這樣，在新一代教育者的耕耘下，在世代更替中，教會可以從裡到外獲得思想上的更新。教會可以從裡到外獲得思想上的更新。若不然，舊體制下的教會，即使收成下的葡萄即使釀為新酒，新酒在舊皮袋裡，依然無用，而教會教依然無法為著整個世代邁向一個信仰的典範轉移的過程。羅馬書十三章和相關的政權分離教導的批判和再思，只是這些思想典範轉移的一部分。

是麥子還是雜草，自有分曉

我們不必再贅言多說。只想藉此說明「是麥子還是雜草之種」同在一塊田裡，起初看不出分別，但等到看清真偽時，誰是審判者證實「真的是真的，假的是假的」？耶穌指示的作法是，由得它吧！等收割時候，不但一切分曉，結局也已定。真正跟隨主的人，不必心懷不平，主必審判，只管回應主的呼召緊緊跟隨他。

以上說到的雜草，指的就是那些使人跌倒的（*skandala*）和作惡的，他們的結局就是被丟到火爐裡焚燒，並且要哀哭切齒。這兩句所提到惡人的結局，和啟示錄所展現的也極為相似，就是我們之前論及啟示錄的時候曾引述的：「至於膽怯的、

不信的、可憎的、殺人的、淫亂的、行邪術的、拜偶像的和一切說謊話的人，他們將在燒著硫磺的火湖裏有分；這是第二次的死。」（啟廿一8）

所謂「把雜草拔出來用火焚燒」，如經文所說，表達的正是「世代的終結」。這比喻正是以收割的意象來說明終結。相似的意象一樣出現在啟示錄。啟示錄十四章說：

我又觀看，看見有一片白雲，雲上坐著一位好像是人子的，頭上戴著金冠冕，手裏拿著鋒利的鐮刀。另有一位天使從聖所出來，向那坐在雲上的大聲喊著：「伸出你的鐮刀來收割吧，因為收割的時候已經到了，地上的莊稼已經熟透了。」於是那坐在雲上的把鐮刀向地上揮去，地上的莊稼就收割了。另有一位天使從天上的聖所出來，他也拿著鋒利的鐮刀。另有一位天使從祭壇出來，是有權柄管火的，向那拿著鋒利鐮刀的大聲喊著說：「伸出鋒利的鐮刀來，收取地上葡萄樹的果子，因為葡萄熟透了。」那天使就把鐮刀向地上揮去，收取了地上的葡萄，扔進上帝憤怒的大醡酒池裏。那醡酒池在城外被踐踏，有血從醡酒池裏流出來，漲到馬的嚼環那麼高，約有一千六百斯他迪那麼遠。（啟十四14～20）

啟示錄是作者約翰寫給第一世紀時受逼迫、面對信仰妥協與否的危機中的信徒。這一封長信，鼓勵跟隨的羔羊者不要放棄，因為當主再來的日子，必要審判那些逼迫者、追隨一龍二獸之人。上引經文以殉道者的血為意象，結合葡萄熟透、收成、釀酒的意象。釀出來的本該是酒，作者巧妙的換喻手法以血取代酒。流出來的血高至馬的嚼環，需要的是何其多的「葡萄血」，該要多少信徒（葡萄）的殉道（收成的莊稼）？

至於經文中「上帝憤怒的酒池」指的是甚麼呢？如果憤怒所指是審判，我們把文中所說的血了解為殉道者的血，便不甚合適。可是，在啟示錄裡，血若非指羔羊的血，便是指殉道者的血。受審判者的刑罰，雖包含被刀劍所殺（啟六 8），卻沒說流血。我認為譯為憤怒的原因在於視此段經文與審判有關。可是，原文 θυμός 可以純綷理解為強烈的情感，雖則可能有一種毀滅性的力量的含義，但不一定。所以視之為「強而有力的情感」則更符合上帝見祂子民受苦殉道而產生的情。2

至於那些跟隨一龍二獸的惡人的下場，我們於本書第 13 章已經闡釋了，在此不贅。總而言之，他們必被送進火湖，正如馬太說送入火爐一樣。不過，我們明白啟示錄裡一龍二獸象徵撒但在世上無形和有形的權勢，就如羅馬帝國和帝國的代表

者，以及那些為這些威權宣傳、藉這些威權作威作福者。逼迫跟隨羔羊的，正是這些人。這些跟隨一龍二獸者被丟入火湖，對因羔羊而被逼迫、被殺者而言，象徵含冤得雪。可是馬太福音文本中所暗示要被丟入火爐者又是誰呢？

按本章第一段所引經文（太三 14～26），被丟入火爐者是惡人。但誰是惡人呢？最直接的理解就是比喻中的雜草，即撒但所撒的種所結的撒但之子，是天國之子的相對者。以撒但的喻意而言（即不當作是一個有位格者），撒但是違抗上帝心意的意思。所以，比喻中與天國之子相對的，就是一班違抗上帝心意者，在世上行事為人不以天國之價值觀為原則，反而處處逼迫、引誘天國之子，要叫他們跌倒、遠離天國的事實。在馬太的敘事裡，誰是這樣的人呢？似乎不是我們想像中的壞人和罪人，但卻不排除也包括猶太人中間的宗教和政治權貴，以及馬太寫作那時代那些看似仍跟隨主，心卻已滿布雜草之種的人。那些雜草之種有可能除去嗎？誰讓麥種、誰讓雜草之種在自己生命裡成長呢？聽者要意會。

黑暗和哀哭切齒者──三個比喻中的宗教與政治權貴

我們既已指出那些使人跌倒的和作惡的要被丟入火爐裡。

我們還要進一步問：是誰叫人跌倒呢？我們嘗試在馬太福音的尾聲中，看是否能讀出一些端倪。

在馬太的敘事中，行程的最後一個階段是耶穌進入耶路撒冷，然後一連串的事發生：他潔淨聖殿，第二天早晨他咒詛無花果樹，然後馬太又說他再進入聖殿，那時祭司長和百姓的長老便前來質疑他的權柄。接下來是一組的比喻：兩個兒子、二園戶以及喜宴的比喻。

要明白最後一個比喻裡所提到「扔在外邊的黑暗裡」和「哀哭切齒」的含義，必須掌握耶穌這些比喻是對誰說的。前面說到「祭司長和百姓的長老」對耶穌的權柄「滿了質疑」，所以耶穌的比喻是針對他們說的。不過，從十三章末提到他的家鄉的人對他的拒絕，我們看見這拒絕的主題一直延續著。我們甚至可以借用約翰的話說：「他來到自己的地方，自己的人並不接納他。」（約一 11）

首先，耶穌用兩個兒子的比喻（不是路加福音那個浪子的比喻），指出他們就像小兒子一樣，表面相信，內心卻不聽從。結果耶穌就對他們說：「我實在告訴你們，稅吏和娼妓倒比你們先進上帝的國。因為約翰到你們這裏來指引你們走義路，你們

卻不信他，稅吏和娼妓倒信了他。你們看見了以後，還是不悔悟去信他。」（太廿一 31～32）這班宗教和社會領袖聽見耶穌拿稅吏和娼妓和他們比較，豈能不覺得被冒犯（關於冒犯：比較上文和下一章節的討論）──耶穌竟然稱許稅吏和娼妓這些罪人為「有信德者」（我們仍記得耶穌說：他來是召罪人，不是召義人），卻反過來指控他們為不信者。

第二個比喻是暗喻這班領袖是僕人，而耶穌自己則是主人差來的兒子。這主人當然就是上帝。僕人沒把葡萄園管理好，結果主人派兒子去，這班惡僕竟然把這兒子殺害了。於是耶穌又說：「上帝的國必從你們奪去，賜給那能結果子的民。」（太廿一 43）這些宗教和社會領袖，聽在耳裡，必定覺得十分逆耳。誠如我們在本書頭幾章所指出，耶穌時代的猶太人，不論是基進的奮銳黨一類、還是以篤守律法為準則的，都是一心一意想要上帝的國降臨。就是說，他們想要上帝為他們揚眉吐氣，成為一獨立和自治的民族，脫離羅馬的軛。這裡耶穌卻說要從他們那裡把上帝的國奪去。

第三個比喻是喜宴的比喻。宴客的王差他的僕人去邀請赴宴的人出席。結果，這些人不但不接受邀請，有的還把王的僕人殺了，有些或許是勉勉強強的來了，卻是輕輕率率，連赴宴

的基本禮貌也沒有（沒穿禮服）。於是「王進來見賓客，看到那裏有一個沒有穿禮服的，就對他說：『朋友，你到這裏來怎麼不穿禮服呢？』那人無言可答。於是王對侍從說：『捆起他的手腳，把他扔在外邊的黑暗裏；在那裏他要哀哭切齒了。』因為被召的人多，選上的人少。」（太廿二 11～14）沒有穿上禮服，象徵無心赴王的宴，那就與王的國無分了。

耶穌藉著比喻，等於指出祭司長和民間的長老乃不信之人，其次是他們將無分於上帝的國，再來是他們要被丟在黑暗裡，在那裡哀哭切齒。這三個比喻的對象是祭司長和民間的長老，就是那些和政權來往甚密的宗教和民事領袖。他們其實都是公會的代表（Sanhedrin）。公會另有些成員是法利賽人和撒都該人。

所以緊接著，我們看見法利賽人也出場了。以「該不該納稅給凱撒」來試探耶穌，還有他們的對頭撒都該人要問耶穌有沒有復活的事，而他們則向耶穌考問律法之最。耶穌回答說：「你要盡心、盡性、盡意愛主—你的上帝。這是最大的，且是第一條誡命。第二條也如此，就是要愛鄰舍。這兩條誡命是一切律法和先知書的總綱。」（太廿二 37～40）

　　這便是法利賽人的問題，他們能教不能做，自己說的，自己卻不明白。因此耶穌才勸門徒可以聽他們所教訓的，卻不要效法他們（太廿三 1～12）。他嚴厲地指責法利賽人和文士說：「你們這假冒為善的文士和法利賽人有禍了！因為你們當著人的面把天國的門關了，自己不進去，要進去的人，你們也不容他們進去。」（太廿三 13）又說：「你們這假冒為善的文士和法利賽人有禍了！因為你們走遍海洋陸地，說服一個人入教，既入了教，卻使他成為比你們加倍壞的地獄之子。」（太廿三 15）誡命的總綱是愛。耶穌說：「你們這假冒為善的文士和法利賽人有禍了！因為你們將薄荷、大茴香、小茴香獻上十分之一，那律法上更重要的事，就是公義、憐憫、信實，你們反倒不做；這原是你們該做的－至於那些奉獻也不可廢棄。」（太廿三 23）既已三次預言自己受難，並進入耶路撒冷，耶穌知道自己的時間快到了。在這時候，他對這班宗教權貴的指責就更不留顏面。他甚至暗示，那加害於他、叫他被釘死的罪，就是流義人之血的罪，這罪要完全歸到他們身上（太廿三 35）。

　　既已看過馬太福音廿一至廿三章裡的經文並其中含義，我們一開始所問的問題：誰是使人跌倒者？答案已擺在眼前：公會裡的這些宗教與政治權貴。按理，他們應該是最熟悉摩西律

法，故此也是最明白上帝心意者，可是他們的表現卻像是使人跌倒者，像撒但之子一樣。他們應該認識上帝所差來的，也應該引人來認識耶穌。可是，他們卻一再地刁難他。他們沒有幫助人認識上帝的慈愛，反而設立了許多的障礙，叫人去不到上帝那裡。他們是真正不信的人，因此他們與上帝的國無分，而且必要被丟在黑暗裡哀哭切齒。

/// **16**

憐憫人的心

　　話說馬太福音第十三章尾，提到耶穌家鄉拿撒勒的鄉民。整章的比喻，耶穌洋溢著拉比式的睿智。為甚麼記載了這些精妙絕倫的比喻後，不直接進入十四章裡有關希律聽到耶穌的名聲後的反應呢？而要加插耶穌回鄉的這一段呢？

　　作者告訴我們說，他的同鄉因他的智慧和行異能的能力，感到被冒犯衝撞（原文 *eskandalizonto* 是絆跌的意思，或說使得對方犯罪），而對他心生厭棄。於是耶穌對他們說：「先知除了在本鄉和自己的家之外，沒有不被尊敬的。」更因如此，「耶穌因為他們不信，沒有在那裏行很多異能。」（太十三 57～58）耶

穌稱他們這樣的心態為「不信」。

先說不信的意思是甚麼。我認為這不信的態度，指的是封閉的心。人的心態上有各種封閉的原因，不一而足。正是這樣的封閉，或許促成了耶穌心意上的一個轉折，而有了一個新的決定，經文說：「因為他們不信，沒有在那裏行很多異能。」那又如何呢？不信是個關鍵，在作者的敘事中，一種相對於不信的態度也逐漸凸顯出來。

這「不信」往下仍會繼續發展，為要指出當時猶太人的「自以為信」，尤其是某些法利賽人、文士、撒都該人。真的信，必有憐憫心；沒有憐憫心，其實並非真信。真信對比非真信或不信，憐憫與義對比於法利賽人的自義。

安息日治病：違法以達義

我們在第二章已提過，在馬太福音裡，天國的實義以上帝的憐憫為指標。主說：「我喜愛憐憫，不喜愛祭祀。」（太九13；十二7；比較何六6）馬太首次引述此句時，敘述裡正是提到敘事者馬太自己。[1] 在福音書的敘事裡，門徒馬太的出身是個被猶太社群所拒絕的稅吏，是與羅馬政權狼狽為奸的「漢奸走狗」，是觸犯了猶太人律法的罪人，是間接攔阻上帝的國降臨

（即以色列國的光復）的人。然而，他卻經歷了耶穌的接納。

來到馬太福音第十二章，這憐憫的主題，伴隨著「有病的人才用得著（醫生）。」（太九 12）這話，彰顯在耶穌治好了一個人的手，那人原本有一隻手萎縮了。結果竟有人控告耶穌違法，挑戰他「安息日治病合不合法」的問題。耶穌反駁那些指控他違法的人說：「你們中間誰有一隻羊在安息日掉在坑裏，不抓住牠，把牠拉上來呢？人比羊貴重得多了！所以，在安息日做善事是合法的。」（太十二 11～12）對於習慣了「把法利賽人的律法主義作為閱讀視角」的我們，經文裡提到「法利賽人出去，商議怎樣除掉耶穌」的這種反應，可能只是感受到法利賽人的反應如此激烈是衝著耶穌觸法妥拉（律法）而來——而這律法只是宗教上的律法，可是，就法利賽人當時的宗教和政治地位而言，耶穌的違法，同時也觸犯了他們心中「自以為的義」。但耶穌的目的恰恰是對準他們這一點而來的。律法的總綱本就是愛或憐憫，見有難之人而伸出援手，既是愛的表現，也符合那聖約的義。法利賽人執著於自己所引以為傲的「守足律法的自義」，完全體會不到耶穌「那出於憐憫的違法以達義」，義和上帝的愛並憐憫是不可分的。

餵飽五千和四千人的神蹟

耶穌在自己家鄉被拒以後，當然就離開了。希律聽見耶穌的名聲，多少有些疑慮，恐怕他當時害死的約翰會死裡復活。中間事件的時序如何我們不很清楚，只知道耶穌從約翰的門徒那裡得來的消息是：約翰被斬了，而他們替他收了屍。這一點敘事的轉折點是值得我們留意的。稍後再說為甚麼。「耶穌聽到了，就從那裏上船，私下退到荒野的地方去。眾人聽到後，從各城來，步行跟隨他。耶穌出來，見有一大群人，就憐憫他們，治好了他們的病人。」（太十四13～14）。此處為餵飽五千人的神蹟，可比較馬太十五章33～39節餵飽四千人的神蹟。

若再往前讀，我們讀到耶穌稍後因門徒彼此為有沒有帶餅的事起議論的時候，便提醒他們要防備法利賽人和撒都該人的酵。為甚麼呢？耶穌對他們說：

「你們這小信的人，為甚麼因為沒有餅就彼此議論呢？你們還不明白嗎？不記得那五個餅分給五千人，你們收拾了多少籃子的碎屑嗎？也不記得那七個餅分給四千人，你們又收拾了多少筐子的碎屑嗎？我對你們說『要防備法利賽人和撒都該人的酵』，這話不是指著餅說的，你們怎麼不明白呢？」（太十六8～11）。

　　耶穌彷彿假設門徒在經歷了兩次分餅給人的事以後，應該
會明白分餅的真正含義是甚麼。兩處都提到他「憐憫」這些人。
事實是，門徒當時並不明白。耶穌責備他們小信，就是恐怕門
徒要像法利賽人和撒都該人一樣，受了他們的影響（酵）──即
不信的惡心。我們可以再往前追溯這條以信心與不信的心作對
比的線索。

　　事實上，這兩個神蹟和第九章也是呼應的，相互連貫的鑰字
正是「憐憫」。話說耶穌去了稅吏馬太（有可能是作者本人）的
家裡作席，席上有好多稅吏和罪人。那些法利賽人就心裡嘀咕。
耶穌聽見，就說：「健康的人用不著醫生；有病的人才用得著。
經上說：『我喜愛憐憫，不喜愛祭祀。』這句話的意思，你們去
揣摩。我不是來召義人，而是召罪人。」（太九 12～13）九章 36
節說：「他看見一大群人，就憐憫他們；因為他們困苦無助，如
同羊沒有牧人一樣。」事實上，「我喜愛憐憫，不喜愛祭祀」這
話在十二章 6 節又出現了。這話原出於舊約最充滿上帝恩情和慈
愛的書卷何西阿書。六章 6 節說：「我喜愛慈愛（「慈愛」在七
十士譯本是「憐憫」），不喜愛祭物；喜愛人認識上帝，勝於燔
祭。」何西阿安慰以色列，教導他們這樣曾經責罰他們的上帝，
說：「他撕裂我們，也必醫治；打傷我們，也必包紮。」（何二 2）

馬太福音四～十六章的敘事結構： 追溯憐憫的主題

　　說到耶穌出於憐憫的服事，總是以耶穌走遍各處、在會堂裡教訓人為敘述的公式，分別出於在四、九和十四章。首先是第四章。

　　經文說：「耶穌走遍加利利，在各會堂裏教導人，宣講天國的福音，醫治百姓各樣的疾病。他的名聲傳遍了敘利亞。那裏的人把一切病人，就是有各樣疾病和疼痛的、被鬼附的、癲癇的、癱瘓的，都帶了來，耶穌就治好了他們。當時，有一大群人從加利利、低加坡里、耶路撒冷、猶太、約旦河的東邊，來跟從他。」（四 23～25）。

　　第九章提到「耶穌走遍各城各鄉，在他們的會堂裏教導人，宣講天國的福音，又醫治各樣的病症。」（九 35）

　　十一章 1 節說耶穌「往各城去傳道，教導人」。這像是這公式的縮短版本。

　　第十二章裡記載到耶穌基於憐憫，在安息日醫治了一個人萎縮的手。

十四章繼而提到耶穌退到荒野時，卻有許多人收到風聲，而「從各城來，步行跟隨他。耶穌出來，見有一大群人，就憐憫他們，治好了他們的病人。」（十四 13～14）。

這正好在十三章講完比喻之後重新銜接。在內容上再度引出耶穌看見民眾的需要，相隔十章，又再接回。

按馬太福音對仗的結構來說，居中的經文是第十三至十四章的交接處。從結構上來說，我們知道第四章和第十四章的對應，是馬太用以推進情節的文學手法。耶穌先前的「退到加利利去」（四 12）和後來的「退到荒野的地方去」（十四 13）有一個相同處：耶穌之「退」出以後，隨即敘述的便是他回應眾人之需要的服事。所以，對於眾人的需要的記載和描寫，不只是在於交待耶穌的行程，而是要點出耶穌「憐憫」人的心（十四 14，十五 32）。從馬太福音九、十二、十四、十五章，我們都看見「憐憫」這主題。

憐憫之心反映出真正的信心

耶穌憐憫眾人的心，反映的是上帝喜愛憐憫。這一點可以在耶穌一次又一次服事的場景中看出（參前頁「馬太福音四～十六章的敘事結構：追溯憐憫的主題」）。這一個主題貫穿四至

十六章上半。這是非常清楚的，因為從十六章的下半開始，便提到彼得指認耶穌是基督，這便展開了這位被稱為基督的耶穌三次預言自己被害連貫的段落。

我們說，真的信，必有憐憫心；沒有憐憫心，其實並非真信。真信對比於非真信或不信，憐憫與義對比於法利賽人的義。馬太的敘事所要呈現的是，義的表現，必須從憐憫看出。耶穌所表現出的憐憫，便是馬太所體會並所用以對比於法利賽人的自以為義者。如果守（摩西的）律法便是信的表現，那麼法利賽人便是真信之人。可是摩西律法本質的含義，是憐憫。

法利賽人不明白這一層含義，所以他們豈是真信之人？那誰是真信之人呢？

誰是真信之人？

　　話說在馬太的敘事裡，先放入五至七章山上天國寶訓的講論，之後才敘述耶穌下山和開始他的服事，內容銜接著四章結尾的氣氛。就是說，拿走天國講論，其實四章尾緊貼著第八章。

　　第八章裡說了一個故事：耶穌醫治一個百夫長的僕人。此處不需要重述此故事。總而言之，這僕人得醫治了，而原因是這百夫長的信心。經文說耶穌因這百夫長的信心大感驚奇而說：「我實在告訴你們，這麼大的信心，就是在以色列，我也沒有見過。我又告訴你們，從東從西，將有許多人來，在天國裏與亞伯拉罕、以撒、雅各一同坐席；本國的子民反而被趕到外

邊黑暗裏去，在那裏要哀哭切齒了。」（太八 10～12）**與百夫長**
的信心相反的，是以色列民的不信。

　　同樣以哀哭切齒來形容，另出現在馬太福音第十三章，在
麥子與雜草的比喻，最後說「把一切使人跌倒的和作惡的從他國
裏挑出來，丟在火爐裏，在那裏要哀哭切齒了。」（太十三 41～
42）在隨後撒網的比喻裡，說道：「世代的終結也要這樣：天使
要出來，把惡人從義人中分別出來，丟在火爐裏，在那裏要哀
哭切齒了。」（太十三 49～50）

　　法利賽人自以為是亞伯拉罕的後裔，也是義人，可是馬太
要說明的是，沒有在信心裡回應上帝的，最後都要哀哭切齒。
至於被趕到外邊或丟在火爐，似乎只是表示「無法在天國」的
意思。如果有人從火爐聯想到火湖，充其量我們只能說，其含
義也是只借用火的意象，把無用的東西燒掉的意思。

不信的人

　　耶穌稱讚迦百農的百夫長，提到以色列民，卻說「本國的
子民」必成為被棄者，被「趕到外邊黑暗裡去」。這對比於我們
如何詮釋第十三章的經文有點指引的作用。我們留意到其中所
對比的，是以色列民和外邦人的信心之間的落差。這裡所指以

色列人的不信，和十三章末所示拿撒勒城的人的不信，是相呼應的。話說耶穌：

> 來到自己的家鄉，在會堂裏教導人，以致他們都很驚奇，說：「這人哪來這樣的智慧和異能呢？這不是那木匠的兒子嗎？他母親不是叫馬利亞嗎？他兄弟們不是叫雅各、約瑟、西門、猶大嗎？他姊妹們不是都在我們這裏嗎？他這一切是從哪裏來的呢？」他們就厭棄他。耶穌對他們說：「先知除了在本鄉和自己的家之外，沒有不被尊敬的。」耶穌因為他們不信，沒有在那裏行很多異能。（太十三 54～58）

耶穌自己家鄉的人，像是以色列民的縮影——不信的心，似乎耶穌能否行甚麼神蹟會受到這不信的心所影響。同時，如果耶穌的臨在表徵著天國的臨在，那麼，因著這些人的不信，天國亦不得彰顯了。在此，「本國的子民」、耶穌家鄉的人，似乎不能與亞伯拉罕、以撒、雅各列祖「一同坐席」，也與天國無分。他們因不信的心，也無法得著應許的國。這國不是地上的國，而是按天國的意義所定義的國（參太八 10～12）。

因他而跌倒

這種呼應的格局也出現在第十一章和第十四章。前者提到施洗約翰，可用以和後者章首（太十四 1～12）的經文對讀。這裡提到約翰打發門徒來問他是否就是那位將要來的？而耶穌的問答是：「你們去，把所聽見、所看見的告訴約翰：就是盲人看見，瘸子行走，痲瘋病人得潔淨，聾子聽見，死人復活，窮人聽到福音。凡不因我跌倒的有福了！」（太十一 4～6；比較十三 21 撒種比喻中所說因遭遇患難而「跌倒」的意思，以及十三 57）。不因他跌倒的，就是信他的。

這一段對話之後，約翰的名字再出現時，便已是第十四章，內容提到希律：「希律為他兄弟腓力的妻子希羅底的緣故，把約翰抓住綁了，關進監獄。」（太十四 3）馬太沒有像馬可指出希羅底其實是希律之兄弟腓立之妻（可六 17～18）。總而言之，適逢希律生日，希羅底便藉此機會要希律取了約翰的命（太十四 8～11）。事發之後，「約翰的門徒來，把屍體領去埋葬了，又去告訴耶穌。」（太十四 12）

希律因他而跌倒了嗎？本來希律對於約翰也有一點忌憚，還樂意聽他的，因為約翰是個義人（可六 20）。可是這樣的人物，雖有機會因和約翰相識而認識耶穌，卻因著自己的地位、

權力和議程，因著自己心頭之好而跌倒了。人可以像約翰一樣，厭棄那照亮自己黑暗的人。

這就好比上文提到耶穌家鄉的人，他們同樣對他心生厭棄。為甚麼他們厭棄他呢？中文聖經譯為「厭棄」一詞的原文是 skandalizō。我們剛剛在第十一章裡讀到：「凡不因我跌倒的（skandalisthē）有福了！」此詞可譯為被冒犯、頂撞或跌倒。從上下文來看，我們耶穌家鄉的人對他心生厭棄，也可以視為他們因他而跌倒。估計 skandalizō 一詞若譯為中文（粵語），接近「有冇搞錯啊！」（有沒有搞錯啊！）、「係唔係真架?!」（是不是真的啊?!）、「邊道有可能啊！」（那裡有可能啊！）這類的反問句，預設的答案皆是否定的。由此推論，他的同鄉或許因自以為熟悉耶穌的出身背景，發現耶穌之智慧和異能，確實難以接受。他們沒有敞開心胸虛心尋求，也未以嶄新的心態重新認識他。反之，或許他們感到一種莫名被冒犯的感覺，雖然耶穌並沒有刻意得罪他們。會不會是同鄉令人刮目相看，但自己相形見拙，而無形中彷彿自尊受到挑戰一般？

正因如此，當他們厭棄耶穌之時，也等於把耶穌所代表的天國拒於門外。**有意思的是，那段敘事緊接在麥子和雜草、撒網的比喻之後，那裡所說的正是與天國無分者，必要哀哭切**

施洗約翰在馬太福音敘事中的推進作用

提到施洗約翰。在第四章我們讀到：「耶穌聽見約翰下了監，就退到加利利去。」（四 12）

十四章則提到希律聽見耶穌的名聲，擔心那因故被他殺死的約翰死裡復活。在此馬太和馬可的記載裡差不多是一致的（路加沒有這一段敘事），就是藉希律的口回溯施洗約翰的死（馬可則在此之前先記述了耶穌差遣十二個門徒）。那是他心裡的陰影。

在福音書的作者筆下，這死也是個轉捩點。馬太用「那時，希律分封王聽見耶穌的名聲」（十四 1）回溯約翰的死，以「約翰的門徒來，把屍體領去埋葬了，又去告訴耶穌。」（十四 12）一句為此事劃下句號。

兩段經文雖相隔十章，在意境上卻相互呼應，就是「聽見」（四 12，十四 1）。聽見了約翰下了監，就「退到加利利去」（四 12）；聽見約翰被殺了，就「退到荒野的地方去」（十四 13），然後以「聽到了」（十四 13）約翰的遭遇，成為掀開了耶穌服事行程新時機的記號。

夾在中間的是第十一章。該處提到「約翰在監獄裡聽見基督所做的事」，便派他的門徒去問耶穌是否那要來的那一位。（十一 2～3）

齒。這裡所說的，不是取代論裡頭「以色列被棄，外邦人被選上」的看法。綜觀馬太福音整體，所說的乃是活出天國倫理的含義，就是八福的心腸，以那樣的心在群體中、在人當中踐行，這樣的人就不是「要被燒掉的雜草」或「被丟棄的壞魚」。

///18

最小的弟兄

我們花了不少篇幅討論馬太福音的內容。到目前為止，我們或許已察覺到，對馬太而言，所謂信或不信、得救或不得救、進或不進入天國，和我們那「信耶穌、得永生」句式下的信仰含義，似乎不太相同。在這一章，我們再進入一個我們非常熟悉的天國比喻，來明白耶穌所說的天國，指的不只是猶太人所期待的。它不但超越了當時的宗教和政治權貴之所想，也在當時一班猶太人想像以外。

在馬太福音的天國比喻裡，第廿五章是終結也是高潮，那裡再次指出哪些人不能進天國。為了方便，我們溫習這段經

文，容我摘錄如下：

當人子在他榮耀裏，同著眾天使來臨的時候，要坐在他榮耀的寶座上。萬民都要聚集在他面前。他要把他們分別出來，好像牧人分別綿羊、山羊一般，把綿羊安置在右邊，山羊在左邊。於是王要向他右邊的說：「你們這蒙我父賜福的，可來承受那創世以來為你們所預備的國。因為我餓了，你們給我吃；渴了，你們給我喝；我流浪在外，你們留我住；我赤身露體，你們給我穿；我病了，你們看顧我；我在監獄裏，你們來看我。」義人就回答：「主啊，我們甚麼時候見你餓了，給你吃；渴了，給你喝？甚麼時候見你流浪在外，留你住；或是赤身露體，給你穿？又甚麼時候見你病了，或是在監獄裏，來看你呢？」王回答他們說：「我實在告訴你們，這些事你們做在我弟兄中一個最小的身上，就是做在我身上了。」

王又要向那左邊的說：「『你們這被詛咒的人，離開我！進入那為魔鬼和他的使者所預備的永火裏去！因為我餓了，你們沒有給我吃；渴了，你們沒有給我喝；我流浪在外，你們沒有留我住；我赤身露體，你們沒有給我穿；我病了，我在監獄裏，你們沒有來看顧我。」他們也要回答：

「主啊，我們甚麼時候見你餓了，或渴了，或流浪在外，或赤身露體，或病了，或在監獄裏，沒有伺候你呢？」王要回答：「我實在告訴你們，這些事你們沒有做在任何一個最小的弟兄身上，就是沒有做在我身上了。」這些人要往永刑裏去；那些義人要往永生裏去。（太廿五 31～46）

好一段時間，華人教會總會把綿羊視為受洗、信主的，山羊視為沒受洗、不信主的；言下之意，信主的，自然也就是得永生的人。這樣，那要受永刑的，只能是指那不信主的人了。可是，經文要說的真是信主或不信主的結局之別嗎？若是，那麼該如何解釋那來不來探監等相關問題呢？解決的方案是：這是好像雅各書一樣，是有關信徒操練信心必須加上行為的勸勉。

還有另一個解釋則和主再來的審判有關。自廿四章開始，馬太敘述耶穌預言聖殿被毀，而且緊接著是結局的預兆、大災難和人子來臨的日子和時辰，而接下來的幾個比喻：忠心和不忠心的僕人（太廿四 45～51）、十童女（太廿五 1～13）、按才受託（太廿五 14～30）的三個比喻，說的都是對主再來的預備。最後才說到山羊與綿羊的比喻。除了童女的比喻，其他三個都有「哀哭切齒」這形容詞。按主再來的審判這角度結合上一種解釋，那要哀哭切齒的，就是那不信主的，或許也包括那些不

忠心的。誠如一首我在少年時期於馬來西亞檳城參加的一個靈修營的主題詩歌《頌主聖歌》428 首〈儆醒迎主〉所說：

1. 耶穌再來賞賜祂眾僕人，或在日中或夜深；
   我等可曾常常儆醒祈禱，燈火明亮油滿溢？

2. 當主耶穌駕雲降臨時候，祂要傳喚屬祂人，
   那時都要交回所賜錢財，你能否得主稱讚？

3. 主所託付你凡百大小事，你是否忠心完成？
   若你做工於良心無責備，可享安樂永無悔。

4. 凡儆醒等候主來之信徒，榮耀他必有分，
   你不知主來夜半或黎明，所以要忍耐等候。

副歌：你能否說：「主阿！我已預備，等候相會榮耀中」？
　　　主來時候我們是否不忘，儆醒等候迎接祂降臨？

詩歌裡忠心作主僕的信仰，緊扣於等候耶穌再來，反映的正是馬太福音廿四和廿五章信息的內容。若純粹按經文內容解讀，我們不能說這樣的演繹是錯誤的。只不過，在一個後經文考釋的時代，我們並非要放下經文考釋的常識。[1]

因此，若要考慮到寫作的背景，我們的假設是：作者馬太極有可能在一個聖殿被毀後、猶太裔基督深感絕望且無力的情況下，再次提醒他們一個有別於傳統猶太人身分認同的角度。到那時為止，猶太裔基督徒甚有可能仍不覺得「以猶太族群為核心身分的一種信仰取向」與「作為耶穌門徒的身分」有分開的必要。[2] 跟隨耶穌基督，便是承認他是彌賽亞，而自己仍是猶太人。耶穌可以是外邦人的救主，但他仍是猶太基督徒的彌賽亞。他們或許仍以一種生活於羅馬帝國政權下的心態盼望耶穌基督復臨。

可是，聖殿被毀幾乎是宣告這一個復臨盼望已成幻夢。作者馬太有需要為他的群體重新劃清上帝的國的輪廓。他特別以「天」取代「上帝」，減少他們對彌賽亞光復以色列的錯誤期待。可是，主的復臨是否一個空望？故此，馬太一方面要堅固猶太裔基督徒主必再臨的信心，另一方面要避免、甚或糾正他們錯誤聯想「主再臨」與「猶太復國」有關。

我們在本書第 15 章已討論到耶穌藉比喻，警告祭司長和民間的長老，指出他們所懷的是不信的心，必無分於上帝的國，他們的結局將是被丟在黑暗裡，在那裡哀哭切齒。他又指出法利賽人和文士們的虛偽。按當時而言，那些人其實都是猶太公

會的代表，是猶太人的領袖，本應是上帝的僕人，承擔著牧養祂百姓的責任。可是，他們卻成為壓迫百姓的重擔，在經濟和宗教上成為壓迫他們的人。

馬太要他的讀者明白，甚麼是上帝的國（天國）？甚麼才是天國裡的義？雖然聖殿已被毀，但天國不在於地上國的建立，而是上帝的義的彰顯。他的國不是不降臨，因天國已在他們中間。至於他再來的問題，馬太提醒他的受眾，不要隨便聽信他在這裡、他在那裡的謠言；也不要因有人說他不會再來而動搖，因他可能隨時回來。所以，猶如十個童女、忠心僕人的比喻所說的，門徒們要隨時候命。等候主再來最重要的是心態和生活型態，就是忠心。其中一個應該有的表現就是愛的實踐。

誰到永刑裡去？誰往永生呢？

回到上文所引的經文。經文裡最吊詭的是，在左邊的山羊不知道自己是山羊，聽見王宣判說：「你們這被詛咒的人，離開我！進入那為魔鬼和他的使者所預備的永火裏去！」（太廿五41）他們完全感到意外，他們以為自己豈不一直以來都在伺候主嗎？他們說他們並沒看見過主餓了、渴了，也沒見過主曾流離失所、赤身露體，更未曾知道主曾病過、曾關在監獄裡（太

廿五 44），言下之意是，若他們「知道是主」，一定二話不說、馬上行動；但事實是，一直以來他們都「按自己所以為」的，僅完成了大大小小的宗教義務，僅守足了律法所要求的。

這叫我們不自由主想起耶穌說：「不是每一個稱呼我『主啊，主啊』的人都能進天國；惟有遵行我天父旨意的人才能進去。在那日必有許多人對我說：『主啊，主啊，我們不是奉你的名傳道，奉你的名趕鬼，奉你的名行許多異能嗎？』我要向他們宣告：『我從來不認識你們，你們這些作惡的人，給我走開！』」（太七 21～23）

所以，怎樣才是遵天父旨意呢？怎樣才是忠心服事主呢？經文有意思之處在於，連那些被稱為義人的，亦即那些綿羊，事先也是不知道自己服事了主。當他們聽見王說：「你們這蒙我父賜福的，可來承受那創世以來為你們所預備的國。」（太廿五 34）他們一樣感到錯愕，但驚喜。他們生命的踐行應該是看見餓的，便叫對方得飽食；有渴的，便給他喝；有流離在外的，接待她；有衣不蔽體的，讓她穿得暖和體面；有住在監裡的，去探望他。他們之所為，全發乎憫人之心，而非那種高度自我意識（self-conscious）的自認為要行善討主喜悅。

　　我們知道，以色列民自視為上帝的選民，曾經被擄外邦、活於其他政權之下，曾懷疑上帝是否離開、遺棄他們。馬太難道嘗試要藉著聖殿再度被毀的打擊，叫猶太族群更加絕望嗎？還是他藉著敘述當年耶穌如何數落那些宗教和政治權貴，叫他們更加明白，不是那些滿口律法、口口聲聲呼叫上主的，便有分於他的國。馬太的目的不在於向讀者解釋當年那些顯貴是否真的被丟到永火裡，而是要提醒當時的讀者「聚焦於天國」的真正含義。那些猶太裔基督徒要是真的明白這一點，在信仰上便真的會走上一條與猶太教告別之路。當然，這告別之路還有一段時間才宣告完成。[3]

　　回到上述經文，山羊和綿羊、永刑和永生，關鍵是有沒有關顧那「最小」的弟兄姊妹。義的本質在於實踐愛。這也就是那超越法利賽人的義。舊約裡的義（ṣaddîq）和愛（ḥeseḏ）常是對仗出現，涵意互攝。舉例而言，何西阿書二章 19 節說到：「我必聘你永遠歸我為妻，以仁義（ṣeḏeq）、公平（mišpāṭ）、慈愛（ḥeseḏ）、憐憫（raḥᵃmîm）聘你歸我。」這四樣屬性相互對仗，語意互攝，說的正是上帝體用互為內外的性情。愛人便是效法上帝。馬太福音要強調的天國，便是愛的具體展現與踐行。

　　所以說，怎麼樣才能得永生呢？就是踐行愛。愛那不起眼

的，愛那邊緣的、赤身露體的、被人歧視的，愛那不可愛的，愛仇敵。比喻裡說的那些人被咒詛受永刑，只因他們沒有踐行這樣的愛。不踐行便不能活在永生裡，這是理所當然的。踐行者，才活在天國裡；單口裡說說，不是真活，沒有真踐行，便不在天國裡。而且，**弔詭的是，自以為在天國裡的，反而不在天國裡；不自以為義而虛心、哀慟以致心裡柔和而渴慕義的人，反能活在天國裡，因為他們是靠耶穌而能的。**愛，必也展現義；義，即在各關係層面上，效法上帝那分性情，記念祂的約，在約的基礎上忠信待人。

///19

當努力得救
或得永生嗎？

　　在本書第 1 章，我們沿著馬太福音政治性敘事的文脈論得救，指出那是活在羅馬權下的以色列民族呼聲，就好比他們的先祖脫離埃及法老的軛一樣，他們也等候彌賽亞的顯現。歷經兩、三個世紀，在民族抗爭和信仰反思面對民族的身分危機，在民族的失落感和象徵獨特身分因聖殿被外邦侵略者踐踏踐踏。嚴守律法、爭取威權下的宗教空間、等候彌賽亞的來臨伺機突圍並一舉掙脫羅馬政權的統治，這一切強化了一種民族中心的信仰詮釋。

　　不過，政治性敘事並非馬太福音的全部，也不是耶穌時代

猶太人的信仰全貌。暫且撇開其他新約作品不談，光就馬太福音而言，「得救」一詞也可指「身體得醫治」（太九 21～22），或性命得救（太八 25，十四 30，廿七 40，42，49）。

同樣，我們先前討論火爐、永火、永刑等觀念，其對應的觀念當然指的是永生（太十八 8～9；廿五 46），除此之外永生一詞乃用來稱呼上帝（太十六 16；廿六 63）。剩下的就是這以下少年人來問永生的對話，其中永生和得救、進上帝的國和進天國，似乎全都相通且指著同一個事實。

首先有一個人來問耶穌關於永生的事。[1] 他說：「老師，我該做甚麼善事才能得（schō）永生（zōēn aiōnion）？」這人關心的是得永生的事。所以耶穌便回答說：「你若要進入永生（zōēn eiselthein），[2] 就當遵守誡命。」[3]（太十九 17）一問一答間，這人關心的永生，從中文譯本（和合本修訂版）來看，似乎耶穌也以永生回答他。可是，**按原文來說，耶穌的回答中說的是「進入生命」，而非「進入永生」。那人關心的是如何獲得？如何擁有？或許他心中所想，就好像他從小到大一樣，律法書所教的一切、各樣的誡命，他都可以透過認真的學習而獲得，就和我們今天一樣，名校、好成績、學位、高職位，都得可以透過認真的學習，或甚至靠父蔭和人脈而獲得。除此之外，財富也一**

樣可以透過各樣努力和交易而擁有。所以,他這時候或許也正在為下一個人生里程碑定下計劃——如何獲得永生。

從兩人的對話中,我們知道他是一個謹守誡命的人。可是,對他而言,守誡命就是追求一切美好的事,包括完成上帝所要求的。他是認真的、盡心盡力的。或許,他的理解是這樣的:我只要盡所能成就律法所要求的,便是討祂的喜悅了。隱藏在他心裡的,是否是一種「等價交易」呢?[4] 我付出多少,便得到多少。耶穌或許也確然覺得他很有心,或許並不願直接揭露他的動機。這是我們溫柔、慈愛、良善的主,祂愛他,也尊重他,更有意進一步引導他。於是,耶穌對他說:「你若願意作完全人,去變賣你所擁有的,分給窮人,就必有財寶在天上;然後來跟從我。」(太十九 21)一個得永生的追求——突然變成了「作完全人」的呼召。

為甚麼耶穌給他的回應是作「完全人」?這裡似乎和「所以,你們要完全,如同你們的天父是完全的」(太五 48)這一句相呼應。那是山上講論的一部分,所論的是愛仇敵,即比愛鄰舍更基進(radical)的愛。[5] 值得留意的是,若根據我們先前提到的對仗結構,這兩處經文確也是呼應的。耶穌給這青年之愛的實踐建議是「變賣你所擁有的,分給窮人」,然後還要「來跟從」

他。結果這青年若非百思不得其解，便是感到甚為難。馬太指出，他「憂憂愁愁地走了，因為他的產業很多。」（太十九 22）本來，只要他願意，就必有財寶在天上為他存留。雖犧牲了地上的財富，卻得著天上的財富。

有關對仗結構的前後呼應，就財富這一點來看，也可以再對照於馬太第六章 19～24 節的經文，先後論到積蓄財寶於天上、眼睛是全身的燈，並服事主或服事瑪門。乍看之下，會覺得中間關於眼睛明亮的這個比喻，似乎和財富沒有甚麼關係，但這一個比喻非常大的可能是源自希伯來文的成語或諺語所說的「好眼」和「壞眼」。意即一個人有好眼，是指他在行動和思想上都好慷慨；反之，若有壞眼，則表示小氣、吝嗇，甚至可意謂貪婪。[6]我們可拿箴言廿二章第 9 節所說：「眼目仁慈的必蒙福，因他將食物分給貧寒人。」來作個比較，「眼目仁慈」是按內容的含義翻譯的，主要表達良善（kindness）之意，其表現就是看見貧寒人的需要。不過，在原文裡，「眼目仁慈」是 ṭôb-'ayîn，直譯就是「好眼」的意思。這樣的話，這幾節經文便都在講財富，更是在說要作錢財的主人，用錢財積蓄天國的財富，作個慷慨的人。正好對應著第十九章那變賣所有、分給窮人的故事。[7]

　　或許，我們會想，天上的財富是甚麼呢？既然是猶太人的語言表達方式，就像比喻，說不定並非指天上真有財富。況且，天上豈真的指天上，正如說天國豈真是在天上。又好比說，保羅所說的第三層豈真是說天外天之外的一層天。第一層是肉眼所見的，即我們今天所說的大氣層因陽光折射而出現的藍天，第二層就是太空，那第三層天豈真在太空以外？所要說的，是一個有別於地上（豈是只說那地理含義的地或土地），即有別於這世上價值的財富。換句話說，這財富是那屬天國價值的財富。

　　那青年的心眼既在財富上，耶穌便以財富論天國。說天上有「財寶」，為的是對應青年「變賣所擁有的」，而非說天上真有財寶。天國裡的財富是甚麼呢？答案也是在耶穌對青年的挑戰裡：你若是願意作完全人，就是要效法天父慷慨、憐憫人的心。變賣所有，分給窮人，所求的是一顆恩慈、愛人的心。保羅這樣說：「我若將所有的財產救濟窮人，又犧牲自己的身體讓人誇讚，卻沒有愛，仍然對我無益。」（林前十三 3）這屬於天國倫理的事，其價值是另一種「等價交易」，或更準確地說，是以今生這肉身的生命，這屬於線性時間的生命，從事、參與、投身於非按世界的價值所衡量的事物。借用啟示錄一龍二獸的

隱喻來說，從事天國倫理之事，便無緣從牠們的集團中得利獲益。

　　愛人、恩待人這事，和這青年一生所努力的方式完全不一樣。向來，他的一切努力，都是可以衡量和計算的。連遵守上帝的誡命，都是他藉著努力便可以完成的。話說他一開始便問：「我該做甚麼善事，才能得永生？」（太十九 16）就是說，他相信只要說出有甚麼他可以做到的，不論是捐款，是布施，說得出款項或所需多少，該用上多少時間，他都可以一一完成。

　　我想，貫通耶穌講論的一個鑰義乃是天國的實義。對那一個問耶穌做甚麼善事才能得永生的人而言，他心中所想的是一種「他靠行善可獲得」的，用現代的觀念而言，他問的是「他該有怎樣的表現」（performance），投注多少的努力，以致他「可以獲得」這永生。

　　正如我們今天，我們的事奉、奉獻，也是可以計算的。我們塑造門徒，也是可以計劃的。一期建立十個門徒，十期就一百個。一生如果擺上三十年，一期若是一年，三十年便建立了三百個門徒。若是成功，有人來取經，可以整套方法、材料再複製，便可雙倍或更多倍的人。如果這一切都是可行的，主都

看為美的話，也可主動主辦門徒培訓秘訣的大會，「天國」便可以得到大大的擴展了。可是對於耶穌而言，永生不是「得」到的，而是「進入」，要在這國裡活出其實際。

從變賣所有到好撒瑪利人

與上述故事相同的記載也出現在路加福音十八章 18～29 節。在路加的敘事裡，這段故事卻和出現在第十章 25～37 節的故事，即好撒瑪利亞人的比喻遙遙呼應。兩者都以同一個問題開始：「我該做甚麼才可以承受永生？」（路十 25；十八 18）不過，兩者還有一句話是相似的。第十八章的記載裡有一句話「你還缺少一件：」（路十八 22）同樣也在第十章的記載之後，即緊接於好撒瑪利亞人的比喻之後的馬大心裡忙亂的故事裡（路十 38～42）出現，即第 42 節裡所提到的——「但是不可少的只有一件」確是兩相呼應。

這所缺少的和不可少的，前者該是指憐憫人的心或愛鄰舍的心，那正是「好撒瑪利亞人的比喻」裡的中心思想，而且耶穌強調說：「你去照樣行吧。」即照著好撒瑪利亞人的行為去行，那就可以承受永生了。我們不太明白路加的作者為甚麼在這一個比喻後加插了馬大和馬利亞的故事，或許是為了再接下

去有關耶穌所教導的禱告。若不然，同樣值得考慮的，是他對馬大所說的「不可少的」其實是對應著前面所講的「所缺少的」，其實一樣就是變賣所有的分給窮人。在「變賣所有」的故事裡，那人（那官、那青年）所要學習的是，律法本乎愛──變賣所有不是目的，愛才是。同樣的，馬大忙碌服事，出發點應該是愛。既是愛，就沒有計較妹妹是否做得比她少。

愛和誡命息息相關。這在前文已經闡述。此處，容我回到創世記中上帝對人的吩咐（創二16）。這吩咐到底要啟示我們甚麼呢？人要如何才願意遵守上帝的誡命或吩咐呢？我們之前曾說到人必須信任上帝。上帝的吩咐雖然反映著一種父親對孩子、創造者對受造者的命令，但這一個命令若被視為從上對下、非雙向的，就會變成一種高壓的誡條而引來反抗。正如我們從保羅所闡釋的律法得出一種看法，即律法雖本是好的，本是我們生命的啟蒙師父，要訓蒙我們成為成熟的人，可是卻反挑起人的罪。因為律法要我們做的，我們反而不做。若沒有律法說「不可」貪婪，我們便不會因此起貪婪的心。可是，這不是誡命或律法的本意。人必須更深體會上帝與我們每個人的關係是雙向的，才能學會信任。可是，若不知道對方的愛，便無法信任。就是說，人要明白上帝的愛，才會信任祂。只有在信

任當中，人才安然情願地聽從上帝的吩咐。只有在體認上帝是那麼無比信實、恩慈和可靠，並且在各大小事上都滿有能力的護佑，人的心才能生出一顆敬愛上帝的心。這樣的敬愛，便是人遵守上帝誡命的最根本基礎。

人在決定吃善惡樹的果子時，選擇了一個他以為可以和上帝一樣自主的路時，並不知道這一個自主的選擇，也使他走上了一條自我關注的路。他不明白，生命的奧秘隱藏在愛與信任當中。可是愛與信任代表「關係必須在自我以外有一個他者」方能實踐。有知識（知識樹之寓意）若只是一種獲得，雖是「眼睛明亮」了，卻始終只是看見自己。可是，上帝創造人的生命，設計奇妙，就是要人學習到一種含有能看見他者的生命特質。對上帝的愛與信任，就是一種回應他者需要的生命特質。愛上帝如此，愛人如己更是如此。

財主進天國是難的

在上述馬太福音十九章 16～22 節經文中，青年問如何得永生，耶穌回答中卻提到進入生命和作完全人。我們已指出誡命和愛的關係，也指出進入生命與聽從或遵從上帝的話的關係。話說那青年走了以後：

耶穌對門徒說：「我實在告訴你們，財主進天國是難的。我再告訴你們，駱駝穿過針眼比財主進上帝的國還容易呢！」門徒聽見這話，就非常驚奇，說：「這樣，誰能得救呢？」耶穌看著他們，說：「在人這是不能，在上帝凡事都能。」於是彼得回應，對他說：「看哪，我們已經撇下一切跟從你了，我們會得到甚麼呢？」耶穌對他們說：「我實在告訴你們，你們這些跟從我的人，到了萬物更新、人子坐在他榮耀寶座上的時候，你們也要坐在十二個寶座上，審判以色列十二個支派。凡為我的名撇下房屋，或是兄弟、姊妹、父親、母親、兒女、田地的，將得著百倍，並且承受永生。然而，有許多在前的，將要在後；在後的，將要在前。」（太十九 23～30；比較可十 23～31；路十八 24～30）

耶穌或許也期待那青年可以聽得懂他話中的含義。不錯，青年的人生一直以來都是不斷地積累一樣接一樣的戰利品。但耶穌卻勸他學習恩待憐憫人。上帝的心意，化為一條條誡命者，彷彿計算得過來，這青年知道怎麼去執行。但耶穌所要求的，卻是他最難的——無法計算、放下一切。本來，慈惠的事若不危及他的生活型態，他一百樣都願意。但耶穌所挑戰他的，則是愛上帝而願意聽從的根本表現。

　　對擁有者而言，放下，確實是特別困難。這裡馬太的記載也用「天國」，也用「上帝的國」。相對而言，其他兩卷福音書的記載前後都一律使用「上帝的國」。我們相信「上帝的國」是原有的，只是馬太把其中一個換了，說明本來對青年或當時的猶太人（包括門徒）而言，進上帝的國不但是他們的共同期待，而且也關乎得救與否。因為門徒關心的是，如果連財主都無法進上帝的國，那麼誰能得救呢？對於他們而言，得救就是進入上帝的國。

　　我們在本書第 5 章論述過路加福音引述約珥書的願景在他的上帝國敘事中。約珥書二章的主題就是耶和華的日子（為祂百姓伸冤的日子／審判的日子／顯公義的日子）。耶和華說：

> 以後，我要將我的靈澆灌凡有血肉之軀的。你們的兒女要說預言，你們的老人要做異夢，你們的少年要見異象。在那些日子，我要將我的靈澆灌我的僕人和婢女。我要在天上地下顯出奇事，有血，有火，有煙柱。太陽要變為黑暗，月亮要變為血，這都在耶和華大而可畏的日子未到以前。那時，凡求告耶和華名的就必得救；因為照耶和華所說的，在錫安山，在耶路撒冷將有逃脫的人。凡耶和華所召的，都在餘民之列。（珥二 28～32）

　　我們知道路加曾記載彼得引述詩篇來印證耶穌就是主，並且引述以上經文來向以色列人說明耶穌正是上帝所安排來的救主。彼得說：「以色列人哪，你們要聽我這些話：拿撒勒人耶穌就是上帝以異能、奇事、神蹟向你們證明出來的人，這些事是上帝藉著他在你們中間施行，正如你們自己知道的。」（徒二22）。

　　所以，門徒聽見耶穌說上帝的國，心中所想像的也會是上述約珥書和詩篇經文的含義。不過，馬太加插「天國」以取代其中一個「上帝的國」，是提醒他的聽眾必須調整那樣的期望。遵守誡命，不等於可以進入上帝的國，律法師和法利賽人不行，奮銳黨的人也不行，非尼哈再世也不行。

　　這就令門徒們非常困惑了。所以彼得才說：「看哪，我們已經撇下一切跟從你了，我們會得到甚麼呢？」當時，奮銳黨徒也會放下一切，去到沙漠。韓格爾這樣說，作為要成為奮銳黨的一員：「救恩（salvation）在即，所求的基本態度是熱心，換句話說，隨時候命無條件的委身來尊榮上帝。使用暴力以達到目的亦視為合理。這樣的熱心便是奮銳黨的成員隨時候命、以死殉道，並決定放棄一切產業和保障退隱沙漠的基礎。他們的熱心讓他們有勝過仇敵的確定感。他們用此熱心掀起聖戰，這

份熱心也使他們盼望——即使他們飲恨沙場，也必能得到天上的獎賞。」[8]

所以耶穌回答彼得說，凡為他撇下所有的，「將得著百倍（路加：在今世得更多倍；馬可：今世得百倍），並且承受永生（路加和馬可：來世得永生）。」來世得永生的說法和奮銳黨員的期待相近，也就是得上帝國獎賞。可是，馬太卻把「來世」省略了，正是因為天國不是只在來世。從馬太福音第五章之八福和山上寶訓的論述開始，說明天國倫理的實踐是在這世上。**馬可雖沒有特別強調是「今世」得百倍，但關鍵不在今世或來世。更正確的說，若非在今世，豈有天國倫理的實踐，凡愛仇敵或愛人如己，凡不可動淫念，凡走多一哩路，一切勝過法利賽人的義，也就是憐憫和愛，不都是在世上方能實踐的嗎？**

那麼，所得的甚麼是百倍的呢？這不是算術題，正如耶穌叫青年變賣所有的不是算術題一樣。彼得若是聽不明白的話，他和之前那位青年便無兩樣。

為了打破門徒的算術題，耶穌說：「有許多在前的，將要在後；在後的，將要在前。」（太十九30）

///20

那在前的要在後

　　上一章結束時留下一個懸案：耶穌說的前者為後，後者為前，是甚麼意思呢？是否和一個人早信或晚信耶穌有關呢？早信的人，若中途離棄了信仰，是否仍會「得救」呢？信了的人會不會喪失信仰呢？這是信徒最關心的問題之一，即：一次得救，是否永遠得救？不少信徒很在乎未信的親友臨終之前無論如何都要有機會聽福音，心情迫切，希望這最後的機會能「救」至親於危，免去地獄之苦。於是，雖然親人口不能言，只要可以「動一根手指」以示「聽見」，再動一次手指以示「願意」接受主，那欲救病危親人的信徒才覺心安。

可是，「那在前的要在後」這句話恐怕與得不得救、是否永遠得救，或臨終前決志信主沒有關聯？

耶穌的話，有著一貫的當下顛覆的作用。話說門徒聽見耶穌說財主進天國比駱駝穿過針眼更難，便感到十分為難。彼得說：「我們已經撇下一切跟從你了，我們會得到甚麼呢？」（太十九27）耶穌說：「凡為我的名撇下房屋，或是兄弟、姊妹、父親、母親、兒女、田地的，將得著百倍，並且承受永生。」（太十九29）。然後，耶穌接著便說：「然而，有許多在前的，將要在後；在後的，將要在前。」（太十九30）同樣一句話，也出現於廿章16節，出現在葡萄園比喻的結尾處。顯然，這一個比喻正是回應彼得和門徒所關心的。先看這比喻：耶穌說：

> 因為天國好比一家的主人清早去雇人進他的葡萄園做工。他和工人講定一天一個銀幣，就打發他們進葡萄園去。約在上午九點鐘出去，看見市場上還有閒站的人，就對那些人說：「你們也進葡萄園去，我會給你們合理的工錢。」他們也進去了。約在正午和下午三點鐘又出去，他也是這麼做。約在下午五點鐘出去，他看見還有人站在那裏，就問他們：「你們為甚麼整天在這裏閒站呢？」他們說：「因為沒有人雇我們。」他說：「你們也進葡萄園去。」到了晚上，

園主對工頭說：「叫工人都來，給他們工錢，從後來的起，到先來的為止。」約在下午五點鐘雇的人來了，各人領了一個銀幣。那些最先雇的來了，以為可以多領，誰知也是各領一個銀幣。他們領了工錢，就埋怨那家的主人說：「我們整天勞苦受熱，那些後來的只做了一小時，你竟待他們和我們一樣嗎？」主人回答其中的一人說：「朋友，我沒虧待你，你與我講定的不是一個銀幣嗎？拿你的錢走吧！我樂意給那後來的和給你的一樣，難道我的東西不可隨我的意思用嗎？因為我作好人，你就眼紅了嗎？」這樣，那在後的，將要在前；在前的，將要在後了。（太廿 1～16）

聽這比喻最典型的反應是：不公平。

到底有甚麼不公平呢？比喻裡以得工錢為焦點，正如彼得所問：「我們會得到甚麼呢？」兩者相互呼應。可見耶穌正是針對這「得」的心態來回應門徒。得多或得少，按此心態，付出多，收穫便多；這是世間的計算方式。我們也從小習得「一分耕耘，一分收穫」的道理。因此，我們鄙視所有的不勞而獲（當然，自己偶爾碰到幸運之星臨到不算）。先前我們討論到那一位青年，也是這種人生方程式的佼佼者。

可是，天國若關乎愛與憐憫，便不是以這樣的算盤計算，因此也不在於得著甚麼。愛的踐行，目的不在於得著，不在於回報，不在於自己，而在於對方，在於他者是否被服事、被關愛、被建立了。

耶穌針對那計算得失的心，顛覆了付出與報酬的正常邏輯。有詮釋者指出，這比喻的要義是恩典。這是從施恩者的角度來看，也指出上帝（即比喻中的主人）的主權。是的，恩典也不是建立在合理報酬的基礎上，因為恩典本來就是不合理的。不過，這比喻的邏輯若是在於最後一句話：「那在後的，將要在前；在前的，將要在後了。」耶穌要達到的效果，乃是使聽者在正常邏輯被顛覆後，能反思悔改。正如馬太福音裡其他的講論一樣：自以為是綿羊的，原來是山羊；自以為是山羊的，原來是綿羊。過度預測耶穌甚麼時候來的，耶穌說只有父知道他再來是甚麼時候；認定耶穌不會再來的，他便說他隨時如賊一樣突然出現。總意就是要人隨時準備，隨時候命。不，應該是時時踐行。因為我們不知道自己在世仍有多少年日，正如我們不知道主會不會馬上回來。恐怕他突然出現，我們如十個童女中的五個，油用光了。恐怕他來的時候，或我們突然只剩幾天的命，才發現自己的一生完全沒有果效，只不過是勞苦愁煩，

消耗於無益的眼目、肉體的情慾和今生的驕傲中。

所以，這比喻有一個目的，就是要聽的人馬上悔悟。醒悟過來後，便當下改變生命態度。在前的不一定在前，在後的不一定在後。悔恨自己太遲太晚才覺醒的，可以馬上回應生命，當下踐行，他所得的獎賞不一定少過別人。以為自己早已把一切擺上的，不該自滿自足。因為自以為得著的，其心眼早已逗留於得了多少，而不是活於當下的踐行與服事。結果，在前的反要在後。然而，一旦醒悟，又何嘗不能當機立斷，再度當下踐行，雖本已落後，又列於前。

可見，顛覆前後邏輯，有如佛門禪宗的「棒喝」，是要叫聽者有所頓悟，及時悔改、即時改變，因為天國近了，當下就是天國之契機。按這比喻的意思，早早進入天國，叫上帝的旨意行在地上，如同行在天上。但這不等於愈早愈好、愈早便累積愈多的天國「業績」，或必然「得到」更多的獎賞，早或晚與所得沒有成正比的關係，重點在於每一個當下悔悟，當下積蓄生命的真正財富於天國裡。耶穌說的是「將得著百倍，並且承受永生」。而且，我們的心眼絕不可停留於和他人比較。正如彼得曾問耶穌：「這人將來如何？」主人回答基本上是對他說：「這與你何干呢？」重要的是，你來跟從我吧！

救恩只屬以色列家？

　　新約的作者，幾乎都不忘處理一個信仰問題：上帝不但揀選猶太人，也一樣能藉著基督耶穌揀選非猶太人。祂當初如何與亞伯拉罕立約，透過摩西與整個以色列子民立約，與大衛堅立祂的約，祂同樣藉著耶穌基督也與非猶太人立約。從他們的角度來說，救恩原屬於以色列。耶穌曾對十二個門徒說：「外邦人的路，你們不要走；撒瑪利亞人的城，你們不要進；寧可往以色列家迷失的羊那裏去。」（太十5～6）保羅說：「為我弟兄，我骨肉之親，就是自己被詛咒，與基督分離，我也願意。他們是以色列人，那兒子的名分、榮耀、諸約、律法的頒布、敬拜的禮儀、應許都是給他們的。列祖是他們的，基督按肉體

說也是從他們出來的。」（羅九 3～5）

在馬太福音裡，不少講論預設了猶太基督徒群體，並且耶穌對話的對象主要也是門徒和當時的猶太宗教權貴。按他們的理解，他們本來就是上帝的子民，他們本來就是屬於救恩之內者。所以，回顧前面幾章，先是論到下地獄或被丟入火爐的經文，會發現我們沒有特別強調這一點，即他們在救恩之內或之外。然而，前文已透過青年財主所關注的永生問題，在經文裡分別讀到上帝的國（馬太福音僅兩處出現「上帝的國」的其中一處便在此段）、天國、永生和得救這幾個不同的詞。

從猶太人的背景來看，甚麼是得救呢？我們已在第一章嘗試展示一個政治意涵下的得救。話說，得救的觀念源自耶和華上帝對以色列民的拯救。最經典的是祂自埃及法老的手下救贖了以色列民，並引領他們經過紅海，卻把埃及的兵馬淹沒葬在紅海裡。在士師記裡，反覆出現的模式是「以色列人行路耶和華眼中眼為惡的事」，耶和華「便把他們交在」敵人手中；而當他們再度向耶和華呼求的時候，祂便差遣或興起祂的僕人（士師）拯救他們。這一些，都有政治的含義。並且，耶穌又是在第一世紀、又是以色列民在歷經希臘和羅馬的政治威權下，光復意識極強的背景下出現的。

甚麼是得永生呢？青年財主問如何得永生的時候，他心中對「永生」的想法，必須有一個按他個人的以及第一世紀猶太宗教文化語言傳統並按舊約中的相關經文來理解。[1] 我們也曾討論尼哥德慕夜裡去見耶穌，談論上帝國。在耶穌的回應中，我們讀到人必須從上面生、從靈生，才能看見上帝國，才能得永生。

舊約聖經裡論到永生的不多。其中一處出現在但以理書十二章 1～3 節：

> 那時，保佑你百姓的天使長米迦勒必站起來，並且有大艱難，自從有國以來直到此時，未曾有過這樣的事。那時，你的百姓凡記錄在冊上的，必得拯救。睡在地裏塵埃中的必有多人醒過來；其中有得**永生**的，有受羞辱永遠被憎惡的。智慧人要發光，如同天上的光；那領許多人歸於義的必發光如星，直到永永遠遠。

但以理書最後成書日期應在公元前二世紀。[2] 若以馬加比的時代作為此中所反映的時代氛圍，我們可以猜想按那樣的背景來說，得永生者的義人，就是那些在艱難的日子裡在信仰上站立得穩，沒有隨從外邦人者。「睡在地裏塵埃中的必有多人醒過來」，這一句叫人看見舊約裡一絲復活的觀念，反映的是一種

義人得以伸冤，惡人遭報的觀念。以賽亞書廿六章19節也有相類似的表達說：「你的死人要復活，我的屍首要起來。睡在塵土裏的啊，要醒起歌唱！你的甘露好像晨曦的甘露，地要交出陰魂。」然而，在廿五章裡提到的是外邦人的城必倒塌；而相反的，說到耶路撒冷則說：「當那日，在猶大地人必唱這歌說：我們有堅固的城。耶和華要將救恩定為城牆，為外郭。敞開城門，使守信的義民得以進入。」（賽廿六1～2）又說：「我的百姓啊，你們要來進入內室，關上門，隱藏片時，等到忿怒過去。因為耶和華從他的居所出來，要刑罰地上居民的罪孽。地也必露出其中的血，不再掩蓋被殺的人。」（賽廿六20～21）顯然，耶和華要刑罰地上的人，包括那些曾管轄以色列民者（賽廿六13），「他們死了，必不能再活；他們去世，必不能再起；因為你刑罰他們，毀滅他們，他們的名號就全然消滅。」（和合本，賽廿六14）

另外，我們已指出在新約裡的地獄（Hades）一詞，有源自舊約的陰間（sheol）或欣嫩子谷（Gehenna）。所以嚴格來說，舊約沒有地獄一詞。舊約關注的是惡人的去處或終極下場。我們僅以詩篇三十七篇為例，詩人一再指出惡人會如何被剪除：

「作惡的……如草快被割下，又如綠色的嫩草快要枯乾。」

（詩卅七 1～2）

「作惡的必被剪除……還有片時再過不久，惡人要歸於無有；你就是細察他的住處，也不存在。」（和合本，詩卅七 9～10）

「惡人的膀臂必折斷；」（17 節）

「惡人卻要滅亡；耶和華的仇敵要像草地的華美；他們卻要滅亡，在煙中消失。」（20 節）

「他（耶和華）所咒詛的必被剪除。」（22 節）

「惡人的後裔必被剪除。」（28 節）

「看哪，他已不存在；我尋找他，卻尋不著了。」（36 節）

「至於罪人，必一同滅絕，惡人的結局（新譯本作「的後代」）必被剪除。」（38 節）

至於義人、謙卑人，他們

必享「平安」（詩卅七 11）

必「承受地土」（9，11，22，29 節）

他們的「產業要存到永遠」（18 節）

「必得飽足」（19 節）

「義人的腳步為耶和華所穩定；他的道路，耶和華也喜愛。他雖失腳也不致全身仆倒，因為耶和華攙扶他的手。」（23-24 節）

他們必「永蒙保佑」（28 節）

他們的「腳步永不搖動」（31 節）並得救

詩人說：「義人得救是出於耶和華，在患難時耶和華作他們的避難所。耶和華幫助他們，解救他們；他解救他們脫離惡人，把他們救出來，因為他們投靠他。」（39-40 節）

從以上所引的經文範例，我們可以說舊約所說的拯救，是關乎以色列民的，而且基本上指的是地上的拯救，即救他們脫離仇敵的意思。但在較後期的作品中，逐漸出現一個比較像新約所說的未來復活的觀念。那反映的正是由兩約期間過渡到新約的一個神學轉型。

保羅的神學典範轉移

　　近幾十年來，保羅神學的討論，其中一樣圍繞在舊觀和新觀之辯上。在此，我無意進入辯論的內容，而是預設了兩者各所側重的神學重點。我的看法是，舊觀中的「因信稱義」，有如學者所指出，[1] 或許真有一種根源自從良心受責到得釋放的閱讀，遙遙指向宗教改革之父馬丁路德，而一直主導著信仰群體對保羅的閱讀。不過，這樣的閱讀，可以追溯到更早的傳統，比如說奧古斯丁。我相信，對於保羅採取這樣的體認，之所以能在信仰傳統中佔有一席之地，廣被認同和視為一必然的理解，最根本的原因是，良心的自責是所有人的共同經驗。有誰沒有經歷過良心的指責、虧欠、愧疚？「因信稱義」也因此能在人人心

裡找到最佳的住所。

　　至於新觀，[2] 近年來華人學者，以及其他在閱讀層面較貼緊各類神學出版物的讀者與全職事奉的同道，以及少數信徒多有此認知。除此之外，普遍教會大眾仍不知「新觀」是「何方神聖」。簡單而言，我們可以藉三個人物為代表，指出新觀的核心主張：首先，桑德（E. P. Sanders）第二聖殿猶太教看重上帝的恩典，對律法的強調，是以上帝的約為前提的，就是說他們不是靠律法才能作上帝子民。律法只是他們守住自己作上帝子民的條件。桑德稱此為恩約律法主義（covenantal nomism）。[3] 故此，按這觀念來說，唯獨恩典這神學觀不是保羅獨有，更不是馬丁路德才開創的。猶太人的信仰「本來」就是唯獨恩典的。

　　其次，鄧雅各認為保羅所批判的是猶太人的我族中心（ethnocentric）的子民觀，而他們對律法的堅持，也就成為排斥他族的關鍵尺規。因此，我們在加拉太書裡，讀到保羅對守割禮的堅持抗議，對彼得在那班耶路撒冷來的同胞出現的時候表現出的民族「潔癖」，怕被自族人誤會而迫不急待的與外邦人保持距離。這些都是我族中心的證據。同樣的，閱讀羅馬書也該以這樣的視角去了解保羅如何以超越這種我族中心的方向向前推進，論述在摩西律法之下的人和沒有律法的人，至九到十一

章為高潮。十二章始,保羅的焦點在於新的群體建立的原則。因此,保羅神學的主旨不在於因信稱義,而是超越猶太的我族中心。

再其次,萊特(N. T. Wright)以聖約神學為核心主張。與鄧雅各的主張有異曲同工之妙,萊特認為聖約以不再只屬以色列民,藉著耶穌基督,這約一樣恩及外邦人。這裡,可以看見他對約的強調頗可以和桑德所提的恩約律法主義相呼應。不過,這恩約已在耶穌基督裡延伸到外邦人。從創造到新創造,上帝藉耶穌基督至終完成祂創造的心意。舊造不是廢掉,而是要更新修復。[4]

新觀有破有立。新觀著力糾正舊觀那種被因信稱義所主導的信仰觀念,此為破。新觀指出恩典先行於律法、超越我族中心、聖約普及萬民,此為立。不過,這些所立之論,始終依傍著或為的是超越舊觀而立說。**就我們所關心的進入上帝國的主題而言,保羅如何從新約時代那猶太族群中心的、那視政治和律法(Torah)之體現為實現上帝國願景的復國主義,轉化出一個超越族群光復,但仍以國以權勢為隱喻的上帝國願景?**

保羅之神學轉向

「在罪人中我是個罪魁。」（提前一15b）這話為甚麼會出自保羅的口呢？他曾說：「就律法上的義說，我是無可指責的。」（腓三6b）照理說，他應該沒有一種活在罪疚感裡的理由。[5]

到底保羅是按甚麼準則來自認是罪魁的呢？身為猶太人的保羅，他自己說，他按律法的義而言是可指責的。這樣，我們豈不是不能用律法的角度來理解他自認為是罪魁的內在邏輯？還是說他雖不覺得自己按律法而言有罪，可是在他於大馬士革的路上遇見主耶穌向他顯現後，他才恍然大悟：怎麼一直以來覺得無誤的、理直氣壯的義行（即捉拿並逼害基督徒），會是逼迫自己所事奉的主？「掃羅！掃羅！你為甚麼逼迫我？」這句話，好像一道光刺入他的心坎。使徒行傳記載保羅失明三天，即使是按我們今天所說的身心（psychosomatic）反應，也頗為合理。即使不然，那種「前我失喪、今被尋回；瞎眼今得看見」的經歷，無論是就文學、就生命實相而言，都是最貼合的描述。

或許，多年以後，保羅回想，一切是愈來愈清楚。按著律法而言，他的確無可指責。可是，律法對於他內心的動機、私心、野心、殺戮以至於失控之心，完全沒有抑止的作用。他當初所以為的「為上帝大發熱心」——就像當年的非尼哈一樣，根

本就是來自內心的殺氣，和上帝的義無關。那殺人的心就像該隱殺亞伯時一樣。律法說，不可殺人，保羅誤用上帝的義而大行殺人之舉，他後來一定更明白耶穌所說，恨人的，就等於殺了人。

保羅對於罪，最大的貢獻就是稱之為罪的權勢。[6] 羅馬書一至七章對罪有非常多的討論。保羅所要說明的是，不但是個人犯此或犯那罪而有罪了，而是指出罪「進入」世界，並成為一種彷彿有生命、有主宰權的東西。這罪的觀念，發展到「次保羅」（Deutero-Pauline）書信時，[7] 尤其是以弗所書，讓我們看見一個「靈界」的層次。誠如我之前所指出，兩約期間的啟示文學中善惡對仗的形態、撒但被擬人化，也多多少少成就了一種在上帝與人中間，有另一個靈界的存在。我們可以如榮格般以一種集體的（collective）、結構性的（structural）罪的角度詮釋，[8] 也可以簡單用新約的語言說：「空中屬靈氣的」、「空中的掌權者」來表達這種不單單以個別的人犯罪來言罪，而是說明一個更大的權勢——罪的權勢。

所以說，保羅所體驗到的罪，不只是律法所說的罪；保羅所等候的國，也不是以色列所等候復興的地上國。他既能說明一個真割禮、真以色列、真正的亞伯拉罕的後裔的嶄新詮釋，

如果鄧雅各說保羅書信所針對的、所嘗試梳理和建構的，是走出猶太族裔中心（Jewish ethno-centric）的信仰，我們可以說，保羅所走出的是猶太族裔中心的國度觀。保羅建構了一個普世的國度觀——既在罪的含義上，也是拯救的含義上；因為罪的權勢既非只在有摩西律法的猶太人身上（正如他自己親身經歷的一樣），也在那些沒有摩西律法，卻有是非之心的人身上。

再且，所謂因信稱義，如果被修正或補充為我們之前所說的因信、因有分於耶穌基督的信實而得的義是更合理的意思，那麼基督信仰的核心，要宣告的便是上帝的義，藉著耶穌基督表明了出來。上帝以前如何向以色列人顯出祂的義，如今也藉著耶穌基督顯明祂的義。祂揀選以色列民，與他們立約，不是因他們的義，亦非因他們的信實，而是出於祂主動的揀選。以色列因信上帝的邀請，便算為他們的義，並且得以進入這約當中。同樣的，那出於上帝之主動、藉耶穌基督蒙揀選的，也是如此成為新的子民。既是子民，便是國度。所以，從論述罪的國度到耶穌基督的上帝國，保羅用了原有的國度／權勢的語言，但賦予新的含義。

我們若把這一層的含義銜接至本書第 21 章的討論，便可以說，經過保羅這神學轉向後，得救便自然而然提升到另一個層

次了。**救恩不再只是屬於以色列家的了，耶穌所拯救的百姓，也不只是以色列民了。保羅的神學轉向，就罪而論、就救贖而論、就國度而論，成就了一個具普世含義的信仰。**或許，我們大膽的說，舊觀和新觀之外，我們擁抱一個兼容並蓄的第三觀。這第三觀其實不新，本在新約中。

　　所以，我們是從這世界、這敗壞之世代、世上以及空中執政掌權的領域被拯救了出來。這世代和屬它的一切，本來奴役了我們、定義了我們的生命，並叫我們屬於它。可是，我們本是屬上帝的，在這世上暫時活在某個時間向度、某個歷史階段裡，卻被這世界、罪和那惡者擄去。如今，我們是蒙救贖，進入了另一個世界、另一個國度。我們雖活在這世上，卻不屬於這世界。但既然是活在這世上，就必活在一個時間向度裡，我們的生命，也被這時間向度界定著。可是正因我們不屬這國度，而屬另一個國度，我們雖被這時間界定，我們的生活的意義卻不受它所限定。

///23

你們要愛惜光陰

愛惜光陰，從小老師就一再叮嚀的話。這會是解開新約聖經的關鍵嗎？

摩西說：「人的一生是七十歲。若是強壯的，可到八十歲；」（詩九十 10）

我們以為，這些都是勸人要把握今生，或做好時間管理的勸世良言。俗語不是說：「一寸光陰一寸金，寸金難買寸光陰。」傳道書的作者說：「你趁著年輕、衰老的日子尚未來到，就是你所說，我毫無喜悅的那些歲月來臨之前，當記念造你的主。」（傳十二 1）保羅說：「要把握（exagorazomenoi）時機

（kairon），因為現今的世代（hēmerai）邪惡（ponērai）。」（弗五16）

保羅以邪惡形容這世代我們不感到稀奇。到底這世代如何邪惡呢？把「邪惡」一詞的原文 *ponērai* 譯為「淫亂」也無補於事。

新約聖經裡有個詞是彼列。「基督和彼列（彼列是撒但的別名）有什麼相和呢？」（林後六15）雖然在保羅的時代，這詞與撒但意思等同（本來撒但一詞也並非專有名詞），可是，其原文 *beliāʿal* 的意思，最常指惡人、壞人；原意還有無用、沒有價值的意思，並且帶有無主、不在軛下、不虔不敬的意思，有時被闡釋為混亂、混沌。如果這樣理解，實在深含使存在走向敗壞、混沌、沒有方向的意思。

保羅所提到的這「時機」應該可以用新約神學中「終末」的觀念來理解。在這終末裡，人活在時間向度中。這時間向度，也是現今的世界、世代所共用的。然而，此世界、世代也在這時間中會成為過去。換句話說，我們既活在這時間中，也會隨「時間之流」、[1]隨現今的世代而去。所以保羅說「要把握時機」，即要在這時間向度中「搶回」這 kairos ── 即使它成為終末時

間。[2] 終末時間就是這裡所說的時機，是基督藉死和復活所創造的。終末時間是救贖意義下的時間，是耶穌的來臨和復臨之間撐開的時間。我在另一處文章中以「懸置（suspended）的歷史」來稱呼這段時間。[3]

沒有人知道自己在此世，即此時間向度裡活多久。同樣的，沒有人知道耶穌何時復臨。在福音書裡，耶穌的說法是，沒有人知道，連子也不知道，只有父知道。在這雙重的不知道裡，每個人在時間向度內移動，彷彿隨時便會中斷，或是自己的生命終結，或是耶穌復臨。可是，關鍵處是，這兩個時間——終結和復臨，沒有人知道何時。阿甘本指出，復臨（porousia）按希臘文而言，本意是「臨在」（presence）。他對於基督之復臨有如此的描述：

復臨之意不是指意謂**附加**於某樣東西作為補充來使它完備，也不是事後那種永不足夠的增補。保羅使用這一個詞，是要強調彌賽亞事件裡頭那最內在的一元而二元（uni-dual）的結構，因那裡頭乃是兩個異質的時間所組成，一者是契機似的時間（kairos），一者是線性的時間（chronos），一者是運作的時間（operational time），一者是表徵性時間（represented time），並存而不相和。彌賽亞的此在（messianic presence）躺在它自己

身邊：因為它既不和順性的時間（chronological time）那一刻交錯，也不把自己**添加**上去，它只是把那瞬間逮住並成全了它。[4]

故此，人當重視每一天、每一刻為生病終結或主再來的時間，把流動中的時間一次又一次的瞬間逮住，讓彌賽亞的此在綻現，把每一個瞬間化為彌賽亞的時間。所以福音書裡有十個童女的比喻（太廿五 1～13），意思就是主隨時可能回來，因此人人應該隨時做好準備。以下，筆者仍以終末時間來表達這因耶穌基督之來臨與復臨之間的這一種非線性時間。

人若不把握、搶回這時間，使之成為終末時間，他的一生便在這世代的邪惡中枉度了。保羅甚至認為這世界之所以如此，乃是由於空中掌權者之故。他說：

> 從前，你們因著自己的過犯罪惡而死了。那時，你們在過犯罪惡中生活，隨從今世的風俗（ton aiōna tou kosmou toutou），順服空中掌權者的領袖，就是現今在悖逆的人心中運行的邪靈（「邪」字原文本無）。我們從前也都生活在他們當中，放縱肉體的私慾，隨著肉體和心中的意念去做，和別人一樣，生來就是該受懲罰的人。（弗二 1～3）

「今世的風俗」所指的乃是屬於今世的時代／時間（aiōn）

和世界（kosmos），是相對於在基督裡的終末之世。用同樣的
字眼來表達的話，基督裡的終末，乃是一個新造的時代／時間
（aiōn）和世界（kosmos）。再者，活在今世裡，或這個世代裡，
人的情慾、肉體會受一股源自空中掌權者而來的無形力量所影
響，以致悖逆與犯罪。保羅認為，人在這樣的日子裡，實在而
言是「死」的。所以他說：「然而，上帝有豐富的憐憫，因著
他愛我們的大愛，竟在我們因過犯而死了的時候，使我們與基
督一同活過來。」（弗二 4～5a）這個活，是在基督裡活著，誠
如他說：「現在活著的，不再是我，乃是基督在我裏面活著。」
（加二 20）

　　約翰說：「盜賊來，無非要偷竊、殺害、毀壞；我來了，是
要羊得生命，並且得的更豐盛。」（約十 10）意境異曲同工。耶
穌來，是賜生命，叫我們重生，從上面生。這生命也要連結於
他，如同枝子連於葡萄樹（約十五）。人活在這終末的時間裡，
要連結於他，以免又被「今世」所擄去。約翰說：「世界和世上
的情慾都要消逝，惟獨那遵行上帝旨意的人永遠常存。」（約壹
二 17）我們稍後再回到約翰，讓我們再看看要把握終末時間和
情慾之間的衝突是甚麼？

　　從以上的論述，我們知道我們活於這時間向度裡的生

命——我換個方式說，即我們之實存的人生，若全耗在肉體的情慾裡，隨從今世，我們的生命便完全的虛無，正如保羅所形容，就像是死了一樣。所以，我們要與天空靈界的惡魔搶時間，雖然這惡魔經常看起來不怎麼邪惡。正如先前我們所論述的一龍二獸，牠們彰顯於這世界的型態和模式，更多是耶穌的三個試探的樣板所變化出的各種型態，所包含的種種（先前既已陳述，在此就不贅言重覆了）。以下的論述集中於保羅的描述。

我們既看見，我們之存活於中性的時間內，隨著時間之流向著肉身之死的日子走去，而我們也不知道自己的時間甚麼時候終結。我們也看見空中掌權的邪靈也能搶走我們肉身的時間，引誘我們把這時間耗在情慾和這世上一切的追逐；再者我們又看見，我們可以和這邪靈爭戰，不讓牠佔用我們的肉身，並消耗我們肉身的時間。我們肉身的時間就是上帝賜給我們在今世的籌碼、本錢，叫我們可以把它投資於永恆——即我們全書所界定的天國意義中。投資的方法就是把肉身的時間轉化成終末的時間。

我們也可把這終末的時間，按阿甘本的說法稱之為彌賽亞的時間（Messianic Time）。這時間是一個「當下的時間（ho nyn kairos）」。[5] 恐怕有人誤會了這終末的時間等於是最後的時間。[6]

這樣的時間或契機（kairos），[7] 是在上帝國的含義下，更是在彌賽亞國度的含義下來定義的。誠如筆者所提出的「懸置的歷史」這觀念所說：

> 若上帝國的成全，不在於歷史進程中的實體國度，而是一個藉著歷史或時空之存在方能展現的一個非屬「這世界、這世代的」的國度，就是說這上帝國既是上帝性情以及生命之圓滿必須所體現的境界，這境界不能是離開歷史及一切生命事件與偶發，不能脫離上帝所造的世界，以及各人類族群、社會群體，而獨立存在。這境界不是一個存在於他世，一個無關世事的神祕宗教境界，那麼這上帝國就必須是此世界，有此世代，有此實存之界，才能體現。然而，這所體現的，又不是歷史演變的傾向（propensity）下的地上國。所以說，人與社會一手打造的人類歷史在彌賽亞國度的視野下，不是消失了而是被懸置了。所謂懸置就是失去了其決定性的意義。上帝的國「棲身於」這歷史中，卻不被歷史所定義，更不是歷史的演變進程下的產物。耶穌基督之道成肉身並釘死而復活，是在歷史的時空下所發生，這是必須的，但因為祂所完成的這一連串歷程，以色列所期待的在歷史演化意義下的彌賽亞國度被懸置了，或說其含義被轉化了。[8]

　　以上所摘錄的這一段話，雖然重點是歷史的演變，看似與個人相距甚遠，可是個人豈不都活在歷史的時間長流嗎？我們的肉身便在這時間長流中一刻接著一刻的活著；也好比保羅一再指出的肉體如何受罪的牽引，這正好指出，我們雖活在中性的時間裡，但實質上我們必然要和這邪靈爭戰。我們若視而不見，置之不理，隨波逐流，一生便要耗掉在情慾和肉體的虛空裡。不單是以色列所期待要在歷史的時空下的國度被轉化為在耶穌基督裡的嶄新意義的彌賽亞國度。我們也一樣，我們個人的時間向度不必在那時而虛幻炫眼、時而黯沉虛無中虛度，而是在基督裡被轉化了。

　　在這時間向度裡的肉身，活在基督耶穌裡的契機中，不過基督雖把這時間懸置了，我們卻不可以安安逸逸的任隨這世代（ton aiōna tou kosmou toutou）和運行在其中的惡者把我們的時光（時光即生命）掠去。保羅說：「因為我們的爭戰並不是對抗有血有肉的人，而是對抗那些執政的、掌權的、管轄這幽暗世界的，以及天空靈界的惡魔。」（弗六 12）面對這爭戰，「要拿信德當作盾牌，用來撲滅那惡者一切燒著的箭（ta belē tou ponērou [ta] pepyrōmena）。」（弗六 16）以及其他屬靈的兵器來抵擋（參弗六 10～18）。

為甚麼我們一定要搶救這時間呢？其實，活在這時間裡的生命，乃是我們唯一被賜予的「本錢」，我們要知道甚麼是他在我們身上的心意。本來我們是「可怒之子」，是已經死在罪裡的，但卻在基督裡重新再造（林後五 17）。正因如此，保羅說：「我們是他所造之物，在基督耶穌裏創造的，為要使我們行善，就是上帝早已預備好要我們做的。」（弗二 10）

留意保羅所說，在「把握時機」這話之前，他說：「你們要謹慎行事，不要像無知的人，要像智慧的人。」（弗五 15）而在這話之後，則說：「不要作糊塗人，要明白主的旨意如何。」（弗五 17）我們若避免無知，且不作糊塗人，就必看見甚麼才是智慧的人生，就是能把生命贖回，成為屬基督的終末時間，把身體獻給義，作義的器皿（參羅六 13～23）。因此，在蒙贖的終末時間內的此生，乃是要活出上帝國的實質含義，即保羅所謂的行善和作義的器皿。本書前面已經從保羅論上帝的義、基督耶穌的義，從馬太論天國裡的義、上帝的憐憫，從路加福音等說明了義的種種含義。我將於本書最後一章再進一步說明這義如何成為一個此生踐行的方向。

話說回頭，怎樣的生活才是無知、糊塗人的生活？即上面所說的徒然消耗於肉體和情慾的事。但我們要如何避免呢？

情慾的事都是顯而易見的

保羅認為情慾的事是顯而易見的。換句話說，只要願意，我們便可以辨識。保羅指出：

情慾的事都是顯而易見的；就如淫亂、污穢、放蕩、拜偶像、行邪術、仇恨、紛爭、忌恨、憤怒、自私、分派、結黨、嫉妒、醉酒、荒宴等類，做這樣事的人必不能承受上帝的國。（加五 19～21a）

在另一段話裡，他又說：

你們豈不知不義的人不能承受上帝的國嗎？不要自欺！無論是淫亂的、拜偶像的、姦淫的（moichoi）、作娼妓的（malakoi），親男色的（arsenokoitai）、偷竊的、貪婪的、醉酒的、辱罵的、勒索的，都不能承受上帝的國。從前你們中間也有人是這樣；但現在你們奉主耶穌基督的名，並藉著我們上帝的靈，已經洗淨，已經成聖，已經稱義了。（林前六 9～11）[9]

比較兩段經文，我們可以如此推論，對保羅而言，行情慾之事者也會是不義的人。兩個內容非常相似，而且他認為這些人不能承受上帝的國。

　　我們很快便能同意，那些我們所不認同的，我們認定非常不當的行為，必是罪，也因此理所當然認為，判定行這樣事的人不能承受上帝的國是毫無疑問的。可是，其中一些罪行如紛爭、忿怒一些看起來比較像是情緒問題或脾氣不好之類的，若說也一樣不能承受上帝的國。心中難免嘀咕：那未免太嚴重了吧！

　　問題是，我們認為甚麼是承受上帝的國呢？是得救嗎？不能承受上帝的國，也就是等於將來沒有永生，甚至下地獄嗎？我在前面不少章節已經解釋過這些辭彙下的含義。在此不贅。簡單來說，上帝國的展現，乃在今生，就是在這懸置的終末時間內，叫進入此國的人，或說遵行此國意義的人，藉著踐仁行義——就馬太、路加而言，也就彌迦所說的「行公義、好憐憫」體現上帝的愛。這就是愛上帝了——就約翰的詮釋而言。愛上帝所以愛人，那就勝過法利賽人的義了。不是呼叫主啊、主啊的人進入天國，而是踐行者才能進入。既是進入，在踐行中便是承受了。

　　人若自欺，便是無知了。若沒有踐行天國或上帝國的實義，為何欺騙自己有呢？所謂承受，便是活在其實義裡。若不然，便是在此國以外，是徒有虛名而已，實則不是其國民了。

我們只能在此世上，即此時間向度內，如此踐仁行義，「為永生儲存五穀」（參約四 36）。反之，若只把此時間用在情慾肉體的事，便沒賺得甚麼——換句話說，活在這時間向度裡，花在這些事上的每一分每一秒，都在把生命消耗掉，而換回的只是情慾之樂和罪，最後只有死亡。因為這一切只屬於那運行在肉體的空中掌權者。啟示錄稱這空中掌權者為撒但，且指出這撒但必被丟入火湖裡被消滅。牠藉著情慾的事，仿如盜賊一樣偷走了我們在世的時間，即我們的生命。

當然，每個世代都有能耗費我們人生的虛空事並牽動情慾之事。傳道者說：「眼看，看不飽；耳聽，聽不足。」（傳一8）今天，一樣還有甚麼事會耗費掉我們的人生呢？在一個高技術的社會裡，網路上的消遣與娛樂、手機的各種資訊、每天上下班在交通工具上的時間，不一而足，這些都能用掉我們的時間，都應該搶救回來，使它變為終末的時間。

當然，我的意思不是每一刻都化為有效的工作，彷彿一切娛樂和其他的都是耗費時間和無益的。不過，如何擁抱時間與生命，這一個主題會適合在下一冊書裡方才處理。

如同經過火燒

回頭再說前面所說的「不能承受上帝的國」。如果我們真耗掉今世的時間於「情慾上的事」，我們能得救嗎？我們一再說，此番所謂「得救」，不是「信耶穌便得永生」語意下的得救。最開始的時候，我們把「得救」一詞以政治性的含義來說明，我們後來也進一步補充，以救恩是否只屬以色列民的角度來說明得救。這兩者是相關的。不過，我們處理保羅的神學轉向，指出這世代與屬這世代的一切會過去，因此，我們必須也從那管轄這世代的空中掌權者手下被拯救出來。這樣，我們便可以再檢視保羅的另一句話——「只是要像從火裏被救出來一樣」可作何解。保羅說：

> 若有人用金銀、寶石，草木、禾稭，在這根基上建造，各人的工程必將顯露，因為那日子要將它顯明，有火把它暴露出來，這火要試煉各人的工程怎樣。人在那根基上所建造的工程若能保得住，他將要得賞賜。人的工程若被燒了，他將損失，雖然他自己將得救，卻要像從火裏經過一樣。（林前三 12～15）

保羅說他乃是靠著上帝的恩典，像一個工頭一樣把根基立好，而這根基便是耶穌基督。有了這同樣的根基，各人可以隨

已意在其上建造。但保羅提醒並指出,「只是各人要謹慎怎樣在上面建造。」(林前三 10～11)

　　保羅所指耶穌基督的根基,可以理解為我們前面所說的在基督裡的終末時間,也就是藉耶穌基督所買贖回來的時間,或說每個順著聖靈心意之當下而行的時間,便是 kairos。我們可以「順著情慾撒種」,也可以「順著聖靈撒種」,前者所收成的是「敗壞」,後者則收成「永生」(加六 8)。所謂永生,就是那相對於今世今生(ton aiōna tou kosmou toutou)的生命,是那轉化為基督裡的終末時間、不隨今世今生屬空中靈氣者(牠們將被丟入火湖裡消滅)的生命。對比保羅兩處經文,一是以建築工程為比喻,一是以種植為比喻。其實所指的是同一件事,那就是我們如何善用我們今世的時間,在基督耶穌的根基上,把這向前邁進的時間,轉化成終末的時間。凡在耶穌基督的根基上建造的,便是新耶路撒冷的建造(啟示錄之用語)。凡順著情慾建造的,其工程最後顯露出來,一生所積蓄,其實一無所有。

　　以基督為根基的工程,其實就是天國,即上帝國、彌賽亞的國。這國的工程,所需要的是在愛的倫理、藉著效法基督而踐行的仁義與信實。然而,那只在表面上奉耶穌的名所造的,歸根究底若只是出於忿恨、忌妒,經火一燒,必如草木禾稭,全歸

於空。這和順著情慾撒種收敗壞的意思是一樣的。敗壞即腐朽。

　　有些信徒心有不忿，認為自己努力敬虔度日，不縱慾、天天參加教會活動並事奉主，可是看見一些主內肢體，卻為所欲為，過著一個沒有基督徒的榜樣的生活。心想，為何那樣的人一樣「得救」呢？其實，大家今生的時間都一樣。每個人都只有這一生，每天每時每刻如何過，是個人的抉擇。的確，誠如保羅所引述的俗語：「如果死人沒有復活，讓我們吃吃喝喝吧！因為明天要死了。」但他也警告說：「不要被欺騙了；『濫交朋友敗壞品德。』你們要醒悟為善，不再犯罪；因為有人不認識上帝。我說這話是要使你們羞愧。」（林前十五 32～34）

　　保羅在處理哥林多教會的問題中，有一項是關於一個與繼母犯姦淫的個案，事主不聽勸。而教會中一些人似乎仍要包庇他。他感嘆的說：「難道你不該感到悲哀，把做出這種事的人從你們當中趕出去嗎？」（林前五 2）他說這樣的人若不聽勸，就「要把這樣的人交給撒但，讓他的肉體毀壞，好讓他的靈魂在主的日子可以得救。」（林前五 5）意思是說，這人在世上的日子都將變為虛空，是一點工程都沒有，將來只是「從火裏經過」，勉強「得救」而已。天國的踐行全在我們所存有的時間向度內，若只荒廢度日，便是「赤裸裸」的離開，只勉強在基督所立的

根基上「得救」。

　　中文裡也有古詩說：「今朝有酒今朝醉，明日愁來明日愁。」可是，虛度的光陰，便是虛度，不能自欺。保羅說：「我們不是欠肉體的債去順從肉體而活。你們若順從肉體活著，必定會死；若靠著聖靈把身體的惡行處死，就必存活。」（羅八12～13）意思是說，我們已經被買贖回來了。任何一點一滴在基督裡所建造的，都是賺到的，都可積存到永生。

　　所以保羅勸勉說：「不要使上帝的聖靈擔憂，你們原是受了他的印記，等候得救贖的日子來到。」（弗四30）「我們這有聖靈作初熟果子的，也是自己內心呻吟，等候得著兒子的名分，就是我們的身體得救贖。」（羅八23）同樣的，保羅以不同的隱喻表達那已經在基督裡得著的應許：印記、初熟果子、兒子名分，全都在表明已有，卻仍未完全得著、未完全成熟、雖有名分卻未得產業，正是新約中的已然而未然的神學觀，也就是我在前文所說的終末時間——在基督之受死復活至復臨之間撐開的一個時間。這時間也就是啟示錄所說的千禧年——這期間撒但被綑綁，但卻非完全不能影響我們，因牠仍能藉著引誘——試探，叫我們的肉體順服於牠——我們可以把握這時機，建造天國之工程。

///24

努力進入天國得獎賞？

　　經過火燒、勉強「得救」的景況，是否連得救也沒分？我們是否該假設：今生在實質上既有不能承受上帝的國的可能，努力進去是必須的。本書第 19 章的標題是：當努力得救或得永生嗎？在那裡，我們討論了青年財主問如何得永生一事。我指出，對財主而言，一切都像是攀登人生的成功階梯一樣。不過，此處說的努力進天國卻不是這個意思。

　　我們在前面已指出終末時間的神學觀。我們也指出人在不斷向前移動的時間流裡，他的存在會面對著被那屬今世今生的、受天空屬靈氣的惡魔擄去的可能，以致他沉淪於肉體和情

慾中，或說被虛空所吞蝕，他在世的時間便徒然耗費掉了。不過，人也可以藉活在基督的根基上的踐行，把在世的時間贖回，變成一個有終末意義的時間。

我們先前討論過馬太福音裡有關地獄之火的內容。容我再引述有關經文：

> 如果你一隻手或是一隻腳使你跌倒，就把它砍下來扔掉。你缺一隻手或是一隻腳進入永生，比有兩手兩腳被扔進永火裏還好。如果你一隻眼使你跌倒，就把它挖出來扔掉。你只有一隻眼進入永生，比有兩隻眼被扔進地獄的火裏還好。（太十八 8～9）

這裡我的焦點不是先前的地獄之火，而是如何保守自己能進入永生。

兩手兩腳、兩隻眼，當然比一手一腳一眼多，就是說，與其全部、甚至全身全人喪失了，寧願把那有損的、會影響全人的，忍痛切除。就好比手被毒蛇咬傷，寧可忍一時之痛，能如壯士斷臂，好過毒氣攻心，把命丟了。耶穌打這比方，訴諸人的常識，是一種實際的人生智慧，我們也同樣可以說情慾這回事，嚴重者可以如燎原之起於星火。生命，總是在回首時，方

才醒悟怎地如此匆匆，自己到底是否荒廢了幾許光陰？嗟嘆時光不可倒流。佛教教理中有輪迴之說，含阻嚇作用者有惡鬼道或被打入十八層地獄之說；而含鼓勵與盼望作用者有輪迴人世再修之說。還有著對於人間之未了情與恩，則勸說和安慰可寄託來世再續再報。

換句話說，我們可以視此比喻的作用為警世，勸人莫蹉跎浪費人生，把生命用在無益的事上。更且，聖經的時間是線性的，沒有得重來，其終局是面對上帝的審判。誠如保羅說：「因為我們眾人必須站在基督審判臺前受審，為使各人按著本身所行的，或善或惡受報。」（林後五 10）又如希伯來書的作者說：「就如一塊田地吸收過屢次下的雨水，生長蔬菜，合乎耕種的人用，就從上帝得福。這塊田地若長荊棘和蒺藜，必被廢棄，近於詛咒，結局就是焚燒。」（來六 7～8）換句話說，這田地已荒廢了，就如人生已荒廢一樣，如保羅所說，如經過火燒一樣，自己是勉強「得救」了，但一生的工程完全經不起考驗。當然，所謂有益，也是按上帝國的含義界定的。

保守你們永不失腳

所以，我們不要跌倒。可是，我們知道人人都必跌倒。靠

著自己，毫無可能永不失腳。所以猶大書的作者這樣說：「我們的救主獨一的上帝」是「能保守你們不失腳，使你們無瑕無疵、歡歡喜喜站在他榮耀之前的」（猶大書一章 24～25）。

我們若跌倒，是否可能不得救？華人教會至今，仍然很關心信徒有沒有「得救確據」。這種時而訴諸於主觀感受——有聖靈的赦罪感覺和平安，時而強調知性的認信——確知耶穌基督的寶血洗淨你我的罪、為你我死；不理會聽者年紀多大，一味訴諸於理性的說服和硬銷。在此我們卻不是以這種得救方程式來理解這些經文。我們要梳理的是，若要叫自己不至於整個人沉淪、枉然一生，該當如何？

我想，最直接的答案便是，竭盡所能避免自己陷入那徒然耗用我們人生的情慾、紛爭、無謂的惱怒等情緒，以及許多空虛的追逐中，而要努力使自己不論在內心或踐行上，都常以天國為念——恕我不厭其煩強調，所謂天國，乃貫穿全書各層面含義的母題。在努力之餘，我們可從上帝叫我們永不失腳的應許和保守中，得到勉勵，不致灰心。

除了上引的猶大書的經文，希伯來書亦提到：「所以，凡靠著他進到上帝面前的人，他都能拯救到底，因為他長遠活著

為他們祈求。」(來七25)約翰說:「我父所賜給我的比萬有都
大,誰也不能從我父手裏把他們奪去。」(約十29)歸根究底,
我們的意志是非常薄弱的。努力,以便能從這世代和管轄這幽
暗世界的手下,搶救回寶貴的時間,也就是贖回那天國的時
機,那終末的時間,總希望贖出愈多愈好。本來已死在罪中,
既靠主藉主活了過來,便看能在今生救回多少的時間——時間
就是生命。

一生向誰交待

正因如此,我們就該把這已贖回的生命活得有意義。至少
我們應該說,要對得起自己。其實,沒有人能擔保自己不會在
某個人生階段突然陷入低潮,失去生存的意志,或因患上癌症
或其他絕症,或失去人身自由,而感人生彷彿有某種虧缺。當
然,那驅使我們活下去的動力,有時候不是因為自己已找到或
捉緊那終極意義,更談不上是一種未經過苦難和反思的基督信
仰。人可以因一絲的盼望,無論那盼望是終極的,或只是單純
想要再見某人一面而努力活下去。[1]有時候是那從上頭來的——
雖然無法實際驗證那來源,或更直接是生命賦予的禮物,送來
友誼、送來恩典,就這樣便度過了某個困境和難關,甚至尋死
的念頭——對那從集中營逃出以後卻失去人生意義和盼望的莫

特曼來講便是如此。人生的際遇是充滿奧秘的，那一次的逃脫之後，莫特曼奇妙地初獲聖經。[2]

　　從基督信仰而言，我們既知道主耶穌為我們死，好叫我們能靠他活著，就當把握今生。保羅說：「現在活著的不再是我，乃是基督在我裏面活著。」（加二20a）這若在安逸平常的日子，容易變成空洞毫無意義的信仰口號，而在苦難當中，只剩下「連一點活下去的意志和盼望都沒有」的時候，卻是那麼鏗鏘有力的生命宣告。未許不一定是被囚、被逼迫之類的困境，只要是人生的種種打擊，在那被推往「死」的心靈境界下，彷彿整個人快崩潰之時，我們便對生命做出這樣的反問。或許在那時候，那在我們裡面活著的基督，不再只是信仰八股，而是聖靈在基督裡發動那復活的生命能力，使我們體驗甚麼叫作再活起來，再活過來。這種起死回生之力，把活著的意義改頭換面了。或許那也是保羅之所以能說「乃是基督在我裏面活著」的原因。保羅積極委身於基督並藉基督在終末所要成就的事，置生死於度外，也一心一意專注於他所事奉的主，其他的人事物對他而言都在其次。他說：

　　　　人應該把我們看為基督的執事，為神的奧祕的管家。所求
　　　　於管家的，是要他忠心。我被你們評斷，或被別人評斷，

我都以為是極小的事；連我自己也不評斷自己。雖然我不
覺得自己有錯，卻也不能因此判為無罪；審斷我的是主。
所以，時候未到，在主來以前甚麼都不要評斷，他要照出
暗中的隱情，揭發人的動機。那時，各人要從神那裏得著
稱讚。（林前四 1～5）

保羅被上帝的愛所激勵，並明白一生的目標，便是把基督
的奧秘向人解明。他為此付上自己的生命也在所不惜。或許，
他心中所想，他只不過是效法他的主。

往耶路撒冷的路──赴死之路

路加在使徒行傳的記述，似乎有意鋪排保羅晚年的路與耶
穌人生最後的階段是平行的，彷彿藉此說明保羅所行乃是效法
耶穌基督。保羅對生命的體悟使得他義無反顧地委身於福音和
基督的職事。

讀福音書時，我們都知耶穌曾三次向門徒預言自己將要受
難。話雖如此，他依然朝耶路撒冷走去，去到宗教和政治權力
的核心地帶，以致被捉、受審、走上十架苦路並被釘死在十字
架上。保羅曾對哥林多教會的信徒說：「你們該效法我，像我效
法基督一樣。」（林前十一 1）我想，他是真正參悟並以實存生

命換取終末生命的人，使他現世的時間能轉換為有「永恆」，即另一個實在或紀元。對他而言，基督的職事就是他的職事，矢志心無旁騖，盼望基督復臨之前，福音能傳到地極。是的，初代信徒一心一意相信主復臨在即。

話說使徒行傳對保羅矢志走上「受難」之日，前往耶路撒冷，整個敘事起於十九章。當時保羅仍在以弗所，並且住了兩年，並且因他所行的神蹟、傳的道，使當地一些靠亞底米神廟做生意的人損失不少而引起暴動。保羅便離開以弗所前往米利都。過了一些日子，「保羅從米利都打發人往以弗所去，請教會的長老來。」（徒廿17）他囑咐他們說：「現在我被聖靈催迫要往耶路撒冷去，雖然不知道在那裏會遭遇甚麼事，但知道聖靈在各城裏向我指證，說有捆鎖與患難等著我。我卻不以性命為念，只要走完我的路程，完成我從主耶穌所領受的職分，為上帝恩典的福音作見證。」（徒廿22～24）他彷彿知道自己這一趟前往耶路撒冷，必要遭遇不測。至少他預料自己不會再有機會見到這班以弗所教會的長老們（徒廿25）。這也是路加第一次提到保羅將要受害的事。他離開米利都後，坐船去到推羅，路加記載說：「我們在那裏（推羅）找到了一些門徒，就住了七天。他們藉著聖靈的感動，告訴保羅不要上耶路撒冷去。」（徒

廿一 4）這是路加第二次提出的遇害警訊。離開推羅後，行經多利買，又到了凱撒利亞，住在那「七位執事之一」的腓力家裡。路加記載道：

> 我們在那裏多住了好幾天，有一個先知，名叫亞迦布，從猶太下來。他到了我們這裏，就拿保羅的腰帶，捆上自己的手腳，說：「聖靈這樣說：『猶太人在耶路撒冷要如此捆綁這腰帶的主人，把他交在外邦人手裏。』」我們聽見這些話，就跟當地的人苦勸保羅不要上耶路撒冷去。於是保羅回答：「你們為甚麼這樣痛哭，使我心碎呢？我為主耶穌的名，不但被人捆綁，就是死在耶路撒冷也是願意的。」既然保羅不聽勸，我們就住了口，只說：「願主的旨意成就。」（徒廿一 10～14）

這是第三次的預告。可是顯然保羅是慷慨就義的，彷彿那是他所期待、所羨慕的，就是要像他的主一樣，為上帝的道被害。他所說「願主的旨意成就」豈不讓人想起主耶穌在客西馬尼園的禱告：「然而，不是照我所願的，而是照你所願的。」（太廿六 39）結果不久之後，他就被捉拿了。

努力為獎賞嗎？

　　保羅如此奮力為基督而活，為的是甚麼？我們知道他一心效法基督，效法他的死，同樣也效法他的生。先前我們討論過保羅的復活觀，在此不贅，就是他在哥林多後書五章 1～5 節以地上的帳篷承接天上的居所，並以穿衣的意象比喻赤裸的身體（地上的帳篷）之穿上天上居所，又以聖靈之為憑據作為一個未來必然兌現的擔保，此憑據就是聖靈裡的生命，所對比的就是死亡。

　　在論復活之外，相關的就是復活以後之如何。保羅說：「這不是說我已經得著了，已經完全了；而是竭力追求，或許可以得著基督耶穌所要我得著的。弟兄們，我不是以為自己已經得著了；我只有一件事，就是忘記背後，努力面前的，向著標竿直跑，要得上帝在基督耶穌裏從上面召我來得的獎賞。」（腓三12～14）這獎賞是甚麼呢？難道基督徒一生戰戰兢兢、謹慎度日、輕看世上的享受，不是為了將來得獎賞嗎？

///25

生命冠冕

曾幾何時，「主再來」的信息不再引起人的共鳴？現世所要求的，不是基督教出世、離世進入永生的呼籲，不是信者進天堂、不信者下地獄的恐嚇式的佈道——**這一個時代，期待基督信仰所展現的是關心社會公義，不再視社會結構性的罪惡於無睹。**可是上一代的基督徒可能更加渴望的是進入天堂並得獎賞。

年少的時候常聽以下類似的喻道故事：

話說有一位大牧師離世後，去到天堂門口，天使見到他，打開雙手歡迎他進門。牧師非常自豪，畢竟一生傳主福音、宣揚主道。他是滿有信心自己一定會進入天堂的，他

也常關心群羊有沒有得救的確據。於是一路往前走，心底也慢慢思量起來：「我會有甚麼獎賞呢？」

在興奮和疑慮之間，遇到另一位天使，他迫不及待自我介紹道：「我是……」還沒說，天使便接著道：「我知道你是誰。我也知道你想問我你的獎賞是甚麼。」他頓時感到有點靦腆，但滿腹興奮，期待著天使的好消息。

「那！」天使指著一所房子，仿似地上所見，卻更為蘊含榮光。「這便是你的獎賞。」他心裡深感安慰。

大牧師進入天堂不久後，另一位信徒也來到天堂門口。天使當然也認得他，而且還非常有禮的向他鞠躬。不久之後，天使也帶著這位信徒從大街上走過，並且經過大牧師在天堂家的門口。大牧師好奇地想知道信徒會住在怎樣的房子？經過幾條金碧輝煌的街道後，天使終於來到一處貌似獨立洋房的大屋前停下。

大牧師心想，這不會吧！他羨慕極了，心想，早知我多帶幾個人信主。後來又想，這人是誰？難道是佈道家？和他同時代，甚至之前一、兩代的大佈道家，他如數家珍，心想他不可能不認識哩！大牧師真想向前邁步打量個清楚，

但心裡又覺得過於唐突。

天使終於離開了。那信徒剛好轉了個身，大牧師馬上認出那正是在他家附近、每次在他從教會開完會以後，會看見的那位在街口推著一車垃圾的老人家。

怎麼可能？怎麼可能？他一連在心裡問了四、五次……

可能在現實裡，也有不少信徒有這樣的反應：怎麼可能！以上故事的問題到底出在哪兒呢？或許出現在他們的天國觀。這正是本書一再正本清源處理的問題。

誰仍關心主何時再來

我在本書 18 章已稍微提到，話說我讀高中一那年回西馬檳城參加靈修營，主題詩歌的內容是：「耶穌再來獎賞祂眾僕人，或在日中或夜深。……能否你說：主啊！我今等候，……儆醒，等候、迎接主降臨。」主再來，對信徒而言，一則擔心，想起主的話說：「凡稱呼我『主啊，主啊』的人不能都進天國。」（太七 21a）對他們而言，自信主以後，最關心的是將來能在天堂裡，享受與主同在。另一則是一生認真事奉、奉公守法，心裡想的應該是將來在天家與主面對面的時候，最期待聽見的

是：「好，你這又良善又忠心的僕人，你在不多的事上有忠心，我要把許多事派你管理。可以進來享受你主人的快樂！」（太廿五 21）

上一代的華人信徒不少仍然視此為一生所候，那意味著完成今生工作，息了一切勞苦，便可安然見主面。

得著生命的冠冕

我們在本書第 24 章提到，保羅他「只有一件事，就是忘記背後，努力面前的，向著標竿直跑，要得上帝在基督耶穌裏從上面召我來得的獎賞。」（腓三 13b-14）在後幾節，保羅提醒腓立比教會的弟兄姊妹要效法他和其他效法他們榜樣的人，然後再以那些行事是基督十字架仇敵的人和他們做對比。保羅形容那些人關心的是自己的肚腹（俗語說「五臟廟」），他們以自己的肉身滿足為念，常在意自己的榮辱，仍然是以這「地上的事為念」。這些人的結局是滅亡（腓三 17～19）。事實是，滅亡（apōleia）一詞有浪費掉的意思，就是說，這些人的一生是徒然耗費掉了。啟示錄十七章 8 節和 11 節提到將來必「沉淪」（apōleian）的獸。所用的，其實是同一個字。我們甚至可以在語境上做出大膽聯想，這些沉淪的，浪費掉的生命，只是虛空捕

風、毫無益處、轉眼消失。正如傳道書的作者所說:「虛空」。[1]

相反的,那些效法保羅(當然也就是效法基督)的人,保羅說:「我們卻是天上的國民,並且等候救主,就是主耶穌基督從天上降臨。他要按著那能使萬有歸服自己的大能,把我們這卑賤的身體改變形狀,和他自己榮耀的身體相似。」(腓三 20～21)可否說,這賞賜不是別的,正是復活的身體。換句話說,保羅所說那「從上面召(他)來得的獎賞」不是別的,而是得著復活的生命、永遠的生命,不至沉淪滅亡(參上一段經文)。約翰說:「上帝愛世人(世界),甚至將祂的獨生子賜給他們,叫一切信他的,不致滅亡,反得永生。」(約三 16)

新約還提到另有一樣獎賞,即冠冕。保羅說:「當我們的主耶穌再來,我們站在他面前的時候,我們的盼望、喜樂和所誇的冠冕(stephanos)是甚麼呢?不正是你們嗎?你們就是我們的榮耀和喜樂!」(帖前二 19～20)不只保羅,彼得也提到,「到了大牧人顯現的時候,你們必得到那永不衰殘、榮耀的冠冕(stephanon)。」(彼前五 4)這不衰殘的、榮耀的冠冕,會不會也是指復活的身體呢?可是彼得明明指的是冠冕。我們該如何理解呢?這冠冕是否得勝的記號呢?彼得所用此字原文中和啟示錄中的冠冕是否同一字呢?

我們先看看啟示錄裡的經文。此字在該處共出現兩次，即二章10節：「你務要至死忠心，我就賜給你那生命的冠冕。」（啟二10b）和三章11節：「我必快來，你要持守你所有的，免得人奪去你的冠冕。」（啟三11）關於約翰的用法，楊牧谷認為他「以此來勉勵受苦的信徒，但他的用法一方面是本於當地人熟悉的風俗，另一方面又加上豐富的信仰內涵，分別指出：首先是這冠冕是要付代價才能換得到，對他們來說，就是生命的代價，只有至死忠心的才到生命的冠冕，不像當時那種過濫的、人人皆得桂冠。其次是這位勝過死亡的主來到他們中間，祂是那位要賜冠冕的，不是受人冠冕的。再來，祂要賜下的冠冕，不是會枯死朽壞的桂冠或花冠，甚至不是當時為各地人稱頌的如皇冠的帕哥斯山（現今的帕哥斯山當然再看不出任何冠狀，第一世紀的建築物已倒塌），而是不能朽壞的第二次而進入永恆的『生命的冠冕』。」[2]

這樣說來，啟示錄的作者約翰寫給當時士每拿教會與非拉鐵非教會的弟兄姊妹，勉勵他們即使如今因信仰的緣故受到逼迫甚至喪失生命，也不要灰心喪志，因為這世上的生命是暫時的，而他們將來所要得的，卻是永不朽壞的生命——那就是生命的冠冕，即（永恆的）生命，不是虛空隨風飄散的生命。所

謂的冠冕，只是用來比喻，好比當時競賽得桂冠所獲得的尊榮一樣。

啟示錄所反映的時代是，教會面對逼迫，也有人變節、放棄基督信仰，有人妥協。無論是文本內的描寫，或者文本背景的初代教會，都已成為「載體」（typology），[3] 作為歷代教會的參照，彷彿是說，那時候如何，後來必也如何——今天的我們也不會例外。我們在天國的含義下活在「當下的時間」之中，既不是以線性時間來計算，更不是由這世代的王來定義的。

近一年來，香港也面臨著這種逼迫。從 2019 年 6 月至今，不少香港人付出大大小小的代價，為要爭取一國兩制下的基本法不被扭曲，以致能繼續保障生命自由、言論自由和普選等民主議程，這過程彷彿逆水行舟。面對著強權的無情打壓，許多市民，尤其是青年遭遇生命的威脅。網路上雖有不少分析，但在這個媒體爆炸、假新聞在網路滿天飛的時代，沒有深入研究的民眾，實在無法完全明白背後的權鬥。在逆權運動進程中，毫無武力裝備的青年走到抗爭的前線與武裝的警察對峙。眼見著無數鏡頭和現場裡武警和防暴警察的暴力，許多市民無法再稱呼他們為警察，輕者稱他們為黑警，重者咒他們全家。

　　這些情景，令不少基督徒在信仰上消化不來，過去的信仰詮釋載體完全容納不了這類的生命體現。聖經裡的咒詛詩成為大家所熱衷於思考的文本。可是，香港教會仍然缺乏比七〇年代推動社運的信仰表述更為激烈的信仰詮釋的載體，來承載所看見所參與的各種抗爭行動。為甚麼基督徒要認同且參與這一切抗爭活動呢？如果我們的盼望是在來世，是永生──即本章開始所描述的那一種永生盼望的話，為何要抗爭呢？

　　本書意不在此建構一個抗爭的神學，筆者只想用一個當下的天國實踐的含義來承載這些行動。上一章曾引述保羅的話說：「時候未到，在主來以前甚麼都不要評斷，他要照出暗中的隱情，揭發人的動機。那時，各人要從神那裏得著稱讚。」（林前四 5）對於參與的抗爭者來說，他們的出發點是為了社會的公義，這包括爭取民主體制下的自由和人權。在兩種思想型態或意識型態的衝突下，參與者便夾在其中，為其中信念奮鬥，付出代價。頭破血流之下、被圍捕之下、被控以暴動罪之下、被人污名化之下、被基督信仰群體中不同信念者誤會之下，抗爭行動的動機要嘛被煉得更純淨，要嘛有其他不為人知的誘因，說得徹底一點，這一切除了自己以外，沒有人知道。或許誠如保羅說，惟有主判斷，因他知道人內心的隱情和動機。人到甚

麼地步，就按甚麼地步而行。所行的若是正確，在收割時，便知道是比喻中的麥子。

啟示錄裡所寫的話，是為那受逼迫的人打氣，好叫他們能成為最終得勝者。我們可以再進一步整理關於七個教會得勝者的獎勵是甚麼。茲列出經文如下：

- 我們再從啟示錄得勝的，我必將上帝樂園中生命樹的果子賜給他吃。（啟二 7b）
- 得勝的必不受第二次死的害。（啟二 11b）
- 得勝的，我必將那隱藏的嗎哪賜給他，並賜他一塊白石，石上寫著新的名字，除了那領受的以外，沒有人認識。（啟二 17b）
- 那得勝又遵守我命令到底的，我要賜給他權柄制伏列國；他必用鐵杖管轄他們，如同打碎陶器，像我也從我父領受了權柄一樣。我又要把晨星賜給他。（啟二 26～28）
- 得勝的必這樣穿白衣，我也不從生命冊上塗去他的名；我要在我父面前，和我父的眾使者面前，宣認他的名。（啟三 5）
- 得勝的，我要使他在我上帝的殿中作柱子，他必不再從

那裏出去。我又要把我上帝的名和我上帝城的名—從天
上我上帝那裏降下來的新耶路撒冷，和我的新名，都寫
在他上面。(啟三 12)

- 得勝的，我要賜他在我寶座上與我同坐，就如我得了
  勝，在我父的寶座上與他同坐一般。(啟三 21)

以上所引各句，第一句「生命樹的果子」、第二句「不
受……死」，和第五句裡的「生命冊」，指的是生命；第三句裡
的「寫著新名字」、第五句裡的「宣認他的名」，和第六句裡
的「上帝的名、上帝城的名、羔羊的新名」，是關乎名字和身分；
第四句裡的「權柄、晨星」，[4] 和第七句裡的「寶座」，則是關乎
權柄。**總括來說，得勝者的獎賞是生命、身分和權柄。**

啟示錄廿一章第 3 和 4 節說：「看哪，上帝的帳幕在人
間！他要和他們同住，他們要作他的子民。上帝要親自與他們
同在。上帝要擦去他們一切的眼淚；不再有死亡，也不再有悲
哀、哭號、痛苦，因為先前的事都過去了。」此句至少可分為
三點：一者是我於本書第 8 章講述的「道成了肉身，住在人中
間」裡所講的「住」(skēnoun) 和所提及的 shekinah 的含義。另
一者是作子民的身分，關乎揀選與國度的身分。再一者是為受
苦者含冤得雪或苦盡甘來。一切都已過去，「看哪，我把一切都

更新了！」（啟廿一 5）

　　所以，整體而言，若再回顧先前所論及把死亡和陰間丟到火湖裡的經文，我們所得的結論是一致的——得生命，或得不朽壞、不衰殘的生命。

得安息以至永遠的家鄉

　　我們從經文搜得的論據是確鑿的——所得的獎賞乃是上帝本來要賜予人的生命。人因不信任而不順從上帝，而失去了那本持續賦予人所享有的生命。但信任，或說在愛裡的信任是需要學習的。然而，新約的故事所敘述的，也蘊含著另一層含義，即人似乎在學習信任的事上，有一種先天的缺陷。人「得生命」和舊約敘事中「得地」的含義是一樣的，但是語境不一樣，所以所用的隱喻也不一樣。在舊約裡有得（應許）地的語境，也有安息日的語境。新約裡的希伯來書巧妙的把「地」和「安息」結合了，把約書亞之「得地」轉換成「得安息」。然後說，約書亞其實尚未叫以色列民得安息。作者說：「若是約書亞已使他們享了安息，後來上帝就不會再提別的日子了。」（來四 8）意思是，上帝的子民，如今乃是藉著基督的順服而在他裡面得享真正的安息（參四 11 所說的「不順從」）。

在希伯來書裡，約書亞也像亞伯拉罕以後許多的信心人物（來十一），他們都沒有享受到真正的安息。作者說：

這些人都是存著信心死的，並沒有得著所應許的，卻從遠處觀望，且歡喜迎接。他們承認自己在地上是客旅，是寄居的。說這樣話的人是表明自己要尋找一個家鄉。他們若想念所離開的家鄉，還有回去的機會。其實他們所羨慕的是一個更美的，就是在天上的家鄉。所以，上帝並不因他們稱他為上帝而覺得羞恥，因為他已經為他們預備了一座城。（來十一 13~16）

所以，希伯來書的作者也同樣做出一種神學轉向——那應許之地並非在地上，新約裡的上帝子民所承繼的，不是應許之地。這種轉向和我們從馬太福音中的八福，或保羅的聖靈為憑據的含義同出一轍。作者指出「天上的家鄉」，那回家的意象對比著寄居、客旅的形象。保羅以帳棚形容我們今生，是能朽壞的，但他說我們都要穿上那不能朽壞的。保羅所說，除了遙指復活後的境界，又同時藉著受洗與基督同死、同埋葬、同復活的基督事件，說明了那在基督裡所得的應許。但這應許卻尚未完全兌現。啟示錄作者以第一次復活說明這一個預支的「同復活」。不過，誠如鄧雅各所說，我們今生的生命既還未真正死，

那真正的復活也尚未臨到。[5] 希伯來書也用「城」來表達所要繼承的產業，猶如當年以色列按著不同的支派，除了得地以外，也得城。承繼以上作者所說的「安息」，我們可以說那安息就是回到了家鄉，得繼承那城。

我們既提到啟示錄，不妨也指出這「城」的意象，是說這聖城將有終極竣工建造完成的那一天，也有建造的過程，就是在這懸置的終末時機所要進行的。回過頭來說希伯來書的城，我們若從應許的角度來看，這城是憑著信心繼承了的，但卻要在終末之終才得到，所強調的不是在未來臨到之前的建造。

話說回來，上引希伯來書的經文中展示的願景，也沒有清楚告訴我們將來的獎賞是甚麼。能一而貫之我們眾多經文含義的定論，似乎仍是：那將來要繼承的生命，是不朽的，是反映上帝國價值的，是不朽的，且不是屬於今世的時代／時間（aiōn）和世界（kosmos）之價值。

不朽天國之於今世

將來得著所應許的，那似乎是確定的，但聖經對於這將來的，即人離世後，或主再來後的彼岸，確實不多描繪。可是，不能否定的是，那想念「家鄉」之情卻是普遍存在的。我在此

書一再闡釋與歸納的，不是要否定那將來要實現的，充其量只是強調新約聖經對彼岸著墨不多，且頗一貫的是以不同的意象或隱喻來表述上述所說的不朽生命——相對於創世記之敘事裡所說的失去生命。換句話說，敘事之綱領是「失樂園」與「復樂園」。

　　這樣，我們這已蒙救贖的，活於今世此世終末時間者，該如何生活呢？活著的意義是甚麼呢？只是等候死期或等候耶穌復臨嗎？

///26

召命

　　該如何活呢？彼岸若必然抵達，我們就一味等候嗎？少年時期在靈修營裡唱過一首詩歌叫〈你當預備迎接你的神〉，歌詞說：

　　你當預備迎接你的神，你當預備迎接你的神。
　　那要來的就來，並不遲疑；你當預備迎接你的神。

　　內容說明了那曾盛行於華人教會的靈性觀，就是在世忠心度日，等候主再來。事實是，在港臺東南亞一帶，七、八〇年代很少教會不受時代論神學所影響。[1] 那時代在我自己的教會，活動常有一項「天才表演」。記得在某一次教會退修會的晚會活動

裡，自己還主演小組呈現的話劇，內容就是以「主再來」為題材。劇情說到主角有一天一覺醒來，突然發現許多人消失了，仿如馬太福音所說的「取去一個、撇下一個。」（太廿四40，41，和合本）驚嚇之中才醒悟，原來他們都被提了。

回顧那些年，這類的信息豈不也是教會驅動信徒熱心傳福音的引擎嗎？曾幾何時，我們在教會一再聽見的卻是「召命」。

話說近幾十年來，華人教會一窩蜂追著「使命」或「使命教會」的浪潮，教會擬寫「使命宣言」蔚為風潮。[2] 這幾年門徒召命的呼聲，再度吸引了某些教牧的吸引力。[3] 雖然，面對著社會運動、逆權運動以及小說《1984》裡所描述的人民受監視的生活型態已大搖大擺侵入我們的生活。但這已是半個事實。**可是，我們並沒有感受到所謂的召命如何塑造著門徒，像主復活以後的那批初代門徒一樣，在面對逼迫中背起十字架跟隨主的腳蹤。到底這樣的召命背後的神學敘事出了甚麼問題？**

召命本非甚麼新的事物。一開始我們描述耶穌時代的彌賽亞意識，那時的奮銳黨，可說是極有彌賽亞召命的一群，他們以光復以色列國為使命。人只能活在自己的時代，我們可以說，奮銳黨的召命，在彌賽亞的新含義（即耶穌基督道成肉身、

釘死並復活的生命事件的敘事）之下，變成意義的落空。可是，不必侃侃而談歷世歷代，但只說我們自己，我們活在自己的時代下，眼光抱負、理想願景，似乎也跳不出我們的歷史局限和個人學識、精神、視野、條件的限制。

從耶穌的時代至今，經過了各種時代：農業時代、封建時代、工業時代、工商時代、後工業時代、資訊科技金融時代等等。有些地區經歷戰爭、被殖民，不同的政治體系，獨裁政府和極權統治，可以用不同的型態出現。正面一點來說，若肯用心，足不出戶數月至數年，把近代史中和法西斯主義、共產主義、社會主義、民主主義相關的文章和書籍找來閱讀，雖不足以成為這方面的學者，卻必然有助於培養出辨識的能力，對自身所活的當代的政治和社會脈絡，將更有一分洞察力。每一個召命，皆以內心的某種領悟的方式臨到。

出身各異，皆可蒙召分別為聖

活於哪一個時代，不是人可以自己決定的。此外，生於城市或農村，成長於窮人或富人家庭，也不是個人可以決定的。不同的條件，不同的限制；不同的資源，不同的知識；不同的能力，不同的文化傳統。不過，人的本質是一樣的，總有一種

超越性，想要委身於更高價值和意義的事。不論是養兒育女、擴充家業、投效工藝之精進、保國衛民、報效國家、作育英才、當官服務民眾，一方面是發揮自己的潛力，另一方面回應社會大眾的需要。當然，人投身於大眾，不都是為了無私的目的，不少時候野心和其他私心與貪婪，都滲透於各層各界。

我們可以簡單以一個較能貫徹本書敘述氛圍的語言說，我們都在罪的權勢之下，也活在今世（aiōn 和 kosmos）之中，所以野心、私心或其他出於保羅所說的肉體和罪的動機，總會摻雜於我們所言所行所思中。所以耶穌提到稗子（或雜草）如何在麥田裡和麥子一起生長。他說：

> 我不求你把他們從世上接走，只求你保全他們，使他們脫離那惡者。他們不屬世界，正如我不屬世界一樣。求你用真理使他們成聖；你的道就是真理。你怎樣差我到世上，我也照樣差他們到世上。我為他們的緣故使自己分別為聖，為要使他們也因真理成聖。（約十七 15～19）

分別為聖原意就是分別出來，從世界分別出來。雖受差進入世界，卻又與世界有所分別，為上帝國而活。約翰福音一章 14 節提到，「滿有恩典與忠實。」（自譯）⁴ 由於這兩個詞反映的

正是舊約「有恩典有憐憫」（出卅四 6）的句式，原文由 *hesed*
和 *'emet* 組成。前者所表明的是在常存不變的愛，之所以恆常
不變，更是出於上帝堅守恩約的性情。前者也可譯作恩典與慈
愛，後者在新約中更有時譯作信實／信心（faithfuless / faith），
有時則譯為真理／真實（truth / truthfulness）（啟十九 11～13）。
若我們在理解上引句子裡，也把上帝（並祂所差遣道成肉身的
兒子）本身考慮在內的話，這「真理」就不是單指客觀的真理，
「道」也不只是指他的話或誡命，而更要將道成肉身的基督本身
（約一 14）視為真理。[5] 這樣，那分別為聖的意思，便是說要因這
恩約之故分別出來歸上帝。並且，在約翰福音裡，真理也因包
括真理的靈──不只是一個外在的客觀真理，而是那真實、信
實的上帝的靈。換句話說，「求你用真理使他們成聖」（hagiason
autous en tę alētheią）便可理解為「求你藉你自己使我們（在你
裡面）歸於你」。[6] 成聖，是舊約獻祭的禮儀中重要的觀念，意思
是指把所獻的，不論是收成、是牲畜，或是人（利未支派）全
然歸給上帝，是分別出來不作他用，而為上帝所用、專屬祂的。

　　若然如此，我們的一生既然蒙贖，就當獻上歸祂所用。保
羅因此也用同樣的意象表達此意說：「所以，弟兄們，我以上帝
的慈悲勸你們，將身體獻上當作活祭，是聖潔的，是上帝所喜

悅的，你們如此事奉乃是理所當然的。」（羅十二 1）他非常明
白，我們的生命會耗在這世界中，最後毫無那永恆的價值。故
此，「不要效法這個世界，只要心意更新而變化，叫你們察驗何
為上帝的善良、純全、可喜悅的旨意。」（十二 2）

這世界和世界裡的一切都是會過去的，不是永恆的，並且
又是屬於空中掌權者的。我們若以我們有限的生命──即時
間，去換取這世上的報酬，終致徒勞。這大概是耶穌所說：「人
若賺得全世界，賠上自己的生命，有甚麼益處呢？人還能拿甚
麼換生命呢？」（太十六 26）**可是人活在這世上，又豈能不參與
在這世上的活動裡呢？生兒育女、營營役役，而在當代都市生
活裡，上班下班、搭車下車、趕帳目、趕報表、趕出貨、趕節
目、趕開場，不一而足，有哪一樣是真正有意義的呢？**在世界
之中，卻又不屬世界──天國的實踐本在各生活脈絡中，在實
踐中，這是本書一再提到的。

**我們只有這一生，如前所述，要把握活著的日子，叫我們
能在那被撐開的終末時間裡，以我們活著的時間把更多的時間
贖回終末意義之下。**這終末的時間，就是基督掌權、聖靈運行
的時間。雖則肉體與罪仍與今世的「邪靈」裡應外合的影響我
們，要奪去我們在世的光陰，使它變為徒然與這世界的虛空一

起虛耗掉，所以我們更要把時間搶回。

有人可能會說，因為亞當（人）犯罪，所以他必須汗流浹背方得糊口，而這為糊口所做的一切，彷彿只是咒詛，毫無意義可言。然而，在舊約神學一貫的現實主義（realist）敘述風格下，誠如創世記一開始之以混沌之存在為一先存的現實，人在其中也時時在混沌的威脅之中活著。誠如上帝藉創造的靈帶來秩序、賦予功能、勝過混沌，人也必須勝過大地的咒詛，這咒詛好比創世記一章 2 節所說的混沌以及後來敘事中出現的罪和死亡。關於創世記第三章裡有關死亡和生命、罪和信任的關係，前文已提出論述，在此不贅。保羅的基督論所強調的便是耶穌之勝過死亡和罪的權勢。約翰強調耶穌是生命的源頭，藉他人可以連接於生命。人只有藉著信任與遵行他的話，便能住在他裡面，且有豐盛的生命。有此生命便勝過世界的混沌空虛。

這種勝過，是在基督耶穌裡勝過的。耶穌說：「我已經勝過世界。」（約十六 33b）我們不是背水一戰，反而當如保羅所說：「基督既將一切執政者、掌權者的權勢解除了，就在凱旋的行列中，將他們公開示眾，仗著十字架誇勝。」（西二 15）我們的召命是在這受造的世界，把那屬上帝的贖回，放進天國的倉裡，作成新耶路撒冷的建材。

/// 27

愛上帝、愛人如己、愛萬物

　　這樣，人在今生，活在世界裡，既已活著，就不再選擇活與不活。人若選擇死去，便不再面對此生的虛空，但人必須在此生才有機會活出天國價值。

　　我們先前已經一再指出耶穌的教訓，一再指出上帝的心意，就是叫人愛上帝並愛人如己。我們所研讀的馬太福音經文，一再釋出的，便是這一個含義。**馬太也提醒他的讀者，心思不要只想著主耶穌何時復臨，在何處出現。重要的是隨時候命的心態，而此心態該活現出來的生活特質，就是隨時隨在活出上帝的憐恤，愛人如己，以至於在這些服事中，不知**

不覺便服事了主（這便是愛主了），而不是過於自覺的（self-conscious）、過於在乎自己做了甚麼。因為那出於過度自覺所行的，其實不是為他人，也不是為主，而是為自己。

　　從自己出發，無可厚非，這也是一個必然的向度，從舊約裡的敘事開始，便一再出現上帝向個人顯現，與亞伯拉罕、雅各、大衛對話，與他們立約，呼召先知，但在這些揀選、呼召、立約的背後是群體、是子民，而更廣的層面是萬物，就是秉承上帝起初託付人管理萬物的旨意。此外，上帝與這些人物互動的敘事，一再出現的母題乃是上帝的信實。

　　或許我們不需拒絕這種或多或少以自己或個人的生命歷程出發所形成的信仰傳統，而是要將它更恰當的放在群體和萬物的願景之中。如果說基督徒首先經歷的是蒙恩得贖，經歷上帝的愛和罪蒙恩免，而能帶著感恩的心為主而活。這樣的體驗和感悟有可能成為他自己人生召命的原動力，進而以此生回應主的愛，正如約翰說：「我們愛，因為上帝先愛我們。」（約壹四19）保羅也說：「原來基督的愛激勵我們；因我們這樣斷定，一人既替眾人死，眾人就都死了；並且他替眾人死，是叫那些活著的人不再為自己活，乃為替他們死而復活的主活。」（林後五14～15）

蒙愛以致於能愛，而愛源自於信任，誠如我們在第 6 和第 9 章裡所闡述，這反映於創世記裡知善惡樹的神學含義。用保羅的話說，藉基督的捨身所表彰的上帝的愛，我們與上帝的冤仇得於解決。這樣我們便是自主的愛上帝，但那又是基於我們對祂的愛和美善之信任，並在聖靈（即上帝的靈）的感通和內住中，既被恩感，便甘心情願的與祂共感，而與祂聯合並愛祂。

能夠明白這一點，不保證能持續這份體悟。禪宗佛學說頓悟，悟雖非不可能，但我認為使悟和踐行成為常態，則更難。福音書裡耶穌和法利賽人和門徒的對談，最大的關注便是這點。他常與他們做逆向反思並跳出他們慣有的思想框框，挑戰他們從一個更基進的、更徹底的角度，追本溯源明白律法。約翰對於如何維持這樣的體悟顯然甚為關注，以至於他把耶穌這方面的教訓更多的記載下來。

愛我的必遵守我的道

我們在本書第 8 章已闡述上帝藉耶穌基督和聖靈與人聯合的心意，而約翰特別記載了有關如何住在（menein）耶穌基督和他的話裡面的教導。在這方面，最為突出的是：愛、連結和遵守這三個相互關聯的層面。容我列出幾節經文為例：

- 耶穌對信他的猶太人說：「你們若繼續遵守我的道 (remain in my word)，就真是我的門徒了。」（約八 31～32）

- 你們若愛我，就會遵守我的命令。（約十四 15）

- 有了我的命令而又遵守的人，就是愛我的；愛我的人，我父要愛他，我也要愛他，並且要親自向他顯現。（約十四 21）

- 耶穌回答他說：「凡愛我的人就會遵守我的道，我父也會愛他，並且我們要到他那裏去，與他同住。不愛我的人就不遵守我的道。你們所聽見的道不是我的，而是差我來之父的。」（約十四 23～24）

- 你們若遵守我的命令，就會常在我的愛裏，正如我遵守了我父的命令，常在他的愛裏。（約十五 10）

如上所示，愛主的基本指標是遵守他的話或誡命（愛上帝並愛人如己），而並非只在言語上（約壹三 18）。**我們若如此踐行，也就與父（也是與子）聯合了。同時，這也是在繼續的踐行中，住在他裡面，並與祂同行了（彌六 8）。故此，這並非一種內在的神聖感，也並非一種神秘經驗。**

話說回頭，我們並非單靠自己便能常住在他裡面，在持續

的踐行中乃是靠他住在我們裡面。耶穌說：

> 你們要常在我裏面，我也常在你們裏面。枝子若不常在葡
> 萄樹上，自己就不能結果子；你們若不常在我裏面，也是
> 這樣。我就是葡萄樹，你們是枝子。常在我裏面的，我也
> 常在他裏面，這人就多結果子，因為離了我，你們就不能
> 做甚麼。人若不常在我裏面，就像枝子被丟在外面，枯乾
> 了，人撿起來，扔進火裏燒了。你們若常在我裏面，我
> 的話也常在你們裏面，凡你們想要的，祈求，就給你們成
> 全。你們多結果子，我父就因此得榮耀，你們也就是我的
> 門徒了。我愛你們，正如父愛我一樣；你們要常在我的愛
> 裏。你們若遵守我的命令，就會常在我的愛裏，正如我遵
> 守了我父的命令，常在他的愛裏。（約十五 4～10）

以上的教導，意思是說，如果我們要與主保持一種無間
的、持續的關係，並且也在踐行上也與主保持那不分先後，即
在聖靈裡的同工同行，那麼我們不能脫離主，就像枝子不能離
開葡萄樹一樣，因為他就是生命和愛的源頭。因為離了主，我
們「就不能做甚麼」。

教會群體中操練愛

愛，可以放諸四海以踐行。愛人如己，愛鄰舍，能進入社會，不分種族，不分宗教。這一切都正確，也是天國願景所涵蓋的。不過，耶穌的呼召和差遣、聖靈的充滿和使徒的宣講，逐漸在新約中建立起初代教會群體。他們以上帝國為願景，為把耶穌基督的福音傳到地極，並衷心盼望基督復臨。

這一個新的群體，在等候主再臨的過程中，一個接著一個被建立。有別於當時社會中其他的階級與身分。這新的群體，不分種族、背景出身、社會地位，藉著聖靈並透過使徒的教導，認識耶穌基督（彌賽亞）──就是他們的王，他已勝過罪惡與死亡，並超越一切執政掌權的。他們相信，在世上他們暫時仍要受苦，但在主再來的日子，他們必要復活，不再懼怕這世上的一切。他們的王的國不是獸的國，他的權柄也不是來自那龍。

這樣的信仰群體，就是新約的教會，分佈於耶路撒冷和地中海沿岸一帶。他們聚集，按使徒的教導擘餅記念主。除此之外，既因各人源出自不同背景，相處不易，但卻同樣以效法基督為目標，也事奉那坐在寶座上的羔羊。只要一息尚存，離世之前，便活在兩個國度之間。雖然他們的天然本性並未因信了

主便突有天淵之別，雖然世上的王仍能影響他們，在共享一個
上帝子民的身分的同時，建立天國子民的挑戰依舊不少，也從
不間斷；但在群體中切實彼此接納和相愛的操練，也是叫他們
分別為聖的召命所不可切分的。

作基督身體中的肢體

先前我們已引述過保羅關於肉體和情慾的論述。一般而
言，我們容易從個人品格和道德修養的層面看待這段經文。若
換個角度把重點放在信徒群體——即教會——基督的身體裡各
肢體之間當如何互相擔當，便看見所引保羅兩處陳列出種種情
慾之表現的經文（加五 19～21 和林前六 9～10），其上下文不
外乎愛人如己的誡命。首先看加拉太書五章。保羅說：

> 弟兄們，你們蒙召是要得自由；只是不可把這自由當作放
> 縱情慾的機會，總要用愛心互相服侍。因為全部律法都包
> 括在「愛鄰如己」這一句話之內了。你們要謹慎，你們若
> 相咬相吞，恐怕要彼此消滅了。（加五 13～15）

本來，這帶著新子民願景的群體，在這終末時間裡不需要
再讓自己聽從這屬世界和其情慾的方式彼此對待。若與世界沒
有兩樣，這新群體的獨特性恐怕要消失，其身分恐怕要模糊

了，是否會繼續存在也令人質疑。換句話說，外人恐怕要問：
「你們不是和我們不一樣嗎？」

　　哥林多教會，問題多多的教會，使徒保羅為了他們，苦惱
萬分。教會裡頭各樣糾紛不絕於耳，更有繼子繼母發生關係的
事。作為基督的身體，恐怕說來容易，實踐起來，有人可能覺
得這種神學大原則似乎「遠水救不了近火」，根本無濟於事。然
而，既是以身體作隱喻，保羅所說便有其指引作用，故此「假
如一個肢體受苦，所有的肢體就一同受苦；假如一個肢體得光
榮，所有的肢體就一同快樂。」（林前十二 26）因此，或許也基
於他對教會有這樣的看法，他才責備哥林多教會的信徒說：「你
們中間有彼此爭吵的事，怎敢告到不義的人面前，而不告到聖
徒面前呢？」（林前六 1）他對此感到不可思議，而說：「你們
竟然有弟兄去告弟兄，而且告到不信主的人面前。你們彼此告
狀，這已經是你們的大錯了。為甚麼不情願受冤屈呢？為甚麼
不情願吃虧呢？你們反倒去冤枉人，虧負人，況且所冤枉所虧
負的就是弟兄。」

　　保羅所考慮的教會倫理，並不是一般的社會倫理。[1]教會雖也
是一種社會型態，但對保羅而言，他既以身體為喻，就更為看
重一種生命相連的關係。我們甚至可以說，若要分優次，保羅

對教會倫理的看重，尤甚於社會倫理。如果可以的話，他或許選擇把身體為喻的教會倫理的那一套，應用在社會倫理上。更好的說法是，身體本就是新約時代的希羅社會中的政治隱喻，保羅以身體隱喻論教會倫理，其實也可視為與當時的社會分庭抗體，彷彿是提出一個另類的政治理想。這麼說，當然必須先考慮到教會本身乃是一終末群體。

作終末群體

作為終末群體的一分子的條件，就是藉著基督的救贖大功，得以在聖靈裡這終末時間建造約翰所形容的聖城耶路撒冷，或彼得所形容的靈宮。當然，此處所指出的教會倫理和社會倫理之間的關係，無法三言兩言說得清楚，需要另立專文論述。僅指出教會之作為終末群體的獨特身分以茲區分。

回到上引加拉太書的經文，保羅引「愛鄰如己」為律法的總義為證，而勸加拉太的信徒要如此彼此對待。**我們可以嘗試這麼說，保羅的想法有可能是，教會之作為終末群體，可以成為社會的典範。換句話說，社會裡的人若肯、若能依保羅所示的身體隱喻下的含義為準則，他們便也成了像這終末群體一樣了。**只不過要問的是，甚麼是他們的終末願景——甚麼動力促

使他們欲達致這樣互為肢體、休戚與共的境界呢？

　　或許，福音裡所闡述的天國或上帝國所展示的愛人如己的道理，比保羅所展示的為廣。雖然保羅被稱為外邦人的使徒，他的神學自然不缺那跨越出上帝子民（猶太人）的核心要素，故此他所教導的愛人如己，理所當然延及非猶太人。可是，他論及的非猶太人，並非圈外人，而是同屬子民的人——教會。可是，福音書在論及那以效法上帝的憐憫心腸為準則的愛，卻以圈外人的意思定義非猶太人。這樣，我們便能說，這上帝國的願景下的愛人如己，應當也可以用在教會群體以外，即社會。

受造世界

　　如果我們只有這一生，並且只在此生能實踐天國倫理——愛與公義，愛人、愛己、愛上帝，這三個向度似乎已涵蓋我們在此世所該完成的召命。

　　有此體悟者，是蒙召效法主的愛去愛人，同時傳揚主的愛。然而，這種人生觀雖與愛上帝和愛人如己的誡命可一脈相承，卻沒有涵蓋受造界。按救贖論而言，這種人生觀源自於罪蒙赦免，蒙拯救脫離罪惡和死亡的權勢；按基督論而言，它緊繫於基督所彰顯上帝的愛。

　　我們若以聖靈論來描述，則可以進一步指出那創造的靈從起初至今的工作，即從創造至賦予生命，進而在實存和墮落世界中延續著救贖更新受造生命的工作。聖經的敘事，除了要說明上帝揀選人並與他們立約——先是猶太人（其實是他們的先祖），後來又加上非猶太人，其實這揀選是要蒙揀選成為子民的人成為祂的見證，即見證祂的信實，並祂的美善，好叫祂的榮耀充滿全地。

為了叫上帝得榮耀嗎？

　　或許有人會說，上帝的一切作為，說到底只不過是要叫自己得榮耀。若是如此，上帝豈不是非常自我中心？保羅在推論完上帝對於猶太人和非猶太人的全備揀選後，情不自禁發出讚美，結束時並說：「因為萬有都是本於他，倚靠他，歸於他。願榮耀歸給他，直到永遠。阿們！」（羅十一 36）先是在羅馬書第一章，保羅提到：「自從造天地以來，上帝的永能和神性是明明可知的，雖然眼不能見，但藉著所造之物就可以了解看見，叫人無可推諉。」（羅一 20）所以，在他處理上帝的揀選和立約的神學背後，有一個較為隱藏的神學——創造神學（theology of creation），是關乎受造世界的神學。

　　從終末神學來看，受造世界一樣存在於這終末時機中，但它們是被動的存在著——既是被動的存在於罪的咒詛與虛空之中，也被動的等候脫離虛空。保羅如此詮釋：

> 受造之物切望等候上帝的眾子顯出來。因為受造之物屈服在虛空之下，不是自己願意，而是因那使它屈服的叫他如此。但受造之物仍然指望從敗壞的轄制下得釋放，得享上帝兒女榮耀的自由。我們知道，一切受造之物一同呻吟，一同忍受陣痛，直到如今。（羅八 19～22）

　　我們應該就是以上所指「上帝的眾子」，也就是「上帝兒女」。我們得以「顯出來」是甚麼意思呢？「榮耀的自由」所指又是甚麼呢？萬物之「屈服在虛空之下」，是「因那使它屈服的」如此。那令萬物屈服於虛空的是罪，這正對應於下一句所說的「敗壞的轄制」。事實上，人也在這敗壞的轄制之下，但在上帝兒子耶穌基督已經脫離了這轄制。正如同一章（羅八）最起首處，保羅說：「如今，那些在基督耶穌裏的人就不被定罪了。因為賜生命的聖靈的律，在基督耶穌裏從罪和死的律中把你釋放出來。」我們在基督裡既已被釋放，便已得著那「榮耀的自由」；然而，「就是我們這有聖靈作初熟果子的，也是自己內心呻吟，等候得著兒子的名分，就是我們的身體得救贖。」（羅八 23）我

們或許已「顯出」，但卻仍要等候身體得贖。意思是說，一天我們仍在世上活著，身體就仍未得贖。萬物似乎也和我們一同呻吟，盼望著那一天的到來。

問題是，誠如前文指出，我們如今是活在那終末時間裡頭。所以我們已然「顯出」、已有「初熟果子」、已有那藉聖靈而有的「榮耀的自由」，但在這世上仍要促成萬物之得贖。

得贖並在今世掌王權

話說回頭，萬物若是在我們得贖之時——即將來我們肉身復活之時便自動得贖的話，在今生我們並不需要特別關照這受造萬物。可是，一日我們身體尚未得贖，萬物必仍呻吟；況且我們不知何時這終末時間將結束，或說何時耶穌基督復臨。保羅提醒說：「這福音也是傳給天下一切被造之物的。」（西一23）我們得釋放，以致萬物也能藉著我們得著釋放。它們所受的奴役，是因被罪和虛空所籠罩。然而，我們這些因基督而得聖靈為憑據的，當也藉聖靈在這世界裡趁著仍存活於這終末時間中，能與基督同工執掌上帝國／天國的王權，並且我們在這終末時間中行使王權。

這王權已因基督的得勝而獲得。保羅說：「基督既將一切執

政者、掌權者的權勢解除了，就在凱旋的行列中，將他們公開示眾，仗著十字架誇勝。」（西二 15）保羅這一節所展示的，乃是新約時代，即在羅馬時代元帥凱旋，帶著戰俘歸來的景象。基督就是那凱旋的元帥。他從戰場上凱旋歸來，帶著軍隊，帶著戰俘——敵軍主帥的武裝已被解除。在進入城門時，戰敗的戰俘則被公開示眾。

保羅說：這些戰俘就是「執政者和掌權者」。保羅所用的比喻，反映的正式羅馬軍隊的凱旋形象。對於活在羅馬帝國之下的人和當時的基督徒而言，他們想到誰是執政掌權者嗎？豈非羅馬帝國——當年，猶太人和初代信徒所經歷的執政掌權者，即那掌握他們生死的羅馬皇帝。保羅靈巧的使用那本叫人畏懼的，成了被羞辱的；本是像戰俘的（信徒），卻是與元帥基督同列於凱旋的隊伍之中。因為耶穌基督乃是那執政掌權者的元首。

與這意象相呼應的是，是空中與主相遇的經文。帖撒羅尼迦前書裡說到再來時的一個情景：「然後我們這些活著還存留的人必和他們一同被提到雲裏，在空中與主相會。這樣，我們就要和主永遠同在。」（帖前四 17）[2] 延續以上所論，從空中降臨的耶穌，反映的也有可能是那凱旋歸來的形象。他即將和那些和他在空中相遇的人，榮耀的進入城，完全接管其治權。這城就

是這地——原是祂所創造的。

　　這樣的詮釋牽涉的是整個終末論的神學，且關乎本書前文所論述的火湖、地獄、天國、永生等觀。此處先不再重覆之前所論，且從一個最典型的論述切入我們的論題。耶穌在天國講論裡提到「天地要廢去」（太五 18，廿四 35），過去這話在一些等候主再來以及新天新地的講論裡，彷彿用來論證世界將會愈來愈衰敗，惟有等候新天新地的來臨。

　　如果我們的願景是如此，這世界、這天地之朽壞便是註定的。按如此邏輯推論，朽壞得愈快，新天新地的日子就愈快實現。按此神學前題，世界毋須永續管理，就是說「生態神學」根本說不通。按生態神學而言，上帝賦予人類照管受造世界的天命，配之以上帝的靈之永續創造（continuous creation）、護佑（providence）之能，有分於上帝愛受造世界的心，加上上帝國不只關乎人的救贖。這樣說，這天地之終極朽壞之期，不是已經寫定的。人可以積極的照管受造世界，化解生態的危機，在警號響起之際或之前，化險為夷。

　　我在前面的章節已提過，新約裡許多的警告，包括福音書和啟示錄裡所說的火爐、火湖，乃是警告聽見的人要回轉；同

時安慰受苦的人，主必伸冤，因惡人必會受罰。其主旨是叫人悔改，若悔改了，那將會臨到的災難或危機，會相應解除。這樣的信息，和舊約先知文學中的警告，是同出一轍的。同樣的原則可以用在生態危機上嗎？我想是可以的。

我們既從以上新約裡的種種意象和警告——比如說保羅筆下的執政掌權者和約翰的啟示錄筆下的獸所象徵的權勢得到提醒，也可以按新約願景來裝備自己。一者，我們藉著耶穌的死和復活敗壞了這些權勢，既有分於他的死，也在形狀上（羅六5）與他同死了；並且我們既在復活的形狀上能在這終末時間裡彷彿已經預嚐了復活的滋味（事實上我們也是已然經歷了第一次的復活），便已與他同國且同掌王權，要在世上諸權勢中「攻破堅固的營壘」，「又奪回人心來順服基督。」（林後十4，5）因此，我們好比保羅所說，能與他同工，宣揚他的福音而非羅馬之太平盛世所象徵的凱撒的福音，好叫人不被這些權勢所奴役——一切能奴役人的，包括有形的、無形的權勢，可指所有不秉公行義的政權（如聖經中的埃及、巴比倫等所象徵的）、經濟霸權、不義的結盟集團等等。居於高位的有權之士，若被指正後的心意能歸向主、歸向公義憐恤，便使那本來警告中要降的災禍得以延遲，或說叫敗壞的世界可以有機會更新。那集團

的、結構性的營壘與個人的罪的營壘——無論就外在的層面或內心的世界而言，都是相關聯的。

我們若蒙召參與這叫「權勢悔改、叫世人回轉、叫世界更新的」天國大業，便是建造著主的靈宮，也是建立著新耶路撒冷，是肉眼所看不見的。這非肉眼的國度，一方面對現在各有形體制和有形的生命帶來影響，卻不幼稚的以為世界完全改變了。因為我們也知道撒但只是在這終末的時間裡被綑綁，而不是被消滅。在這樣的天國大業裡，我們所栽種和耕耘的，在另一方面便以那無形的，即保羅所說的「看不見的」（林後四 18）的形式收成。這「看不見的」是甚麼呢？是將來才出現的嗎？

復返此世修復之使命——
今世和永生境界的延續與非延續性

我們若歸納和結合先前至今的論述，就是說主既在天國與我們相遇而回到地上這城裡，我們可以做一個神學的想像，就是上述看不見的基業、國度、收成乃是在這世上的有機體裡經營建造的，但所成就的卻不是單單在這有機體裡出現。正如說，要實現天國倫理，所謂倫理乃是建立在人與人、人與物（或甚至人與上帝）的關係裡，比如愛人如己、寬恕人的過犯等，

都是在今世操練的。雖是在世上操練，所成就的卻不是這世界所給予的報酬，也不是可見的建造，而是上帝的公義與慈愛等生命特質的彰顯。

　　或許有人會想要為所有美善的、創造性的成品和成就，如音樂、美術、詩歌、思想等，全都賦予這種天國的價值。但我們必須更謹慎考慮到，這一切都有其相對性的價值，也受到人先天、後天所得的條件所影響，比如一個鄉下窮困家庭從事耕作的農夫或其兒女，和大城市裡銀行家的兒女。大家的資源和機會完全不一樣。可能銀行家的兒女從小習得一手好鋼琴，在名師教導和自己努力之下，有機會於演奏廳裡表演；或從小平步青雲，進入名校後成功擠進工程界，在業界終於憑其創作獲得建築工程的創作獎。可是，鄉下農夫家的孩子，除了在家幫助家人，平常在戶外田間，偶爾黃昏時間，躺在禾田裡吹奏著笛子，曲子是自己無師自通所作的，平淡自然，難度不過，曲調亦不複雜，大概難登大雅之堂，但也有其價值。

　　以上如此對比，或有簡化之虞。容我借用賴特的論述來反映出我為何做出如此對比。按前文推論，我們一開始提出「只有這一生」之假說，並指出這其實是梳理了新約文本後的自然結論。這樣的推論，我不敢說是前無古人。我無意追溯歷代神學

家有那一位曾提出如此看法。我覺得賴特在論到建立上帝國度
時，所嘗試做出的一種神學想像，與我所梳理出的頗為相似。[3]
猶如我在前面所說，在未來主復臨的日子，新天新地必全然展
現，但對於活在今世這終末時間的我們，關鍵的是如何使他的
國實現？賴特這樣表達：「如果說我們叫自己順服這福音，如果
我們要跟隨耶穌，如何我們被（聖）靈所內住、加力和引導，
我們現今所可並必須做的，就是要建立這國度。」[4]關於我們在今
世所努力的，即我所指在這終末時間裡所耕耘的天國價值，假
以時日，乃會促成且成為上帝的新世界裡一部分。每一個愛的
行動、感恩和善意；每一個出於上帝的愛和因欣然沉浸於祂的
創造之美得到靈感而創作的藝術或音樂；每一分花在教導一殘
障小孩閱讀、或與他同行的時間；每一個對人們和眾生的關懷
和培育、安慰和支持；還有當然也包括每一個禱告，各個聖靈
引領所帶出的教導，及每個傳揚出福音、建立著教會、擁抱和
承載著聖潔而非損毀，以至於叫耶穌的名在世界上得到尊榮的
舉止行為──這一切都會藉著上帝復活的大能，找著其途徑轉
化為上帝將來必會創造的新天新地（new creation）。[5]

　　賴特接著說：「上帝對這世界的奇妙再創造，既開始於耶穌
的復活，並藉著上帝的子民在復活的基督和他（聖）靈的能力

裡活著，奧秘地持續進行；這就是說，我們如今在基督裡、藉著（聖）靈所作的，並不是徒然的。而是會延伸至上帝的新世界裡。事實是，它將會在那裡更得到提昇。」[6]

賴特坦承，在實際層面上，以上所說到底意味甚麼實在只能意會。他舉例說，「我不知道將來在上帝的新世界裡，我們會以甚麼樂器來演奏巴哈的音樂，雖然我相信巴哈的音樂一定會在那兒。」[7] 就是說，今生所做的和將實現的未來生命境界，有其延續與非延續的部分。凡按祂的心意在基督和聖靈裡所做的，將有某種的延續性，且得到轉化，「我們在主裡所做的，必不會『徒然』」，而「這也是我們在行使各樣公義和憐憫之行動中，每個生態企劃裡，並努力在祂的受造世界裡反映祂的智慧和服事的形象中所擺上的工夫，所秉承的使命。」[8] 他如此總結說：「應用在教會使命上，這意謂著我們必須在當下工作，好叫（萬有）在『上帝在萬物之中，在萬物之上』之最終境界來到之前作為率先的記號」。[9]

我想說的是，我們出身與背景、天賦和機遇全不一樣。我們所做的一切，並非在上帝國裡都有意義，也不是所做的一切都會延續至那未來的新世界裡。但凡做的，無論是毫不起眼的，或世人所矚目的，只要是在基督裡、藉著聖靈所做，展現

著天國價值的，必會延續到新世界裡。那新世界，也可理解為約翰所說的新耶路撒冷。它不完全是未來的，而是已然存在，是在耶穌基督復活之後所啟動的終末時間裡，在所有蒙召者藉他的名所行的一切裡，已然建立了的。**就是說，舊世界與新世界有某種的交會點。凡要成就的、努力的，必須在舊世界進行，但所成於基督裡的，卻屬於那新世界。**故此說，我們蒙贖，正是要參與上帝在人身上的美意，以及祂受造世界的美意。這一生便是在這懸置的終末時間裡，操練和實踐新約所展示的教訓。

新約承繼與消化了前約所領受的使命，並總結出其核心意涵：愛，即愛主、愛上帝，並愛人如己。愛不需論身世、背景、官爵、地位、學問、才幹、能力。它所憑藉的不是一種福音書裡那位青年財主般的努力，也不是論贏或輸在起跑線，既不需憑藉上句說的種種條件，這愛人的誡命，便是最公平的，也是每個人都可以實踐的。

/// 結語

當下我們如何活？

　　只有這一生——既被救贖而因此活在終末時間裡，我們當下如何活，乃是唯一可以實際叫蒙贖的身分在每天具體生活裡活出的方式，好把自己活著的生命時間贖進永恆裡——這永恆就是上帝所賜的、不屬這世界或天空掌權者屬靈氣之權勢掌管的生命境界，而是屬於上帝國的生命境界。**我們可否耗費自己具體的生命時間呢？就好像不少基督徒會問：某某人說信了主，為何他的行為沒有好的見證？或問：她雖信了主，但後來又「離開了主」，這樣她會得救嗎？倒不如我們換個方式問：他或她有沒有真的活出自己在今世的生命蒙贖的樣式？**誠如保羅說：「既然蒙召，行事為人就要與你們所蒙的呼召相稱。」（弗四1）若沒有相稱、若沒具體活出，那便是活得糊塗了。保羅

說：「不要作糊塗人，要明白主的旨意如何。」（弗五 17）」這正是承上一句所說的——「你們要謹慎行事，不要像無知的人，要像智慧的人。要把握時機，因為現今的世代邪惡。」（弗五 15～16）

藉著基督的得勝，上帝掌權了。我們因此體認到，由始至終，失樂園並非上帝的失敗，而是人得生命必經之路——至少從實存的體驗而言。萬物雖仍在痛苦呻吟，上帝的靈既在我們內心裡替我們歎息禱告，同時也在萬有之中默運。誠如保羅所說：「上帝在萬物之中，在萬物之上。」（林前十五 28）這正是我們所體認而藉此生發信心的認知。祂既是萬物之主，我們也當以這思想看待我們這一生。

既如此說，我們有沒有讓祂成為我們生命的主呢？如此做不是要叫我們失去自由或自主權，而是因在祂裡面我們才有這自由行使我們的自主權。我們是從天上地下所有掌權者的手裡得釋放了的（set free from），以至於我們有這自由為那不屬這世界的價值而活（set free for）。我們因此可放心的將自己交託給祂，好讓祂和聖靈藉著我們在這終末時間裡，活出祂在我們身上美好的心意。

　　我們若把生命主權交給主，便操練自己學習不按這世上的標準來衡量自己的價值。對不少人而言，有價值的人生代表有用的人生。但說到何謂有用，便有一套衡量的標準。到底我們賴以衡量的標準，背後反映的是甚麼價值觀呢？把自己的主權交給主，叫自己人生更有用，本就帶著種種的不確定性。姑且不管上主怎麼說，單就生命本身的吊詭和錯綜複雜的交錯情況而言，先前以為有用而後變為無用，成就轉眼促成失敗、充滿諷刺的情形，屢見不鮮。

　　我們若把自己的主權交給主，是否因為我們相信，這乃是蒙福的生命？可是，甚麼是蒙福的生命呢？耶穌在世的生命，是蒙福的嗎？眾叛親離之下，無權無勢，與富貴或成就也沾不上邊，這叫蒙福的生命嗎？雖說他的目標是清楚的，以致輕看羞辱。但我們若基於曾委身說願意將主權交給他，以致我們人生和他一樣，彷彿毫無那為人所稱道的成就，我們是否仍願意為上主活，為天國價值而活呢？

　　行筆至今，這些日子以來偶爾想起劉曉波的遺孀劉霞，[10] 只因自己的丈夫為人權和民主，敢於發言得罪國家，自丈夫於 2010 年獲得諾貝爾和平獎後，便被中國人民共和國政府軟禁至 2018 年 7 月 10 日方獲准出境。[11] 她的人生是蒙福的嗎？她選擇了為天國

價值付出代價嗎？我們想起福音書裡耶穌的天國比喻，誰是山羊？誰是綿羊？誰遵守了主的命令？誰是真正遵行的人呢？

天國所說的價值不在乎自己的成就吧？然而，得釋放是叫我們不再為這世界活，而是蒙召展示上帝國的治權並見證祂的美德。然而，我們的生命雖然得贖，卻仍因活在這世界而常糾纏於私慾與肉體的權勢中。所以，把我們生命的主權交給上帝，讓祂掌權，是叫我們可以活好這一生，因我們不能靠己力勝過這世界。要在終末時間裡把握自己，便需要把生命交付我們的主。

上帝國的呈現孰前孰後？

我在後面的寫作經過（跋）中提到自己家族裡的基督教背景。在結束本書時，容我從「只有這一生」這角度做出一點的反思。

最近我的堂嬸在我姐姐的帶領下決志信主了。她幾十年來，篤信傳統民間信仰。記得小時候，她毗鄰我們家而居。我堂叔以捕魚為業，她則開小檔（攤販）賣咖哩粉麵。由於我們搬離了西馬的家鄉，輾轉過了許多年才重逢。較有印象的是前兩年的見面。匆匆數十年，各自走過人生不短的旅程。「只有這一

生」，這話對她、對我而言，有同樣的效應。該如何理解呢？她
困在小漁村裡，而我遠赴他鄉；她的小販生涯，和我的學術追
求，那一個較有人生價值？在終末時間裡，我們各自建造了甚
麼工程？在我們人生裡所努力的，哪一分能在永恆裡存留呢？
我能否說，由於她直到最近才信主，那麼終其一生，她所努力
的，在永恆裡並沒有任何果效？在未信主之前，她沒有機會活
在終末時間裡。她相夫教子，她的言語行為、生命過失、愛恨
情仇、寬恕恩免、奮鬥努力，全都沒有意義嗎？反之，我追求
的博士學位、神學論著、所謂的教導事奉，只因我信主了、走
上全職事奉主的路，就全然具有永恆意義嗎？福音書耶穌說話
裡常針對的法利賽人，他們豈不是在上帝的國裡嗎？豈不是上
帝的子民嗎？正如我們按新約的意思，也藉著耶穌基督作了上
帝的子民一樣。耶穌在當時向祂的子民說話，常以顛覆他們既
有思想的教導，叫我們反省「在前的要在後、在後的要在前」、
「誰是山羊、誰是綿羊」諸如此類的教訓，再三敲醒他們如何
「即在當下作子民，即在當下活出上帝國」的實義。

　　如果「只有這一生」所界定的，不是信耶穌就一了百了的
「永生護照」，以為拿到了就能安渡彼岸，入境上帝國。那麼，
我們就必須問，像我堂嬸的人生──上帝所檢視的，是否同樣

視乎她是否活出天國價值般的人生？視乎她是否把握住短暫的一生，積蓄「財寶」到永生？就是「以生命活出愛與公義」等屬乎天國的價值。

我無意做出一種二元對立的好壞對比，更非為了顛覆傳統「信耶穌、得永生」的方程式而刻意美化一種沒有認信基督的人生，作為綿羊山羊比喻的有效應用。她、或和許多活在現世中的人一樣，一生也虛耗了不少時光。**或許她一生遲至最近才接受主，或許她因此沒有機會早早嚐到主恩的滋味，未能早早體會那因信靠耶穌基督的信實，在上帝的恩典下預先得聖靈為基業、為憑據的福分。但我若說自己早已得嚐上帝的恩典，卻在這恩典上「沒有活出上帝的愛與公義」等天國價值，我與她的分別，恐怕不在於我是否早有得救的確據，而在於我是否在今生活出這天國的實踐。**

耶穌那「在前的要在後、在後的要在前」的教導，言猶在耳。無論是早晨進到葡萄園的，或是遲至傍晚才入園的，在線性的時間和非線性的契機中，我們都可以有同等的機會，以智慧度日。

/// 跋

只有這一生。

這是本書的書名，也是本書的結論。既是結論，也可以是命題。整本書的目的，就是要說明「基督信仰中的天國觀」到底在教導我們一個怎樣的人生觀？

華人教會以「傳福音」為其生存命脈。圍繞著「信耶穌得永生」這一命題而衍生出的種種，除了維繫著教會的生態，也間接塑造出相應的人生觀。

可是，得永生，並叫其他人也得永生，這真是人生的目的嗎？我認為不應該是。即使是，我想所謂的永生，可以從目前既定的教會語境中釋放出來，重新認知嗎？

為了做到這一點，本書已指出，聖經的天國觀或神國觀所要教導的人生觀是，得著生命，並且，人只有這一生。因為只有這一生，所以我們不要繳白卷。雖然這聽起來如老生常談，但誠如本書屢次提到的線性與非線性的時間觀、終末時間、彌賽亞的國的時間，交不交白卷要在這新的語境下來體認。

我們已把過去一般對天國等相關信仰內容的誤解一一討論
和糾正，雖不全面，卻已滿足要旨。所欠缺的是一個更為深層
的動機：甚麼促使我放不下這一連串的信仰邏輯，而驅使我不
得不重新檢視這一些看似理所當然的信仰命題？藉以下敘述，
容我交待我的信仰起點和其他背景，目的是說明此書之立論，
不是為了標新立異，而是和我多年的信仰背景和歷程有某種內
在的連繫。

第四代基督徒

我出身於基督徒家庭，現代人所說的「信二代」。事實是，
根據家人記述：

> 1934 至 1935 年間，中國佈道家宋尚節曾到過福建省惠安、
> 泉州、廈門及漳州開佈道會，許多青年才俊都信主且大發
> 熱心，而祖父黃必彩年廿四、五，也因宋尚節之佈道而信
> 了主，後來在南洋一帶不忘事奉講道，建立教會。當時才
> 三、四歲的長子－光華（筆者按：後又名成華）常隨母親
> （即筆者的祖母）去聚會，也參加過宋尚節的佈道會，在此
> 一環境和氣氛中接受了主，在心靈中為主留下一個空間為
> 居所。12

　　另根據我三叔黃光亮的貼文〈媽媽口中的家史〉中，記載祖父（筆者的曾祖父）的信主經歷提到：

太祖父（筆者的曾曾祖父）逝世後，祖父續承擺渡的生涯，因家境困苦，常受親友的歧視，祖父決定奮發圖強，就開始學做生意，媽媽說，他從一把筷子起家，於是他從一把筷子賣起，愈賣愈多，把賺到的錢存集起來，有了本錢，就轉行，開始做木柴業，他走山路，從晉江走到晉江上游，路上夜了，就借宿人的家，到了安溪，湖頭，買辦薪火用的木柴，家境就開始富裕。祖父也像太祖父一樣，愛喝酒，祖母說，父親愛喝酒是家傳的。由於愛喝酒，就自己釀起酒來自己喝，怎知道被親友偷偷告上官而被抓，祖父很喪氣，心境苦悶，覺得心灰意冷，一天，有一位牧師來探他，給予安慰鼓勵，把福音傳給他，從此就歸向主，成為基督徒！

感謝上帝，救恩從祖父開始臨到我家中，到我這代已是第三代基督徒，感謝上帝的保守憐憫，我們家族中第五代也都住在耶穌裡面，我姪兒中有作了牧師，有作了神學院的講師。

信主的家是蒙福的,願一切榮耀都歸愛我們的上帝!

(2016 年 10 月 31 日臉書貼文)

若是如此,筆者這一代便是第四代基督徒。我們信仰的根源與宋尚節博士的培靈會,有一種內在的連繫。根據家父的敘述,他小時候是因身體有病,母親(家祖母)帶他參加宋博士的聚會而得醫治的。這一個屬靈的遺產,或多或少如血液在我們子孫生命裡流著。

用幾代生命孕育出的信仰

忘了哪一位神學家說過,沒有幾代以上的信仰,大概還未能孕育出一種信仰的深度。信仰經歷,說的不單是個人的,也有家族的。現代華人教會的信仰傳承,已在積累著這樣的深度,也提供了一個更需要耕耘的土壤,並傳承著更急切需要反省和檢視的傳統。然而,當代神學反省,或說華人神學界裡的神學反省,對於經歷之作為神學建構裡的要素仍處於起步階段。

回想兒時,我約莫八、九歲時便「步我哥哥們的後塵」,住的家既是起居處,又是信仰與禮拜處的「禮拜堂」。禮拜堂是我童年參加主日擘餅聚會、卻同時也是捉迷藏的地方。禮拜堂後

翼是住家，我們幾兄弟和姑姑、叔叔並祖母住在一起。

　　大概是小一、小二左右吧！我和哥哥，可能還有六姑（或許還有六叔）都會在禮拜六下午擦拭禮拜堂的百葉窗，在禮拜日上午主日聚會前掃地板、用清水抹一遍椅子、講臺、主餐檯，和把聖經和詩歌本擺放好。然後，再用白色藏有暗花暗紋的桌布把主餐檯覆蓋好。布簾後經過兩個臥房、主廳、另兩間臥房、浴廁進到後方的廚房，祖母用素麵粉擀好了薄薄的無酵餅，在煎鍋下烘焙。預備好了，我們連同沖泡好的葡萄汁拿到禮拜堂的主餐桌上放好。

　　可能是在中學期間，我約略知道我們家是弟兄會的背景，我也知道我們沒有牧師、傳道的階級或專職的同工。因為搬家，從西馬的小漁村搬到東馬斗湖之後，我們家轉去當時覺得與我們傳統比較接近的浸信會聚會。後者在擘餅、傳講信息、有專職教牧的傳統等方面，也與弟兄會有些許分別。只是那要再過了許多年，應該是大學或甚至是九〇年代讀神學院期間，我才比較了解弟兄會和其他宗派的分別。事實是，除了因為信仰傳統較為接近，還有一個相關的因素：家四叔早年和這浸信會的肢體頗有淵源，他也曾是中堅分子，後來因從商而淡出了。

　　但回到搬家前的日子。記得小時候作禮拜時，每一次都有擘餅。當時年紀雖小，也是乖乖的坐在聚會所裡。記得三叔、五叔、大哥比較常開口領禱、開口「點選」一起頌唱的詩歌，然後其中一個人會上到主餐檯前為餅祝謝，後又為杯祝謝。

　　聚會進行過程中，祖母總是預備著籐條在身邊，偶爾起身走到禮拜堂外「狩獵」離席的、或轉身看著小小禮拜堂內那幾個交頭接耳、吱吱喳喳的孫子。

　　那些年，信仰就是家族生活不可切割的一部分。

　　那些年，在班台（Pantai Remis，位於馬來西亞霹靂州的小鎮）——我出生並度過童年的小鄉鎮，大概就我們這一家是基督徒，最多就是還有我叔公那一支親戚來聚會。

　　那些年，我們家因身為基督徒感到自負，視其他鄰居、朋友都是「世俗人」。

前千禧年派災前被提的信仰傳統

　　那些年的屬靈生活是怎麼樣的呢？到底我所接受的屬靈傳統又是怎樣的呢？小時候，依稀記得是 1972 年左右，葉法傳先生到我們家鄉班底舉行幾個晚上的培靈佈道會，主題是「你當

快信耶穌」。葉先生當年曾為葛培理牧師在新加坡舉行的佈道大
會擔任即席傳譯。

　　培靈佈道會裡，外邊豎立於禮拜堂外的籬笆邊的街燈亮著
縈繞，在一個說福建話和潮州話的小鎮，講員以客語說出「快
快來信耶穌」，印象深刻。仍讀著幼稚園的我，在赤道炎熱的晚
上，參與聽道。記得信息裡談到馬太福音的經文：「兩個人在推
磨，取去一個，撇下一個。兩個人在田裏，取去一個，撇下一
個。」提到挪亞的時代，方舟的門關上了，洪水來了，許多人
在門外，只得哀哭切齒。

　　印象中，家三叔常向我們提及「主再來」的教導，其中相
關的包括七年的大災難、十國聯盟、哈米吉多頓的大戰、再來
的徵兆、我們都要被提到空中與主相遇，但我們信主的人不需
要經歷大災難等等。當時連似懂非懂都談不上，只是後來才知
道那些觀念主要源自於時代論的主張。

　　可是，「信仰尋求理解」這神學入門的話說得沒錯。在一個
弟兄會背景、神學偏向時代論、聚會時「姊妹也蒙頭」的童年
的信仰土壤中長大的我們，或許使我們後來提問更多的信仰問
題。搬到東馬後，中學時期在浸信會聚會和事奉，常愛問一些

聖經的問題，如亞當犯罪為何我要承擔？如果我因亞當而有罪性，我何以需要為犯罪而負責任？既然延續了罪性，犯罪豈非本性使然？有時候這種打破砂鍋問到底的個性，家人也受不了。

進入大學，在臺灣期間也在浸信會聚會，那時對於神學知識也只有點滴，對於我小時候所屬的家族信仰乃屬於時代論也不甚清楚。在團契導師的薰陶和教導之下，[13] 學習「基督教與中國傳統如何關聯」和「本色化神學」，（當時適逢新儒家的蔡仁厚和基督教的周聯華、梁燕城進行對話，內容之後收編於《會通與轉化》一書），並且閱讀了一些唐君毅的文字和天主教神父羅光的《中國哲學思想史》部分內容，也培養對於文化和歷史的心胸，閱讀了湯恩比的《歷史研究》上下冊，並論基督教與文化之關係的薛華的《前車可鑑：西方思想文化的興衰》一書等等。其他層面的書籍，就不一一細數了。不是要展示自己所知，而是勾勒那延續自少年至青年時期的一點點相關的信仰足跡。

從福音堂走向儒釋道耶之會通

這一個大學時期的啟蒙，後來一直影響至我多年的神學之旅。我不但涉獵了儒家思想，也閱讀佛道書籍，和中西基督教與儒釋道對話的著作。當時心裡一再浮現的問題是：到底各大

宗教是否殊途同歸？是否條條道路通羅馬？大道、涅槃、天堂
所指是否相同，或只是名稱各異？在神學院進修道學碩士課程
期間，對於基督教與其他宗教對話的論述興趣濃烈，也讀了不
少這方面的書。[14] 到底沒有機會聽福音的人，比如孔子、孟子，
以及沒有信主的家人和祖先，是否一定沒有機會得救？當時讀
到天主教神學家拉納（Karl Rahner）所提出的「匿名基督徒」的
說法，深感認同。[15] 記得有一個學期，自己寫了一篇文章探討王
陽明的良知說和羅馬書第二章保羅所論的良心。

這一切的思考，離不開那對中國傳統的反思，因此也在探
討耶儒對話之餘，更多認識了本色神學的路線，並因此涉獵了
宋泉盛的本色神學。[16] 這一趟路，後來直走到進修神學碩士之
時，接觸了宗教神學、宗教研究，最終以研究本色神學家謝扶
雅作為碩士論文，時為 2002 年。

長話短說，又過了若干年，我再到愛丁堡大學進修博士課
程，完成了我的博士論文。論文以主體互涉的詮釋方法，涵蓋
易經和保羅來詮釋華人傳道周旋於勢的心理為焦點。這一個轉
向中的保羅研究，未能說一定牽引著我後來的信仰反思的歷
程，倒是再回到教會牧職的事奉，專職教會的聖經課程，令我
能拾起一個教會信徒關注但卻急須重述的信仰命題。

/// 註釋

/// 1

1 學者賀思理（Richard Horsley）是其中佼佼者，參 Richard A. Horsley, *Hearing the Whole Story: The Politics of Plot in Mark's Gospel*, 1st ed. (Westminster John Knox Press, 2001); Richard A. Horsley, *Paul and Politics: Ekklesia, Israel, Imperium, Interpretation* (Trinity Press International, 2000); Richard A. Horsley, *Jesus and Empire: The Kingdom of God and the New World Disorder* (Augsburg Fortress Publ, 2003); Richard A. Horsley, *Paul and the Roman Imperial Order* (Trinity Press International, 2004); Richard A. Horsley, *Jesus and the Politics of Roman Palestine* (Columbia: University of South Carolina Press, 2013)。

2 華人教會在此之後全簡稱為教會，除非另作註明。

3 按我的判斷，西方興起一時的追溯歷史性的耶穌（the quest for the historical Jesus）和史懷哲（Albert Schweitzer）所指出的天啟終末願景（apocalypticism）下的耶穌基督，都不是華人教會這幾十年來的關注，甚至賀思理所指新史懷哲學派在西方走向一種個人主義式的傳統，也不是華人過去把耶穌的終末混入時代論之語義下千禧年前論（pre-millenianism）等候耶穌再來、信徒災前被提的信仰。關於華人教會，今天政治社會的動蕩，預備了一個以政治角度閱讀新約聖經的政治張力，並其中的耶穌（福音書）和使徒留下的書信的契機，希望能吸收這廿年來西方這方面新約研究長足發展的成果。Horsley, *Jesus and the Politics of Roman Palestine*, 2.

4 蘇遠泰，《地獄，永遠的刑罰？破解地獄的迷思》（香港：印象文字，2016）。但筆者在某些信念上和這兩本書有相似之處，但全書論述不厭煩要說明的是，新約被忽略掉的一個極為核心的觀念，是人必須要在今世活出上帝的心意。地獄之說，可視為一種警世之言，目的是要人好好的行義以貼近上帝的心意而活。另比較蘇遠泰，《（不）信耶穌，又如何？—— 未聞福音者可以得救嗎》（香港：印象文字，2017）。

5　原書稿已完成不少於兩年，出版前修訂此文時年值 2020 年 8 月。

6　經過廿七年，中國近日急著在香港硬推港版《國安法》，引起強烈反彈。據悉，2020 年 5 月 26 日中國人大會議後，港澳辦主任夏寶龍在人大通過《決定》後與港區人大會面，港區全國人大代表田北辰引述夏寶龍叫大部分市民不用擔心權利和言論自由收窄，他稱：「馬照跑、舞照跳。國安法是針對一小撮人。他說現在香港市民乘搭港鐵權利都受阻，諷刺地這些為何又無人質疑，我們這個《國安法》細節都未出就說權利會拿走了。」參有線新聞 2020 年 5 月 29 日網上報導，http://cablenews.i-cable.com/ci/videopage/news/26471；瀏覽於 2020 年 6 月 6 日。

7　Horsley, *Jesus and Empire*, 34, 106.

8　參香港《蘋果日報》訊：「馬照跑舞照跳」寓五十年不變，記者曾偉龍如此引述：「《中英聯合聲明》1984 年簽訂後，香港仍瀰漫恐共情緒。1987 年 4 月 16 日，有『一國兩制』總設計師之稱的中國領導人鄧小平在北京人民大會堂會見香港基本法起草委員會委員，他強調香港回歸中國後會按《基本法》體現一國兩制，『香港在 1997 年回到祖國以後五十年政策不變，包括我們寫的《基本法》，至少要管五十年。我還要說，五十年以後更沒有變的必要。香港的地位不變，對香港的政策不變』。鄧小平當時還用了一個生動比喻，『讓那裡（香港）馬照跑、舞照跳，保留資本主義生活方式』」。參 https://hk.appledaily.com/local/20190918/XQMR4KKPEX7Z3ZSAUJJL53O7TE/；瀏覽於 2020 年 6 月 6 日。

9　漢娜‧鄂蘭，《極權主義的起源》，第 1 版，近代思想圖書館系列 33（臺北：時報文化出版企業有限公司，1995）。

10　參 John Van Seters, *Prologue to History: The Yahwist as Historian in Genesis* (Louisville, Ken.: Westminster John Knox Press, 1992), 78-103。

11　參 Martin Hengel, *The Zealots: Investigations into the Jewish Freedom Movement in the Period from Herod I Until 70 A.D* (Edinburgh: T. & T. Clark, 1989), 24-75。

/// 2

1　利十九章 2 節說：「你們要聖潔，因為我耶和華－你們的　神是聖潔

的。」

2　有關利未記和申命記的經文，筆者得益於 Swanson 此文的討論。
參 Dwight Swanson, "Holiness in the Dead Sea Scrolls: The Priorities of Faith," in *Holiness and Ecclesiology in the New Testament*, ed. Kent Brower and Andy Johnson (Grand Rapids, Mich: Eerdmans, 2007), 19-39。

3　Choon Leong Seow, *Daniel* (Westminster John Knox Press, 2003), 6-7, 100, 106, 111, 137, 145, 154, 156, 166, 174-176.

4　Ibid., 1-18.

5　Hengel, *The Zealots*, 22-75; Horsley, *Jesus and Empire*, 36.

6　John Nolland, *The Gospel of Matthew* (Wm. B. Eerdmans Publishing, 2005), 2-3; Ulrich Luz, *Matthew 1-7*, ed. Helmut Koester, trans. James E. Crouch, Revised ed. edition. (Minneapolis, MN: Fortress Pr, 2007), 59-60.

7　Nolland, *The Gospel of Matthew*, 16-17; Donald A. Hagner, *Matthew 1-13, Volume 33A* (Zondervan Academic, 2018), lxxiii-lxxv; Luz, *Matthew 1-7*, 59.

8　Dave Earley and Rod Dempsey, *Disciple Making Is . . .: How to Live the Great Commission with Passion and Confidence* (B&H Publishing Group, 2013), 72.

9　Alan Storkey, *Jesus and Politics: Confronting the Powers* (Grand Rapids, MI: Baker Academic, 2005), 213-18; Horsley, *Jesus and Empire*, 34.

10　包衡，《政治中的聖經》，廖惠堂譯（香港：基道，2001），115。

11　Ibid.

12　Ibid., 116.

/// 3

1　John Howard Yoder, *The Politics of Jesus*, 2nd ed. edition. (Grand Rapids, Mich.: Carlisle, UK: Eerdmans, 1994), 24-25.

2　Martin Hengel, *Christ and Power* (Belfast: Christian Journals, 1977), 8.

3　全詩信息以訴說上帝的信實為中心。參 Robert Davidson, *The Vitality of Worship: A Commentary on the Book of Psalms*（W.B. Eerdmans, 1998), 303-306。

/// 4

1 馬太記載耶穌開始服事，他「走遍加利利，在各會堂裡教導人，宣講天國的福音，醫治百姓各樣的疾病。」（太四 23）緊接著，因著人多，便上了山，並開口教導門徒，那便是所謂的山上寶訓（五至七章）。除了加利利，他也「走遍各城各鄉，在他們的會堂裡教導人，宣講天國的福音，又醫治各樣的病症」（太九 35）。我們可以從四 23 和九 35 一模一樣的句子看出有意安排的敘述結構。

2 關於啟示錄裡的論述，參本書第 12 章。

3 黃厚基，《穿越文本：聖經、生命境界與神學詮釋》（香港：德慧文化，2014），頁 119～123。

4 參榮格（Walter Wink），《耶穌與非暴力：第三條路》（香港：基督教文藝出版社，2013）的論述。

/// 5

1 Yoder, *The Politics of Jesus*, 24-25.

2 Horsley, *Jesus and Empire*, 134.

3 這一個主題應該以更多的篇幅討論，此處暫不處理。

4 E. P Sanders and Margaret Davies, *Studying the Synoptic Gospels* (London; Philadelphia: SCM Press; Trinity Press International, 1989), 293.

5 新約各卷福音書背後固然是政治的處境，但只說出作者對政治有所著墨，不等於說出他的態度策略。正如約翰. 尤達（John Yoder）在《耶穌政治》一書裡挑選路加為他的文本，卻又指出他的選擇沒有特別的偏好，其他福音書也可以達到同樣功效。參 John Howard Yoder, *The Politics of Jesus*, 2 Sub. (William B. Eerdmans Publishing Company, 1994), 11-12。

6 這樣說不是要否定他在路加裡一樣反映著路加無法且無意要避免談及的政治處境。在此，我們的閱讀和尤達的觀察是一致的，即是他雖想避免一種引起人以為基督徒乃是顛覆政權者，卻不能繞過社會和政治現實來說明以色列人在苦難中引頸期盼著那久候的彌賽亞，即他筆下的耶穌。參 ibid., 23。不過，尤達的目的是要說明福音書裡的政治氛圍。這一點是我們前幾章的基調，不需要在此再引證。反之，我要引出的是，在路加迂迴緊貼著政治的現實，所要帶出的上帝國的現實。

我們可以說，若以當時的羅馬帝國的太平盛世之國政國策之下，所謂平安的福音，正是執政者用以馴服維穩的手法。

7　此段是與馬太福音的八福相對應的經文，但路加的手法則是以四福對比於四禍的編寫（路六 20～26）。

8　何蒙娜（Morna Dorothy Hooker），《福音書的終結：作門徒的邀請》，周健文譯（香港中文大學崇基學院神學院，2004）。

9　參太廿二 41～46；比較可十二 35～37；路廿 41～44，廿二 69；徒二 25, 33-34，五 31，七 55～56；羅 34；弗一 20；西三 1；來一 3, 13，八 1，十 12，十二 2。

10　參詩十六，八十 17，九十一 7，一〇九 6, 31、一二一 5；賽六三 12；亞三 1。

11　參 Larry W. Hurtado, *How on Earth Did Jesus Become a God?: Historical Questions about Earliest Devotion to Jesus* (Wm. B. Eerdmans Publishing, 2005)，尤見 93～94。

12　關於這腓二 5～11 節，有興趣的讀者可參 ibid., 83-107 的討論.

13　Ibid., 15.

14　James D. G. Dunn, *The Partings of the Ways: Between Christianity and Judaism and Their Significance for the Ccharacter of Christianity* (Scm Press, 2006), 301–338.

/// 6

1　創世記的神話敘事，反映著被擄回歸時間的神學反省，一再展現出和近東神話的對話，或說借助於那些神話敘事，書寫出一個突顯以色列神觀的神學敘事。史特司更主張創世記的敘事不但結合了近東神話，也借用了希臘歷史敘事中追本溯源（etiology）的色彩。參 Seters, *Prologue to History*, 1-103。關於創世記的神話體裁的神學敘事文體或近代相關的研究，不是本文的焦點，在此只可點到為止。筆者會在正完成中的《創世記的神學詮釋》（書名暫定）再作較詳細的討論。

2　華爾頓（John H. Walton），《創世記（卷上）》國際釋經應用系列（The NIV Application Commentary 1A）（香港：漢語聖經協會，2015），225。另參 NET Bible 該節註解。

3　有種說法指這是閃族語系以複數表示皇尊身分。

4　對蛇的審判裡，這一句判語實在不可忽視，即「我要使你和女人彼此為仇，你的後裔和女人的後裔也彼此為仇。他要傷你的頭，你要傷他的腳跟。」（創三 15）。教會傳統視「女人的後裔」為耶穌基督。新約最後一卷書啟示錄正好與此呼應（啟十二），僅舉一節為例：「蛇在婦人背後，從口中噴出水來，像河一樣，要將婦人沖走。」（啟十二 15）這樣一頭一尾呼應，想必不是偶然湊巧。顯然，創世紀揭示了那千秋萬世要展開的劇碼。於其說是對蛇的審判，倒不如說是以神話的文學風格說明了人類世世代代和「蛇」的鬥爭。但這鬥爭將有結束的一天，就是那「女人的後裔」給那蛇致命的打擊時，蛇（在啟示錄裡已蛇龍兩個意象交替使用）雖極力阻止，但「婦人的兒女」終必得勝。

/// 7

1　Raymond E. Brown, *The Gospel According to John I-XII* (Anchor Bible, 1966), CXXXIX-CXLIV.

2　http://billpetro.com/history-of-the-sanhedrin

3　世界一詞，原文 *kosmos*，是約翰福音的鑰字之一，共出現 78 次。

4　Richard B Hays, *The Faith of Jesus Christ: An Investigation of the Narrative Substructure of Galatians 3:1-4:11*, Dissertation series (Society of Biblical Literature) no. 56 (Chico: Scholars Press, 1983), 15.

5　Ibid., 52.

/// 8

1　可以參考根頓精彩的討論，參 Colin E. Gunton, *Enlightenment & Alienation: An Essay towards a Trinitarian Theology* (Eugene, Ore.: Wipf & Stock Pub, 2006), 90-107.

2　Ibid., 76.

3　關於自主與順服，左勒對於耶穌如何充分活出這一份精神，有很好的演繹。參杜樂蒂・左勒（Dorothee Sölle），《想像與順服：新世紀基督教倫理的反思》，林下昊譯（臺北市：游擊文化，2016）。另參黃厚基：〈《想像與順服：新世紀基督教倫理的反思》讀後聯想：你話點就點〉，《時代論壇》時代講場文章（2016 年 12 月 20 日網上文章；刊登於《時代論壇》網頁（http://christiantimes.org.hk/Common/Reader/

News/ShowNews.jsp?Nid=97408&Pid=6&Version=0&Cid=150&Charset=
big5_hkscs）。

4 Brown, *The Gospel According to John I-XII*, 13.

5 Jurgen Moltman, *The Spirit of Life* (Fortress Press, 1992), 47.

6 我不是指其希臘文所有詞態，但大部份都可以追溯至 λέγω 的字根，比
如說動詞過去不定式和完成式中，便無法直接看見此字根型態。

7 其中提到「遵守我的命令」的話，使我們一方面想到誡命和生命的關
係，也想到耶穌之為道，故聽他的教訓、他的道、他的話，都是得生
命的關鍵，因他的道就是生命，他就是生命，他就是道。

8 中文裡和合、和而不同、和諧，帶有不少文化語言的效應，很容易在
我們使用「合而為一」的時候滲入我們對經文的理解。

9 Raymond Edward Brown, *The Gospel According to John XIII-XXI* (Anchor
Bible, 1970), 771.

10 英譯取自布朗（Raymond Brown），參 ibid。

11 參布朗於 ibid. 引用腓立比書所做的對比。

12 Ibid.

13 Jurgen Moltmann, *The Trinity and the Kingdom* (Fortress Press, 1993), 175.

14 這是按智慧書的傳統來說的。比如說箴言裡說：「我兒啊，要聽，要
領受我的言語，你就必延年益壽。」（箴四 10）「要持定訓誨，不可放
鬆；要謹守它，因為它是你的生命。」（箴四 13）「因為找到它們的，
就找到生命，得到全身的醫治。」（箴四 20）。

/// 9

1 華人學者亦留意到這一點，參吳慧儀，《談情說理話新約》（香港：更
新資源，1999），171-173。作者吳慧儀指出羅一 5，十六 26 中的信服
可謂羅馬書的主題，不論仍以一 16～17 為鑰節。作者並無特別討論兩
者哪一個優先。

2 賴特 Tom Wright, *Justification: God's Plan & Paul's Vision* (SPCK
Publishing, 2009), 190-191.

3 Ibid., 190.

4 基本上，新約作者總是取材於舊約，用其神學想像力將舊約重要和相
關的主題，站在自己的處境，也為自己的受眾做出詮釋。所以，規模

較大的大學裡的神學研究所，方有一個命名為新約中的舊約聖經學術研究的範圍。以賽亞書更是其中可說最為廣泛被引用的經卷。其洋洋灑灑共六十六章的經文，文本內的世界反映著王國後期至被擄回歸的氛圍和神學，資源之豐富，又豈能不受新約作者之青睞？羅馬書是引述以賽亞書新約書卷中的佼佼者。這方面的學術論述不勝枚舉，在此不贅。

5　參 Richard B Hays, *The Faith of Jesus Christ: An Investigation of the Narrative Substructure of Galatians 3:1-4:11*, Dissertation series (Society of Biblical Literature) no. 56 (Chico: Scholars Press, 1983), 150。海斯在斟酌該如何理解加拉太書三章 11 節 ho dikaios ek pisteōs zēsetai（和羅一 17 完全一致）時認為，關鍵在於原文裡的 ek pisteōs（因信或出於信）這片語到底是在修飾 dikaios（義的），還是在修飾動詞 zēsetai（得生）；若是前者，這一句話便解釋一個人怎麼成為義（即稱為義）；若是後者，則在於解釋那義者會以甚麼方式「活著」（得生）。因此，海斯要弄清楚的是，當保羅引用哈巴谷書該句話的時候，到底他是指「義人必因信得生」（'the righteous (one) shall live by faith'），還是指「那因信而為義的人必得生」（'the one-who-is-righteous-by-faith shall live.'）。他主張「因信」（ek pisteōs）該被視為修飾動詞「得生」（zēsetai）的副詞；並且「因信」正好和上半節裡的「靠著律法」（和合本修訂版）（en nomo）平行，「得生」也和「稱義」（dikaioutai）平行。

6　今天公用的馬索拉本（MT）希伯來聖經是公元六或七至十世紀所編撰的。它建基於一些最好的抄本，並把原抄本裡所沒有的音標注上。

7　安得遜則認為哈巴谷書這一句應該譯為義人必因其可信性（trust worthiness）而活（survive）。因為希伯來文 ᵉmûnāṯō 該譯為可靠（reliability），因為我們所信的上帝及祂所賜的異象，是可靠的。至於用來形容人之時，所強調的不是信靠或有信心（trustingness）這種屬靈品格，而是形容能可靠地完成一項工作、在關係上信實可靠（steadfast），值得人的信賴。參 Francis I Andersen, *Habakkuk: A New Translation with Introduction and Commentary* (New York: Anchor Bible/ Doubleday, 2001), 214-215.

8　此句 wᵉṣaddîq be'ᵉmûnāṯô yiḥyeh，英文是 "The righteous one shall live by his faith/faithfulness"。

9 此句 ho de dikaios ek pisteōs mou zēsetai，英文是 "The righteous one shall live by my [i.e., God's] faith/faithfulness"。朱偉特認為：「七十士譯本的西乃抄本和華盛頓抄本強調的是上帝的信實。其中，『信』主要是理解為『信實』。希伯來文的哈巴谷二章 4 節必也該如此理解，但（經文）卻與七十士譯本亞歷山大抄本和以法蓮抄本一樣，其『我的義者』所指乃是指那在終末應許延遲應驗之下仍保持向上帝信實的人。」參 Robert Jewett, *Romans: A Commentary*, ed. Roy D. Kotansky and Eldon Jay Epp (Minneapolis: Fortress Press, 2006), 145.

10 此句 *ho de dikaios mou ek pisteōs zēsetai*，英文是 "My [i.e., God's] righteous one shall live by faith/faithfulness"。

11 比較希伯來書十章 38 節：義者必因信／信實得生（*ho de dikaios mou ek pisteōs zēsetai*）。

12 按序分別英文分別是：The Messiah will live by (his own) faith (fulness); The righteous person will live as a result of the Messiah's faith (fulness); The righteous person will live by (his own) faith (in the Messiah)。Hays, *The Faith of Jesus Christ*, 156 海斯是指出「耶穌基督的信實」的翻譯的主要代表。此書乃他的論文，出版於 1983 年。另參該書第二版（2002）的導言 "Introduction to the Second Edition", xxi-lii。

13 Walter Brueggemann, *Theology of the Old Testament: Testimony, Dispute, Advocacy* (Minneapolis: Fortress Press, 1997), 213-228.

14 如前所示，作為希臘文名詞的信（*pistis*），可譯為信（faith）或信實（faithfulness）。

15 另參 Michael J Gorman, *Cruciformity: Paul's Narrative Spirituality of the Cross* (Grand Rapids, Mich: William B. Eerdmans Publishing, 2001), 118，把一章 17 上半節意譯為："The gospel proclaims that God's righteousness both originates in fidelity--God's fidelity, revealed in Christ's fidelity—and engenders fidelity—ours."。

/// 10

1 至於如何面對外在各種紛擾、又如何調理自己內在的心情，像絕望、奮恨、不平、迷惘、乏力等心情，從在聖靈裡禱告到在不同的生活場

景和關係中踐行，則不在本書的探討範圍中。

2 高爾曼也引述腓二 6～11 支持耶穌基督之信的譯法或理解，參 Gorman, *Cruciformity*, 118-119。

3 利十八 5。

4 申九 4。

5 申卅 12。那裡說：「誰為我們上天去取來給我們，使我們聽了可以遵行呢？」

6 申卅 13。那裡說：「誰為我們渡海到另一邊，去取來給我們，使我們聽了可以遵行呢？」

7 申卅 14。那裡說：「因這話離你很近，就在你口中，在你心裡，使你可以遵行。」

8 Giorgio Agamben, *The Time That Remains: A Commentary on the Letter to the Romans* (Stanford, Calif.: Stanford University Press, 2005), 131-132.

9 保羅沒有引的上述申命記經文的下文，論的正是生死禍福的事。經文如下：「看，我今日將生死禍福擺在你面前。我今日所吩咐你的，就是要愛耶和華－你的上帝，遵行他的道，謹守他的誡命、律例、典章，使你可以存活，增多，而且耶和華－你的上帝必在你所要進去得為業的地上賜福給你。倘若你的心偏離，不肯聽從，卻被引誘去敬拜別神，事奉它們，我今日向你們申明，你們必定滅亡；在你過約旦河進去得為業的地上，你的日子必不長久。我今日呼天喚地向你作見證：我已經將生與死，祝福與詛咒，擺在你面前。所以你要揀選生命，好使你和你的後裔都得存活。要愛耶和華－你的上帝，聽從他的話，緊緊跟隨他，因為他是你的生命，必使你的日子得以長久，可以在耶和華向你列祖亞伯拉罕、以撒、雅各起誓要給他們的地上居住。」（申三十 15～20）經文裡有關得地為業、後裔存活的應許，我們暫時擱下至下一章再帶出。此處讀到的是關於遵行上帝律法和生命的關係。

10 這裡出現的 rhēmatos Christou 在新約裡是唯一的一次。

11 這一點已在本書第 8 章章首第二段提到。另外，這種人的成長與他對造物上帝的信任的弔詭，我在別的文章裡也有論述，此處不贅。參黃厚基：〈母愛和上帝那無微不至的愛：論溫尼格的母嬰關係理論並其神學含意〉，《聖光神學論刊》第三期（2018）：111-149。

12 因信稱義的論述幾乎霸居華人教會過去對羅馬書的理解。近年來「保羅新觀」的論述才逐漸為人所知。無論如何，羅馬書一章 16 和 17 節，仍是眾所認為不可忽視的鑰節。但我以上所指出的一章 5 節，以及與其遙遙呼應的十六章 26 節中所出現的「信服」，應該被重視。

13 當然不止保羅有此看見，其他新約作者一樣如此展現。先前我們已討論過的約翰當然不例外。其他作者方面，我們暫時無法在此全面展開討論，要等到以後章節行文所至處方再詳細交待。

14 Brueggemann, *Theology of the Old Testament*, 200.

15 Ibid., 201.

/// 11

1 比較 Gorman, *Cruciformity*, 116, n.51 的看法。

2 參 Ibid., 116-117.

/// 12

1 華爾頓對於靈性死亡的說法有所質疑，參華爾頓（John H. Walton），《創世記（卷上）》國際釋經應用系列（The NIV Application Commentary 1A）（香港：漢語聖經協會，2015），192.

2 這是上帝的園子，參 ibid., 199。這象徵意義是比較可取的。因為正如園子裡的生命樹象徵生命（之源），而上帝便是生命之源，故此園子自然也是象徵上帝之所在，人在上帝裡面才有生命。約翰福音的作者對此很有心得。

3 我於三十年前左右，便聽大學團契裡的導師類似的說法。比較 Ibid., 187.

4 與本書第 8 章文首的討論相互參照。

5 此處啟示錄真正作者是誰的問題，不是本書的關注，故不加以討論。

/// 13

1 留意當年以祿先知式的警告。Jacques Ellul, *The Technological Society* (Vintage Books, 1964).

2 這裡卻把牧羊人所牧養的「羔羊」，變成牧養人的牧人。

3 關於兩約期間至新約時代這方面的思想，參 David Instone-Brewer, "Eternal Punishment in First Century Jewish Thought," in *A Consuming*

Passion: Essays on Hell and Immortality in Honor of Edward Fudge, ed. Christopher M. Date and Ron Highfield (Eugene, Oregon: Pickwick Publications, 2015), 215-244。

4　永恆的含義，前文已經交代，在此不贅。

5　此用詞在此處特別是於以祿一書的迴響。參 Jacques Ellul, *Propaganda: The Formation of Men's Attitudes*, trans. Konrad Kellen and Jean Lerner (New York: Vintage, 1973）。

6　Walter Wink, *Unmasking the Powers: The Invisible Forces That Determine Human Existence*, The Powers v. 2 (Philadelphia: Fortress Press, 1986), 9-40.

7　Ibid., 13, 14, 174, n.4.

8　有關千禧年各觀之釋經和神學觀，參羅偉，《啟示錄註釋》（臺北：華神，2007），1669-1685；孫寶玲，《啟示錄：萬主之主》（香港：明道社有限公司，2007），461-466；Stanley J. Grenz, *The Millennial Maze* (IVP Academic, 1992) 等書的討論。

9　參戴耀廷：〈由馬丁路德金到佔中〉，《時代論壇》專論，第 1354 期（2013 年 8 月 11 日），十一和十二版。

10　參 http://zh.wikipedia.org/wiki/ 佔領中環，並其中參考資料中所列出的報刊上報導。

11　參戴耀廷：〈由馬丁路德金到佔中〉，第 11 頁。

12　參戴耀廷：〈由馬丁路德金到佔中〉，第 11 頁。

/// 14

1　Tyler J. VanderWeele, "Some Observations Concerning the Chiastic Structure of the Gospel of Matthew," *The Journal of Theological Studies* 59, no. 2(2008): 669 文中作者指出此結構是羅爾所提出。有關羅爾，參 Charles H. Lohr,"Oral Techniques in the Gospel of Matthew,"*The Catholic Biblical Quarterly* 23, no. 4(1961): 403-435.

2　我在《穿越文本》一書中從經文第五章至十二章的文脈，說出愛與憐恤就是那超越法利賽人的義之義，這義就是像父一樣的義。參黃厚基，《穿越文本——聖經、生命境界與神學詮釋》，P119-123 裡關於上帝的義；另參上文第九章以及第四章文末。

/// 15

1 撒網的比喻（太十三 47～50）意思也相仿。

2 參 Louw & Nida, Greek-English Lexicon of the New Testament Based on Semantic Domains, 25.19　sub verbo "θυμός, οῦ m" 說明：an intense, passionate desire of an overwhelming and possibly destructive character —— 'intense desire, overwhelming passion.'。即是說這這憤怒是一個非常強烈的情緒，且可能帶有極大的破壞力。

/// 16

1 此處暫不處理誰是馬太福音的作者的問題。

/// 18

1 有關從考釋到後考釋的聖經詮釋，筆者已在黃厚基，《穿越文本——聖經、生命境界與神學詮釋》一書做出討論。

2 詳參 Dunn, *The Partings of the Ways*, 301-338。

3 鄧雅各在這方面做出了詳細的論述，參 Ibid。

/// 19

1 馬可福音就只稱「有一個人」（可十 17），路加則一開始就稱「有一個官」（路十八 18）。馬太和馬可一樣稱「有一個人」（太十九 16），但一直到對話結束後，在評註中才以「那青年」稱呼他（太十九 22）。

2 路加（十八 19）和馬可（十 18）都沒有這上半句。

3 同樣的故事也出現在路加福音十八章 18～29 節，以及馬可福音十章 17～31 節。在路加福音的敘事裡，其上下文特別有意思。首先，18 節稱這來問耶穌的人為「官」。一般而言，猶太人應該不會有機會出任羅馬帝國的官職，或許此處指他是公會的成員，在某個意義上，那也算是猶太人的官。除此以外，此段內容和馬太福音的記載大致一樣。在馬太福音裡，青年主動的問該守的誡都守了以外，他「還缺少甚麼呢？」但在路加沒有這一問，倒則是耶穌主動的說：「你還缺少一樣」。馬太和馬可都沒有特別提到這問話之人的身分，但路十八 18 卻特別強調說：「有一個官」。

4 或稱「等價交換」，筆者用法的靈感源自日本動漫《鋼之鍊金術師》（Fullmetal Achemist）。

5　耶穌心中所想的應該是申命記十八章 13 節所說：「你要向耶和華－你的上帝作完全人。」（比較利未記十一 44 說：「我是耶和華－你們的上帝。你們要使自己分別為聖，要成為聖，因為我是神聖的。」）參本書第二和第四章的相關討論，在此不贅。

6　Samuel Tobias Lachs, *A Rabbinic Commentary on the New Testament: The Gospels of Matthew, Mark, and Luke* (KTAV Publishing House, Inc., 1987), 127; 參 GOOD TV 好消息電視臺：《空中主日學～福音書中的難題（1）好眼睛和壞眼睛》（2015 年 4 月 12 日）（網上影音：27:45）取自 Youtube 網頁（https://www.youtube.com/watch?v=NcBnZjq-LWQ）；瀏覽於 2020 年 9 月 5 日。

7　這種對應式的話，是耶穌常用的說道方式。比如說，門徒問耶穌，原諒弟兄七次夠嗎？他便說要七十個七次（另譯七十七次）。其實，這也不是耶穌獨有的，而是猶太人的語言特性。創世記四章 24 節裡便說：「若殺該隱，遭報七倍，殺拉麥的，必遭報七十七倍。」

8　Hengel, *The Zealots*, 312.

/// 21

1　David Instone-Brewer, "Eternal Punishment in First Century Jewish Thought"; Edward William Fudge, *The Fire That Consumes: A Biblical and Historical Study of the Doctrine of Final Punishment, Third Edition*, Updated, Revised, Expanded edition. (Eugene, Or: Wipf & Stock Pub, 2011).

2　Seow, *Daniel*, 1-18.

/// 22

1　Krister Stendahl, "The Apostle Paul and the Introspective Conscience of the West," *The Harvard Theological Review* 56, no. 3 (1963): 199-215.

2　N. T. Wright, *Paul: In Fresh Perspective*, 1st Fortress Press ed. (Minneapolis: Fortress Press, 2005); 盧龍光：〈保羅新觀對保羅研究之貢獻及其對華人基督徒的意義〉，《山道期刊》總第廿五期（2010）：25-48；曾思瀚：〈反思保羅新觀的三個發展階段〉，《山道期刊》總第廿五期（2010）：49-85；余德林：〈沒有換神變神，算甚麼「歸

正」？── 論保羅的神觀和基督論〉，《山道期刊》總第廿五期
（2010）：87-118；麥啟新：〈恩約守法主義與新約救恩論〉，《山道期刊》總第廿五期（2010）：119-143；邵樟平：〈賴特的保羅新觀帶來對保羅的新認識〉，《山道期刊》總第廿五期（2010）：145-166。

3 E. P. Sanders, *Paul and Palestinian Judaism: A Comparison of Patterns of Religion*, 1st Paperback Edition edition. (Philadelphia: Fortress Press, 1977).

4 N. T. Wright, *Surprised by Hope* (SPCK, 2008); Nicholas Thomas Wright, *Paul: Fresh Perspectives* (SPCK, 2005).

5 這是史坦度（Stendahl）的觀點。參 Stendahl, "The Apostle Paul and the Introspective Conscience of the West."

6 亦參筆者在別處的討論 Samuel Hio-Kee Ooi, *A Double Vision Hermeneutics: Interpreting a Chinese Pastor's Intersubjective Experience of Shì Engaging Yizhuàn and Pauline Texts* (Eugene, OR: Wipf & Stock, 2014), 178-186.

7 之後一律只稱為「保羅」。

8 Walter Wink, *Naming the Powers: The Language of Power in the New Testament*, The Powers v. 1 (Philadelphia: Fortress Press, 1984); Wink, *Unmasking the Powers*; Wink, *Engaging the Powers.*

/// 23

1 或如阿甘本之稱為 operational time，參 Agamben, *The Time That Remains*, 65-66。

2 比較阿甘本所說的 kairos 和 chronos，參 Ibid., 68-69。

3 黃厚基，《大衛皇朝：撒母耳記的神學詮釋》（臺北：校園書房出版社，2019），346-351。

4 底下有虛線的字為筆者所加，引自 Agamben, *The Time That Remains*, 70-71。

5 Ibid., 2, 61.

6 這也是阿甘本所澄清的，參 ibid., 62。

7 阿甘本稱之為 "contracted time"，參 ibid., 63。

8 黃厚基，《大衛皇朝：撒母耳記的神學詮釋》，350-351。

9 有關筆者對這一節的相關討論，尤其與同性戀議題相關者，參黃厚基，《同性戀的十字架 2：從生命掙扎中的叩問到靈性的願景》（香港：印象文字，2017），81-91。

/// 24

1 在這方面，法朗克（Victor Frankl）有很到位的描寫，參 Viktor E. Frankl, *Man's Search For Meaning*, Rev Upd edition. (Pocket Books, 1997）。

2 Jurgen Moltmann, *The Source of Life*, 1st Fortress Press ed. (Fortress Press, 1997), 2-5.

/// 25

1 此字在舊約也常用來形容偶像。

2 楊牧谷，《基督書簡：啟示錄的七教會書信》（臺北：校園書房出版社，1990），264-265；張永信，《啟示錄注釋》（香港：宣道，1990），83。

3 此翻譯借用自陳偉迦，參明道社主辦的講座〈陳偉迦博士・路加福音，明道社新約經卷研讀班五（2020）〉講義，下載自 https://mingdaopress.weebly.com/uploads/4/6/5/8/4658567/2020_nt5_%E9%99%B3%E5%81%89%E8%BF%A6_%E8%B7%AF%E5%8A%A0%E7%A6%8F%E9%9F%B3.pdf。

4 晨星歷來有不同的解釋，在此我暫取其為基督或祂的使者的含義（啟廿二 16）。

5 Dunn, *The Theology of Paul the Apostle*, 484-487.

/// 26

1 楊牧谷，《基督書簡》，54，詳參 51～72。

2 參胡志偉：〈對「使命教會」常有的誤解（上）〉，《時代論壇》時代講場文章（2011 年 1 月 14 日）（網上文章）；取自《時代論壇》網頁（http://christiantimes.org.hk/Common/Reader/News/ShowNews.jsp?Nid=64305&Pid=6&Version=0&Cid=150&Charset=big5_hkscs）；胡志偉：〈對「使命教會」常有的誤解（下）〉，《時代論壇》時代講場文章（2011 年 1 月 20 日）（網上文章）；取自《時代論壇》網頁（http://

christiantimes.org.hk/Common/Reader/News/ShowNews.jsp?Nid=64394&Pid=6&Version=0&Cid=150&Charset=big5_hkscs）；上下兩篇皆瀏覽於2018 年 4 月 26 日。另參華理克（Rick Warren），《直奔標竿：成為目標導向的教會》（基督使者協會，1999）。

3　曾金發（Edmund Chan），《內在生活陶冶：現今門徒靈命成長的反思》（新加坡證主協會，2017）；曾金發（Edmund Chan），《某確類：以精心門訓重新定義事工成敗》（新加坡證主協會，2017）；楊錫鏘，《召命：以生命回應神的召喚》（福音證主協會，2017）；高銘謙，《聖召出聖徒：由內而外的門訓四十二章經》（天道書樓，2017）。

4　一直以來，此句譯為「充充滿滿的，有恩典有真理」。不過，「恩典」與「真理」應該源自舊約的 hesed 和 'emet 二字。Brown, *The Gospel According to John I-XII*, 14。布朗（Raymond Brown）指出："However, these two words are used here in a unique way reflection the famous OT pairing of *hesed* and *'emet*. God's *hesed* is His kindness of this over mercy for Israel in the covenant. Suggested trasnlations are: 'covenant love,' 'merciful love,' 'kindness,' loving-kindness." For the Qumran Essenes their community was a covenant of *hesed*. God's *'emet* is His fidelity tot the covenant promises. Suggested translations are: 'fidelity, constancy, faithfulness. '"

5　除了布朗，另參巴列特指出，十七章 17 節這裡的真理，應同時考慮耶穌基督的教導與作為。他既是真理，又是道（logos）。Charles Kingsley Barrett, *The Gospel According to St. John: An Introduction with Commentary and Notes on the Greek Text* (S.P.C.K., 1955), 426.

6　此句英文有譯為 "Consecrate them in the truth"（Raymond Brown）或 "Sanctify them in the truth"（ASV）或 "Set them apart in the truth"，似乎介詞 "en" 毫無爭議都譯為 "in"。依英文譯文，此句中文應該譯為「使他們在真理面成聖」。可是 "en" 也可以譯為 "by" 或 "for"（Brown），或甚至是 "with"，如果如此，我們可以更看重 "for" 和 "with" 的意境，而考慮到耶穌基督和聖靈在此所扮演的角色。故此，使人分別出來而歸上帝所屬的，是耶穌基督和聖靈，並且是為了（for）上帝而歸聖的。Brown, *The Gospel According to John XIII-XXI*, 760.

/// 27

1 有人或說，舊約的律法，基本上不少部份是社會倫理。然而，不可忽視的是，許多訓示、律例針對的是以色列子民如此彼此相待。那的確是同一在同一社會脈絡下實踐同一子民的社會倫理，是上帝子民的倫理，正如新約作者所嘗試建構的新約的上帝子民視域下的倫理，而不涉及別的宗教和種族群體。若有，充其量也只是指示以色列民如何對待這些外來者，即以合乎公義憐憫的方式對方他們。如果在今天多元種族、文化、信仰的社會裡，各成員也有一種同舟共濟的一體感（不因是歸信耶穌基督之故），是否也可以把舊約的社會倫理觀套用進來呢？我想這必然需要在理念上理清障礙，又要在實踐上克服現實的種種衝突。不過，以多元性的社會來說，舊約或新約的倫理範式，卻可以成為塑造當代多元社會倫理的一個資源。

2 Wright, *Surprised by Hope*, 140-146.

3 Ibid., 219-221。我必須指出，數年前閱讀到賴特的觀點後，便深覺得是一個較為合理的推論。值得商榷的細處，稍後再指出。

4 Ibid., 219.

5 Ibid.

6 Ibid., 219-220.

7 Ibid., 220.

8 Ibid., 221.

9 Ibid., 222.

/// 結語

1 記下這一感受時，約於 2018 年某日。劉曉波於 2017 年 7 月 13 日傍晚病逝於瀋陽中國醫科大學附屬第一醫院。

2 現居德國柏林。

/// 跋

1 摘自家兄黃侯民臉書所載 2016 年 1 月 10 日於 Ooi's Family 的貼文。

2 當時任教於中興大學外文系的陳建民老師。他也是當時中興校園左鄰位於國光路上的浸信會恩光堂的恩光團契的導師。關於更多他培植基督徒大學生的心聲和異象，可閱讀陳建民等，《恩典的緣：阿公店傳

奇》（臺中：阿公店研究室出版，1989）。

3　John Hick, *The Metaphor of God Incarnate* (London: SCM, 1993); John Hick, *The Rainbow of Faiths: Critical Dialogues on Religious Pluralism* (London: Hymns Ancient & Modern Ltd, 2009); John Hick, *A Christian Theology of Religions*, 1995; Paul F. Knitter, *No Other Name?* (Maryknoll, N.Y: Orbis Books, 1985); Raimon Panikkar, *The Intra-Religious Dialogue, Revised Edition*, Revised Edition. (New York, N.Y: Paulist Press, 1999); Stanley J. Samartha, *One Christ, Many Religions: Toward a Revised Christology* (Maryknoll, N.Y: Orbis Books, 1991); Wilfred Cantwell Smith, *Towards a World Theology: Faith and the Comparative History of Religion* (Philadelphia, Pa: Westminster Press, 1981)."

4　Karl Rahner, *Foundations of Christian Faith: An Introduction to the Idea of Christianity*, trans. William V. Dych (New York: The Crossroad Publishing Company, 1982).

5　C. S. Song, *Third-Eye Theology: Theology in Formation in Asian Settings* (Wipf & Stock Pub, 2002); Choan-Seng Song, *Theology from the womb of Asia* ((Maryknoll, N.Y): Orbis Books, 1986), accessed November 3, 2009, http://openlibrary.org/b/OL2548941M/Theology_from_the_womb_of_Asia; Choan-Seng Song, *The Compassionate God: An Exercise in the Theology of Transposition* (SCM Press, 1982); Choan-Seng Song, *Tell Us Our Names: Story Theology from an Asian Perspective* (Maryknoll, N.Y: Orbis, 1984).

主流出版

所謂主流，是出版的主流，更是主愛湧流。

主流出版旨在從事鬆土工作—
希冀福音的種子撒在好土上，讓主流出版的叢書成為福音
與讀者之間的橋樑；
希冀每一本精心編輯的書籍能豐富更多人的身心靈，因而
吸引更多人認識上帝的愛。

【徵稿啟事】請注意
本社只受理E-Mail投稿，恕不接受紙本郵寄或親臨投稿，謝謝。

主流歡迎你投稿，勵志、身心靈保健、基督教入門、婚姻家庭、靈性生
活、基督教文藝、基督教倫理與當代議題等題材，尤其歡迎！
來稿請e-mail至lord.way@msa.hinet.net
審稿期約一個月左右，不合則退。錄用者我們將另行通知。

【團購服務】
學校、機關、團體大量採購，享有專屬優惠。
購書五百元以上免郵資。
劃撥帳戶：主流出版有限公司　　劃撥帳號：50027271

主流十週年
2007-2017

★歡迎您加入我們，請搜尋臉書粉絲團「主流出版」
★主流出版社線上購書，請掃描 QR Code
★主流網站 http://www.lordway.com.tw

心靈勵志系列

信心，是一把梯子（平裝）／施以諾／定價 210 元

WIN TEN 穩得勝的 10 種態度／黃友玲著、林東生攝影／定價 230 元

「信心，是一把梯子」有聲書：輯 1／施以諾著、裴健智朗讀／定價 199 元

內在三圍（軟精裝）／施以諾／定價 220 元

屬靈雞湯：68 篇豐富靈性的精彩好文／王樵一／定價 220 元

信仰，是最好的金湯匙／施以諾／定價 220 元

詩歌，是一種抗憂鬱劑／施以諾／定價 210 元

一切從信心開始／黎詩彥／定價 240 元

打開天堂學校的密碼／張輝道／定價 230 元

品格，是一把鑰匙／施以諾／定價 250 元

喜樂，是一帖良藥／施以諾／定價 250 元

施以諾的樂活處方／施以諾／定價 280 元

TOUCH 系列

靈感無限／黃友玲／定價 160 元

寫作驚豔／施以諾／定價 160 元

望梅小史／陳詠／定價 220 元

映像蘭嶼：謝震隆攝影作品集／謝震隆／定價 360 元

打開奇蹟的一扇窗（中英對照繪本）／楊偉珊／定價 350 元

在團契裡／謝宇棻／定價 300 元

將夕陽載在杯中給我／陳詠／定價 220 元

螢火蟲的反抗／余杰／定價 390 元

你為什麼不睡覺：「挪亞方舟」繪本／盧崇真（圖）、鄭欣挺（文）／定價 300 元

刀尖上的中國／余杰／定價 420 元

我也走你的路：台灣民主地圖第二卷／余杰／定價 420 元

起初，是黑夜／梁家瑜／定價 220 元

太陽長腳了嗎？給寶貝的第一本童詩繪本／黃友玲（文）、黃崑育（圖）／定價 320 元

拆下肋骨當火炬：台灣民主地圖第三卷／余杰／定價 450 元
時間小史／陳詠／定價 220 元
正義的追尋：台灣民主地圖第四卷／余杰／定價 420 元
宋朝最美的戀歌—晏小山和他的詞／余杰／定價 280 元

LOGOS 系列

耶穌門徒生平的省思／施達雄／定價 180 元
大信若盲／殷穎／定價 230 元
活出天國八福／施達雄／定價 160 元
邁向成熟／施達雄／定價 220 元
活出信仰／施達雄／定價 200 元
耶穌就是福音／盧雲／定價 280 元
基督教文明論／王志勇／定價 420 元
黑暗之後是光明／王志勇、余杰主編／定價 350 元
第一次查馬可福音就上手／梅爾、葛利斯／定價 280 元

主流人物系列

以愛領導的實踐家（絕版）／王樵一／定價 200 元
李提摩太的雄心報紙膽／施以諾／定價 150 元
以愛領導的德蕾莎修女／王樵一／定價 250 元
以愛制暴的人權鬥士：馬丁路德金恩博士／王樵一／定價 250 元
廉能政治的實踐家：陳定南傳／黃增添／定價 320 元
馬偕傳：攏是為主基督／郭和烈／定價 450 元

生命記錄系列

新造的人：從流淚谷到喜樂泉／藍復春口述，何曉東整理／定價 200 元
鹿溪的部落格：如鹿切慕溪水／鹿溪／定價 190 元
人是被光照的微塵：基督與生命系列訪談錄／余杰、阿信／定價 300 元
幸福到老／鹿溪／定價 250 元
從今時直到永遠／余杰、阿信／定價 300 元

經典系列

天路歷程（平裝）／約翰‧班揚／定價 180 元

生活叢書

陪孩子一起成長（絕版）／翁麗玉／定價 200 元

好好愛她：已婚男士的性親密指南／Penner 博士夫婦／定價 260 元

教子有方／Sam and Geri Laing／定價 300 元

情人知己：合神心意的愛情與婚姻／Sam and Geri Laing／定價 260 元

學院叢書

愛、希望、生命／鄒國英策劃／定價 250 元

論太陽花的向陽性／莊信德、謝木水等／定價 300 元

淡水文化地景重構與博物館的誕生／殷寶寧／定價 320 元

紅星與十字架：中國共產黨的基督徒友人／曾慶豹／定價 260 元

事奉有夠神：團隊服事的 23 堂課／Michael J. Anthony、James Estep, Jr. 等著／定價 700 元

中國研究叢書

統一就是奴役／劉曉波／定價 350 元

從六四到零八：劉曉波的人權路／劉曉波／定價 400 元

混世魔王毛澤東／劉曉波／定價 350 元

鐵窗後的自由／劉曉波／定價 350 元

卑賤的中國人／余杰／定價 400 元

納粹中國／余杰／定價 450 元

今生不做中國人／余杰／定價 480 元

香港獨立／余杰／定價 420 元

喪屍治國／余杰／定價 490 元

川普向右，習近平向左／余杰／定價 450 元

公民社會系列

蒂瑪小姐咖啡館／蒂瑪小姐咖啡館小編著／定價 250 元

青年入陣：十二位政治工作者群像錄／楊盛安等著／定價 280 元

LOGOS 系列 10

只有這一生

作　　者：黃厚基
出版顧問：鄭超睿
發 行 人：鄭惠文
主　　編：李瑞娟
封面設計：海流設計
排　　版：旭豐數位排版有限公司

出版發行：主流出版有限公司 Lordway Publishing Co. Ltd.
出 版 部：臺北市南京東路五段 123 巷 4 弄 24 號 2 樓
電　　話：(02) 2857-9303
傳　　眞：(02) 2857-9303
電子信箱：lord.way@msa.hinet.net
劃撥帳號：50027271
網　　址：www.lordway.com.tw

經　　銷：
紅螞蟻圖書有限公司
臺北市內湖區舊宗路二段 121 巷 19 號
電話：(02) 2795-3656　　傳眞：(02) 2795-4100

華宣出版有限公司
新北市中和區連城路 236 號 3 樓
電話：(02) 8228-1318　　傳眞：(02) 2221-9445

初版 1 刷：2021 年 2 月
書號：L2101　　　　　　　　　著作權所有　翻印必究
ISBN：978-986-98609-6-3（平裝）
Printed in Taiwan

國家圖書館出版品預行編目資料

只有這一生 = You only live once/ 黃厚基著 . -- 初版 .
-- 臺北市 : 主流出版有限公司 , 2021.02

　　面；　公分 . -- (Logos 系列 ; 10)

ISBN 978-986-98609-6-3 (平裝)

1. 聖經研究

241.01　　　　　　　　　　　　110000457